उपन्यास

वे दिन

लेखक की अन्य कृतियाँ

कहानी-संग्रह

परिन्दे (1959), जलती झाड़ी (1965), पिछली गर्मियों में (1968), बीच बहस में (1973), कव्वे और काला पानी (1983), प्रतिनिधि कहानियाँ (1988), सूखा तथा अन्य कहानियाँ (1995)

उपन्यास

लाल टीन की छत (1974), एक चिथड़ा सुख (1979), रात का रिपोर्टर (1989), अन्तिम अरण्य (2000)

यात्रा-संस्मरण/डायरी

चीड़ों पर चाँदनी (1963), हर बारिश में (1970), धुंध से उठती धुन (1997)

निबन्ध

शब्द और स्मृति (1976), कला का जोखिम (1981), ढलान से उतरते हुए (1985), भारत और यूरोप : प्रतिश्रुति के क्षेत्र (1991), इतिहास स्मृति आकांक्षा (1991), शताब्दी के ढलते वर्षों में (1995), दूसरे शब्दों में (1997), आदि, अन्त और आरम्भ (2001), साहित्य का आत्म-सत्य (2006), सर्जना पथ के सहयात्री (2006)

नाटक

तीन एकान्त (1976)

अनुवाद

पराजय : अलेक्सांद्र फेदेयेव (1954), बचपन : टाल्स्टॉय (1954), कुप्रीन की कहानियाँ : अलेक्सांद्र कुप्रिन (1955), रोमियो जूलियट और अँधेरा : यान ओत्चानाशेक (1964), खेल-खेल में : चेक कहानियाँ (1966), इतने बड़े धब्बे : चेक कहानियाँ (1966), झोंपड़ीवाले और अन्य कहानियाँ : मिहाइल सदौवेन्यु (1966), कारेल चापेक की कहानियाँ (1966), बाहर और परे : इर्षी फ्रीड (1967), आर.यू.आर. : कारेल चापेक (1972), एमके : एक गाथा : जोसेफ़ श्कवोरेस्की (1973)

पत्र

प्रिय राम, प्रिय निर्मल (2006), देहरी पर पत्र (2009), चिट्ठियों के दिन (2009)

साक्षात्कार

संसार में निर्मल वर्मा (2006)

संचयन

दूसरी दुनिया (1978)

वे दिन

निर्मल वर्मा

राजकमल प्रकाशन

पहली बार **राजकमल** से 1964 में प्रकाशित

ISBN : 978-93-6086-165-0

मूल्य : ₹895

पुनर्नवा संस्करण : फरवरी, 2024

प्रकाशक : राजकमल प्रकाशन प्रा. लि.
1-बी, नेताजी सुभाष मार्ग, दरियागंज
नई दिल्ली-110 002
शाख़ाएँ : अशोक राजपथ, साइंस कॉलेज के सामने, पटना-800 006
पहली मंज़िल, दरबारी बिल्डिंग, महात्मा गांधी मार्ग, प्रयागराज-211 001
1, अनमोल सोराबजी सन्तुक लेन, धोबी तलाव, मरीन लाइंस, मुम्बई-400 002
वेबसाइट : www.rajkamalprakashan.com
ई-मेल : info@rajkamalprakashan.com

मुद्रक : यश प्रिंटोग्राफिक्स
नोएडा-201 301 (उत्तर प्रदेश)

VE DIN
Novel by Nirmal Verma

I believe I know
which one
still lasts
and stands like a city, white
in the sky at the end of the beam of light...

—Rilke

1

यही समय होता था। यही घड़ी। मैं कुर्सी पर बैठा रहा करता था...एक ठंडी-सी सिहरन को अपनी समूची देह में दबाता हुआ। सामने खिड़की थी—शीशों पर कुहरा जम गया था। मैंने रूमाल निकाला। फिर उसे आँखों पर दबाकर मेज़ पर सिर टिका लिया। मैं देर तक ठिठुरता रहा। कमरे की अँगीठी में लकड़ियाँ पड़ी थीं—सूखी, अधजली। रोशनदान में फँसा पुराना अख़बार बार-बार काँपने लगता था...जैसे कोई पक्षी उड़ने के लिए बार-बार पंख फड़फड़ाता हो—और फिर असहाय-सा बैठ जाता हो!

"तुम विश्वास करते हो? सच बताओ!..."

वही एक आवाज़! हर दिन इसी घड़ी में वह मुझे पकड़ लेती थी...एक विवश आग्रह के साथ। जैसे वह दोनों हाथों से उसका चेहरा दबोच लेता था—और उसकी आतंकग्रस्त आँखें उस पर टिक जाती थीं।

सफ़ेद पुतलियों पर एक अजीब-सी जिज्ञासा सिमट आती थी।

वे अब भी यहाँ होंगी—हवा में टिमकती दो आँखें। इस क्षण

और आनेवाले हर क्षण में मेरी ओर निहारती हुईं। मैंने चारों ओर देखा। पलंग के पास की दीवार पर एक मैला-सा दाग़ था—उतना ही बड़ा, जितना तकिए का बीच का हिस्सा। पहली बार मेरी दृष्टि वहाँ गई थी—यह वहाँ पहले नहीं था। उसके आने के बाद वह शुरू हुआ था...पहले महज़ एक धब्बा था, फिर धीरे-धीरे वह फैलता गया था। वह यहीं बैठा करती थी—तकिए को दीवार से सटाकर, अँगीठी से उठती लपटों की छाया में उसका चेहरा जगता-बुझता रहता था।

मैं खिड़की के शीशों को पोंछने लगा...सामने दूसरे मकान थे, ज़र्द और पुराने। दिसम्बर की हल्की, पीली रोशनी गीले पत्थरों पर गिर रही थी। पिघली हुई बर्फ़ का मैला पानी दरवाज़ों के आगे जमा हो गया था... मैंने तपता माथा खिड़की के ठंडे आईने पर रख दिया। आँखें मुँद गईं।

सच...क्या तुम विश्वास नहीं करते?

अँधेरे कॉरीडोर में टेलीफ़ोन की घंटी खड़कने लगी...अनायास सिर शीशे से ऊपर उठ गया। आतुर प्रतीक्षा में फैली मेरी आँखें बन्द दरवाज़े पर टिक गईं। घंटी बजती रही...वह होस्टल का कॉमन टेलीफ़ोन था, दस कमरों के कॉरीडोर के बीचोबीच। पुरानी आदत मुझे दरवाज़े के पास घसीट लाई थी। मैं कान लगाए सुन रहा था। मुझमें इतना भी साहस नहीं था कि स्वयं बाहर आकर रिसीवर उठा लूँ। घंटी की चीख़ती आवाज़ मेरी चेतना की परत को महज़ छू आती थी...आगे कुछ भी नहीं था। यह मैं जानता था, फिर भी मैं धीरे-धीरे काँपने लगा था। एक भयंकर झपाटे से किसी कमरे का दरवाज़ा खुला था। कॉरीडोर के पुराने फ़र्श

पर जूतों की आवाज़...टेलीफ़ोन की ओर तेज़ी से बढ़ती हुई।

क्या यह उसका नाम है? पहले हमेशा यही होता था...शाम की इस घड़ी में। मैं जूते-मोज़े पहनकर बिस्तर पर लेटा रहा करता था। दोपहर से शाम की इस घड़ी की प्रतीक्षा में...टेलीफ़ोन की घंटी बजती थी...जूतों की आवाज़ मेरे दरवाज़े के सामने ठहर जाती थी...

रूम नम्बर 13 टेलीफ़ोन!

मैंने झपटकर दरवाज़े का हैंडिल पकड़ लिया। दिसम्बर के इस मौसम में भी मेरी हथेलियाँ पसीने से तर थीं। किसी ने मेरा दरवाज़ा नहीं खटखटाया...जूतों की आवाज़ मेरे दरवाज़े के निकट आई...लेकिन रुकी नहीं, केवल मेरी साँस को रोककर आगे बढ़ गई। मैं मुड़ा, और दरवाज़े से पीठ सटाकर कमरे की ओर देखने लगा।

मुझे आश्चर्य हुआ। सब-कुछ वैसा ही था—बेसिन के आले में रखा साबुन, साबुन में लिथड़ा ब्रुश, टप-टप नल की बूँदें। बाहर कॉरीडोर में अब सम्पूर्ण शान्ति थी...सिर्फ़ हवा चलने से रोशनदान में फँसा अख़बार फड़फड़ाने लगता था।

मैं दबे क़दमों से आगे बढ़ा, जैसे चोरी-चुपके से किसी पराये कमरे में चला आया हूँ। अपने बिस्तर के पास आकर मेरे पाँव ठिठक गए। मैं काँपते हाथों से सिरहाने की दीवार छूने लगा...दीवार के सिर्फ़ उस हिस्से को, जो पीठ की रगड़ से स्याह पड़ गया था। एक लम्बी-पतली पीठ का निशान...

"सुनो!" अँधेरे में किसी ने मेरा नाम फुसफुसाया है। मेरी काँपती अँगुलियाँ दीवार पर टिकी रहती हैं...सच बताओ, क्या तुम बिलकुल विश्वास नहीं करते?

यह आवाज़ उसकी है। कितनी बार उसने उसे सुना है। लगता है, उसके चले जाने के बाद भी यह आवाज़ पीछे छूट गई थी—अपने में अलग और सम्पूर्ण। मैं खिड़की खोलता हुआ डरता हूँ...दरवाज़े पर भी

कोई दस्तक देता है, तो मेरा दिल तेज़ी से धड़कने लगता है...लगता है, ज़रा-सा भी रास्ता पाने पर यह आवाज़ बाहर निकल जाएगी और मुझे पकड़ लेगी। मैं कब तक उसे रोक सकूँगा—अधीर-आग्रहपूर्ण, आँसुओं में भीगी उस आवाज़ को, जैसा मैंने उसे रात की अकेली घड़ी में सुना था?

मैं देर तक कमरे की अँगीठी के सामने खड़ा रहा। सर्दी बढ़ गई थी और मैं गर्म ऊनी जैकेट के भीतर भी ठिठुर रहा था। फिर भी मैं आग जलाने की हिम्मत नहीं बटोर सका। कुहरे में ढँकी खिड़की के पीछे डाइनिंग-हॉल की बत्ती जली थी...बर्फ़ के छोटे-छोटे गाले सफ़ेद तितलियों से रोशनी को छूते हुए अँधेरे में ग़ायब हो जाते थे।

सफ़ेद, ख़ामोश बर्फ़।

किसी ने धीमे से दरवाज़ा खटखटाया था...मैं सो रहा था और एकदम चौंककर उठ गया। आँखें दरवाज़े पर टिक गईं।

—रूम नम्बर 13...यू हैव टेलीफ़ोन! सोते हुए मैं घंटी नहीं सुन सका था। चप्पल पहनकर कॉरीडोर में आया...इस समय मुझे कौन बुला सकता है? क्रिसमस की छुट्टियाँ आरम्भ हो चुकी थीं और मेरे लगभग सब मित्र प्राग से बाहर चले गए थे। मैंने रिसीवर उठाया...एक भारी, अपरिचित स्वर सुनाई दिया, "क्या आप अभी यहाँ आ सकते हैं?...हम आपकी प्रतीक्षा कर रहे हैं।"

"अभी?" मैंने हाथ पर लगी घड़ी देखी, आठ से अधिक समय नहीं हुआ था। मैं शाम को अचानक सो गया था और नींद अब भी मेरी अलसाई नसों पर रेंग रही थी। "क्या कल आना नहीं हो सकेगा?" मैंने झिझकते हुए कहा।

"कल...?" रिसीवर में एक क्षण तक सन्नाटा रहा...फिर वही आवाज़ सुनाई दी...इस बार बौखलाई-सी, "ईश्वर के लिए...अभी। हो सके तो टैक्सी लेकर आ जाइए...क्या आपको पता मालूम है?"

एक क्षण के लिए जी में आया कि मैं जाने से इनकार कर दूँ।

'टूरिस्ट एजेंसी' को इस समय मुझसे क्या काम हो सकता है, मैं कोई अनुमान नहीं लगा सका।

"मुझे आधा घंटा लग जाएगा," मैंने कहा।

"ओ के, ठीक है...हम प्रतीक्षा कर रहे हैं...हो सके तो टैक्सी ले लीजिए...वी शैल पे फॉर इट..."

मैंने रिसीवर रख दिया। टेलीफ़ोन के पास ही होस्टल का प्राइवेट किचन था। कुछ अरब विद्यार्थी वहाँ खड़े थे...माकरोनी और तली हुई मछली की गन्ध कॉरीडोर के एक सिरे से दूसरे सिरे तक फैल रही थी। ब्लॉक के कोने में सीढ़ियों के पास, एक नीग्रो छात्र किसी चेक लड़की से बहुत धीमे दबे स्वर में बातचीत कर रहा था। यह पुराने होस्टल की पुरानी मंज़िल थी...यहाँ सिर्फ़ फ़ाइन-आर्ट्स के विद्यार्थी रहते थे। शाम के समय अकसर कमरों से वायलन या सेक्सोफ़ोन की आवाज़ें सुनाई देती थीं। लेकिन छुट्टियों में होस्टल उजाड़ हो जाता...सिवाय कुछ विदेशी छात्र आख़िर तक बने रहते।

मैं अपने कमरे में आया और फ्राइंग-पैन को स्टोव पर रख दिया। अलमारी के निचले दराज़ से प्याज़, मार्जरीन और मछली का टीन बाहर निकाला। ब्राउन-ब्रेड की दो कतरी हुई स्लाइसें मेज़ पर रख दीं...मैं सोता रहा था और अब मुझे अचानक भूख लग आई थी।

कपड़े बदलकर मैंने कमरे की खिड़की खोल दी...बाहर हल्की-सी बूँदा-बाँदी हो रही थी। मेरे पास पिछले एक साल से बरसाती नहीं थी...जब सर्दी असहनीय हो जाती तो अपना डफल-कोट पहनकर बाहर निकलता था। तीन साल पहले लन्दन में बहुत कम दाम पर उसे

ख़रीदा था। बटनों के स्थान पर उसमें लकड़ी की फिटकनियाँ लगी थीं। बरसाती का काम भी आज तक मैं उसी कोट से निकालता आया था। पहले-पहल उसे पहनकर बाहर निकलने में काफ़ी संकोच होता था... लड़कियाँ मुँह फेरकर हँसने लगतीं और बच्चे? वे मुझे हुलीगन समझकर मेरे पीछे-पीछे भागते थे। अब मुझे पहले-जैसा संकोच महसूस नहीं होता। अब आदत पड़ गई है।

पलंग के नीचे से मैंने बियर की बोतल बाहर निकाली। मछली और बासी रोटी खाने के बाद मेरा गला सूख आया था...शायद इन छुट्टियों में मुझे कोई काम मिल सके...मैंने बियर का एक लम्बा घूँट लिया और बाहर देखने लगा...हो सकता है, उन्होंने मुझे इसीलिए बुलाया है... यदि कुछ तय हो गया तो आज रात मैं वोद्का की एक बोतल ख़रीद सकूँगा...

यह सोचकर मुझे हल्की-सी ख़ुशी हुई। मैंने गले में मफ़लर कसकर लपेट लिया। जूठे बर्तन इकट्ठे करके बेसिन के नीचे डाल दिये। आँखें बेसिन के ऊपर लगे शीशे पर उठ आईं। कमरे का एक हिस्सा उसकी ओर झाँक रहा था—ऊँची दीवार का एक कोना, नीचे जुआँ ग्री की एक स्टिल लाइफ़, जो पिछले साल लाइपजिग में ख़रीदी थी...चेक-इंग्लिश शब्दकोश, जो हमेशा मेरे तकिए के पास पड़ा रहता था...बियर की बोतलें...चारों तरफ़ बिखरे ग्रामोफ़ोन के रेकॉर्ड...मैंने बोतल नीचे रख दी। गर्म पानी का पम्प खोला और अपना सिर बेसिन में डाल दिया...

कुछ देर बाद, तौलिया से मुँह पोंछते हुए जब मैंने घड़ी देखी...तो मैं एकदम चौंक गया था। जेब से दस्ताने निकाले...कमरे की चाभी... ट्राम का पास...लेकिन पास की ज़रूरत नहीं पड़ेगी...वे टैक्सी के पैसे देंगे...मैंने सोचा और दरवाज़ा खोलकर बाहर आ गया। चाभी लगाते हुए मुझे एकाएक कुछ याद हो आया, फिर दरवाज़ा खोला और लगभग

भागता हुआ कमरे के भीतर चला आया, झपटकर आधी बची हुई बियर की बोतल होंठों से लगा ली...

पीते समय मेरी आँखें खिड़की पर उठ आईं...बारिश की बूँदें कब धीरे-धीरे सफ़ेद स्वप्निल रुई के गालों में बदल गई थीं, मुझे पता नहीं चला था।

होस्टल से टैक्सी-स्टैंड अधिक दूर नहीं था। सिर्फ़ बीच की एक गली पार करनी पड़ती थी। किन्तु उस समय मुझे उतना दूर चलना भी दूभर जान पड़ा। दो ऊनी जुराबों के बावजूद पाँव सुन्न पड़ गए थे...सड़क सूनी पड़ी थी। जब इक्की-दुक्की कार कंक्रीट की सड़क से गुज़रती, मैली बर्फ़ के टुकड़े सफ़ेद ख़रगोशों-से उछलते हुए फ़ुटपाथ के नीचे दुबक जाते।

टैक्सी-स्टैंड वीरान पड़ा था...न जाने कब से पीछे की ओर दीवार के खोखल में रखा टेलीफ़ोन चीख़ रहा था। वहाँ कोई भी टैक्सी-ड्राइवर नहीं था, जो रिसीवर उठाकर उसकी आतुर, अकेली पुकार का उत्तर दे पाता। मैं खड़ा रहा।

टैक्सी-स्टैंड के सामने एक पार्क था...और उसके पीछे आधुनिक ढंग का चौकोर गिरजा। शुरू बसन्त के दिनों में जब बर्फ़ पिघलनी शुरू हो जाती...बूढ़े लोग सर्विस के बाद पार्क की बेंचों पर बैठते थे। हल्की-सी धूप में कम्बल में लिपटे बच्चे पैरम्बुलेटर पर लेटे रहते। औरतें बातें करतीं। पुरुष...यदि वे बूढ़े होते, जैसा कि अकसर होता था...धूप में देर तक ऊँघते रहते। कबूतर वहाँ हमेशा ही रहते। सर्दी, गर्मी...और पतझर में भी। वे चर्च की छत से उतरकर कभी-कभी बच्चों की पैरम्बुलेटर पर

बैठ जाते। उस समय तक बैठे रहते, जब तक कोई स्त्री हाथ उठाकर उन्हें उड़ा नहीं देती।

अब वहाँ कुछ नहीं था—मैं देर तक टैक्सी की प्रतीक्षा करता रहा। मैंने किसी व्यक्ति को चर्च से बाहर आते नहीं देखा।...हो सकता है सर्विस ख़त्म हो चुकी थी, या शायद यह मेरा भ्रम हो, वे लोग भीतर हों...और मैं धुंध और बर्फ़ के कारण कुछ न देख पा रहा हूँ।

मैं सिर्फ़ बेंच देख सकता था...वे भी सब नहीं। सिर्फ़ वही बेंच जो लैम्प-पोस्ट के निकट थे। वे ऊपर से नीचे तक बर्फ़ में ढँके थे। लैम्प-पोस्ट की रोशनी में वे संगमरमर के-से जान पड़ते थे।

टैक्सी की प्रतीक्षा अधिक देर तक नहीं हो सकी। समय बहुत कम था और मैं सर्दी में ज़्यादा बाहर नहीं खड़ा रह सका। ट्राम आई थी और उसे इतना पास देखकर मैं उसमें चढ़ गया था। मुझे हल्का-सा खेद हुआ था कि अब टैक्सी में मुफ़्त सवारी करने के अवसर का उपयोग नहीं कर सकूँगा...

मैंने अपने डफल-कोट के हुड से बर्फ़ झाड़ दी। काश, मैं बीच में उतरकर 'इजेरा' में सिर्फ़ एक वोद्का पी सकता! सर्दी रोकने के लिए मैं सीटी बजाने लगा।

"आपको ट्राम में सीटी नहीं बजानी चाहिए," कंडक्टर ने मेरे पास आकर कहा। वह सन्दिग्ध दृष्टि से मेरे डफल-कोट की ओर देख रही थी। मैंने बहाना किया कि मैं चेक नहीं समझता हूँ। उसने हवा में हाथ उठाकर कन्धे सिकोड़ लिये...कंडक्टर भुनभुनाती हुई दूसरी तरफ़ चली गई...वह अधेड़ उम्र की थी और सर्दी के कारण उसकी नाक एकदम लाल-सी हो आई थी, जैसे सलामी का एक लम्बा टुकड़ा उसकी आँखों के नीचे चिपक आया हो! दरवाज़े को खटाक से बन्द करके वह भीतर केबिन में चली गई। मैं दरवाज़े के शीशे से उसे देखता रहा।

भीतर...ट्राम के केबिन के भीतर सर्दी कम थी...किन्तु मुझमें इतना

धैर्य न था कि वहाँ बैठ सकूँ। इसके अलावा भीतर के हिस्सों में भीगे ओवर-कोटों की गन्ध जमा हो जाती थी...वह गन्ध पसीने में तर मैले कपड़ों की गन्ध से मिलती थी और यह अजीब है कि कैसे लोगों के कपड़ों से मिलकर बर्फ़ और पसीना अपना अन्तर खो देते हैं।

नेशनल म्यूज़ियम पर कुछ लोग भीतर आए थे। ट्राम अब ढलान पर उतर रही थी। मैं कोने में खिसक गया था—दरवाज़े के शीशे के पास। शीशे पर पाला जम गया था...और परे कुछ भी नहीं देखा जा सकता था। केवल सड़क की बत्तियों का पीलापन सरकता जाता था... अंडे की सफ़ेदी पर पीला पदार्थ, तरल और गिलगिला-सा। लोग धक्का दे रहे थे और उनके कोटों की बर्फ़—ज़रा-सा हिलने पर भी—नीचे झर जाती थी। थोड़ी देर बाद वह पिघल जाती थी और ट्राम के फ़र्श पर पानी के चहबच्चे जमा हो जाते थे।

"ओह—हेल!"

"क्या आपने मुझसे कहा?" मेरे संग खड़े एक ऊँचे क़द के व्यक्ति ने झुककर पूछा। उसके मुँह से बियर की गन्ध आ रही थी। आँखों की पुतलियाँ आँसुओं में तैर रही थीं।

"नहीं," मैंने सिर हिलाया।

"अच्छा, तो तुम चेक समझ सकते हो!" एक गुर्राती आवाज़ सुनाई दी। मुझे नहीं मालूम था कि ट्राम की कंडक्टर मेरे इतने निकट खड़ी है।

"आह, ये विदेशी विद्यार्थी! ये सब एक-से ही होते हैं।" ऊँचे क़दवाले व्यक्ति ने कहा। उसकी आँखों से गँदले आँसू ढुलक रहे थे।

मैं फिर सीटी बजाने लगा। इस बार किसी ने मेरी ओर ध्यान नहीं दिया। लोग अकसर विदेशी विद्यार्थियों को अलग छोड़ देते हैं।

टूरिस्ट एजेंसी के दफ़्तर में अँधेरा था—सिर्फ़ चीफ़ डायरेक्टर के कमरे में अकेली बत्ती जल रही थी। मैं कमरे के बाहर सोफ़े पर बैठ गया और सिगरेट पीने लगा। भीतर से सिर्फ़ टाइपराइटर की खटखटाहट

के अलावा कुछ भी सुनाई नहीं देता था। जब कभी बाहर टूरिस्ट एजेंसी की नियॉन-लाइट जलती...सामने की दीवार पर लगा पोस्टर एक क्षण के लिए जगमगा जाता—'विज़िट प्राग—द सिटी ऑफ़ योर ड्रीम्स!'

कुछ देर बाद दरवाज़ा खुला—टाइपिस्ट बाहर आई। मैं उसे पहचानता था। कई बार मुझे अलग-अलग कामों के लिए यहाँ आना पड़ा था। वह मुझे कभी पहचान न पाने का उपक्रम करती। इस बार भी ऐसा ही हुआ...उसने मुझे सोफ़े पर बैठे देखा और विस्मित-सी होकर मेरे अलावा और सब अदृश्य चीज़ों को टटोलने लगी। उसके उजले ब्लौंड बाल थे, और मैं जब कभी उन्हें देखता, मुझे विश्वास न होता कि उनका उजला रंग स्वाभाविक नहीं है। मुझे विश्वास नहीं होता कि हर पन्द्रहवें दिन वह उन्हें रँगवाने जाती होगी।

मैं बैठा रहा। मुझे कोई जल्दी नहीं थी। वह अपना समय ले सकती है। मैं उसे छेड़ना चाहता था—सिर्फ़ समय बिताने के लिए। किन्तु वह मेरी ओर से उदासीन थी। एक दिन उसे पता चलेगा कि ज़िन्दगी में इतनी उदासीनता काम नहीं देती। किसी पुरुष से ही पता चलेगा...और वह मैं नहीं होऊँगा, यह मैं जानता था।

भीतर दफ़्तर में घंटी बजी। सहसा उसकी आँखें मुझ पर उठ गईं...या अँधेरे में उस ख़ास जगह टिक गईं, जहाँ मैं बैठा था। "आप भीतर आ सकते हैं," उसने तनिक खीज-भरे स्वर में कहा।

मैंने अपनी सिगरेट बुझा दी और खड़ा हो गया।

"यदि आप चाहें तो अपना कोट यहाँ रख सकते हैं," उसने दीवार पर लगे हैंगर की ओर इशारा किया।

"नहीं, मैं ठीक हूँ," मैंने कहा। "मैं बहुत कम देर ठहरूँगा।"

वह अविश्वास-भरे भाव से मुस्करा दी। मैं कितनी देर ठहरूँगा, जैसे यह मेरी अपेक्षा उसे अधिक मालूम हो! मैंने दस्ताने जेब में रखे और दरवाज़ा खोलकर भीतर चला आया।

चीफ़ ने ख़ाली कुर्सी की ओर इशारा किया। "बस, एक मिनट," उसने कहा। वह फ़ाइल में कोई काग़ज़ खोज रहा था। वह हमेशा ही कुछ खोजता रहता था—अगर काग़ज़ नहीं तो पेपर-वेट। उसकी आँखें नीली थीं और पाइप के धुएँ के कारण हमेशा डबडबाई-सी रहती थीं। मेज़ के पीछे दीवार पर चेकोस्लोवाकिया का नक़्शा लटका था—और उसके पीछे फ्राग-कासल की तसवीर थी। कासल की बुर्ज़ियों पर मकड़ी का जाला झूल रहा था। मैं बैठ गया।

"तुम बहुत भाग्यवान हो," उसने अचानक मेज़ से सिर उठाया और सिगरेट-केस आगे बढ़ा दिया—पाइप वह अकेले में पीता था, सिगरेट सबके सामने।

"नहीं, मैंने अभी पी थी," मैंने कहा।

उसने सिगरेट जलाई और लाइटर से खेलने लगा।

"तुम्हें शायद चेक सिगरेटें अच्छी नहीं लगतीं।" उसने अधमुँदी आँखों से मेरी ओर देखा, "अमरीकी सिगरेटों से इनका क्या मुक़ाबला?"

मैं उसका संकेत समझ गया था। मुझे हल्का-सा पछतावा हुआ कि मैं उसके लिए कुछ विदेशी सिगरेटें नहीं ला सका। लन्दन से अभी कुछ दिन पहले मेरे मित्र ने कुछ पैकेट भेजे थे—पिछले दिनों से मैं उन्हें 'ब्लैक' में बेचने का विचार कर रहा था—'एक पैकेट मैं उसके लिए रख छोड़ूँगा'—मैंने मन-ही-मन वादा किया।

"क्या कर रहे हो आजकल?"

"कुछ नहीं, मैं ख़ाली हूँ।"

"यह तो मैं भी जानता हूँ," उसने तनिक हँसकर कहा। डबडबाती आँखों के नीचे उसके हँसते होंठ मुझे कुछ अजीब-से लगे, जैसे दो अलग-अलग चेहरों के भाव कैंची से काटकर उसके अकेले चेहरे पर चिपका दिये गए हों!

"क्रिसमस में कहीं नहीं जाओगे?" उसने पूछा।

"फ़िलहाल नहीं।"

"मैं तुम्हें बुला सकता था—स्तारा बोलीस्लाव में। बहुत पुराना शहर है—प्राग से ज़्यादा दूर नहीं। तुम अपनी कुछ छुट्टियाँ हमारे घर बिता सकते थे। मेरी पत्नी तुम्हें देखकर बहुत ख़ुश होती—जानते हो, उसने आज तक कोई इंडियन नहीं देखा। वह सोचती है—सब हिन्दुस्तानी पगड़ी पहनते हैं। तुम्हें देखकर वह बहुत निराश होती। ख़ुश होती बाद में, लेकिन शुरू में सचमुच बहुत निराश होती..."

'ओह, कट इट!' मैंने सोचा।

"तुम्हारे लिए मेरे पास एक छोटा-सा काम है, यहीं प्राग में ही। तुमने मुझसे कहा था न?"

मैं उसकी ओर देखने लगा—उसके पीछे दीवार पर जाले के रेशे मद्धिम रोशनी में चमक रहे थे।

उसने लाइटर मेज़ पर रख दिया—उसका ध्यान फिर अपनी मेज़ पर रखे काग़ज़ों की ओर मुड़ गया था।

"हम तुम्हारी मदद चाहते हैं—सिर्फ़ इन छुट्टियों के लिए। अगर सम्भव हो सके..."

"मैं कोशिश करूँगा," मैंने कहा।

"कोशिश," चीफ़ ने कुछ आश्चर्य से मेरी ओर देखा, "कोशिश नहीं—तुम्हें करना ही होगा। वे लोग यहाँ हैं, हमारे सिर के ऊपर। क्या कहोगे तुम उन्हें? क्रिसमस टूरिस्ट? स्नो फैनेटिक्स? क्रेज़ी—आई से, क्रेज़ी! इतनी सर्दियों में उन्हें यहाँ आने की क्या ज़रूरत पड़ी थी?" उसने मुझसे पूछा, मानो मैं स्वयं उनके लिए ज़िम्मेदार हूँ।

"और उनमें से किसी को भी चेक का एक शब्द नहीं आता—ला-ला-ला-लो!" उसने दोनों हाथ हवा में फैला दिये। वह इस बात से काफ़ी प्रसन्न दीख रहा था कि विदेशी टूरिस्टों को चेक का एक भी शब्द नहीं आता।

"क्या तुम इंटरप्रेट कर सकते हो—चेक से अंग्रेज़ी में?"

"क्या वे अंग्रेज़ हैं?"

"नहीं...हैं तो ऑस्ट्रियन, लेकिन उन्हें कामचलाऊ अंग्रेज़ी आती है। तुम्हें मुश्किल नहीं पड़ेगी।"

"मुझे इसका कोई अनुभव नहीं है," मैंने कहा।

"नहीं है, तो हो जाएगा...वैसे ज़्यादा काम इंटरप्रेटेशन का नहीं है, तुम्हें कुछ दिन उनके साथ रहना होगा।"

मैं चुप रहा। सर्दी के उन दिनों में टूरिस्टों के साथ बाहर भटकने की सम्भावना मुझे ज़्यादा आकर्षक नहीं जान पड़ी। लेकिन इनकार करने का मुँह नहीं था। उन दिनों स्कॉलरशिप की रक़म बहुत पहले ख़त्म हो जाती थी। हर विद्यार्थी छुट्टियों में कोई-न-कोई काम ढूँढ़ लेता था। मैं अब तक टालता आया था। लेकिन मुझे लगा, अब ज़्यादा दिनों तक इस तरह नहीं चल सकेगा।

मुझे असमंजस में पड़ा देखकर उसने कहा, "हमारी एजेंसी के इंटरप्रेटर क्रिसमस की छुट्टी पर हैं, वर्ना हम तुम्हें तकलीफ़ नहीं देते।"

उसके स्वर में दबा व्यंग्य मुझसे छिपा न रह सका।

"नहीं, तकलीफ़ की बात नहीं...मैं आजकल बिलकुल ख़ाली हूँ।"

"सो इट इज़ फिक्स्ड!" अंग्रेज़ी बोलने का मौक़ा वह हाथ से नहीं जाने देता था...युद्ध के दौरान वह लन्दन में रहा था, यह बात वह कितनी ही बार मौक़े-बेमौक़े मुझे बताना नहीं भूलता था।

"क्या मुझे प्राग से बाहर जाना होगा?" मैंने पूछा।

"मुझे नहीं मालूम...यह सब उन पर निर्भर करता है।" उसने निश्चिन्त होकर अपनी पाइप जला ली थी।

"अगर तुम उनके साथ नहीं जाओगे, तो वे भी शायद नहीं जाएँगे।" उसने हँसते हुए कहा।

"कहाँ ठहरे हैं?"

"योरुपा में—होटल के दफ़्तर से तुम्हें उनके बारे में सब ज़रूरी बातें मालूम हो जाएँगी...अगर तुम चाहो, तो अभी उनसे मिल सकते हो...वैसे उनका प्रोग्राम कल से शुरू होगा।"

"अच्छा...धन्यवाद!" मैं खड़ा हो गया।

"फ़िलहाल यह तुम्हारे ख़र्च के लिए है...एजेंसी की तरफ़ से।" उसने धीरे से एक लिफ़ाफ़ा मेरी तरफ़ खिसका दिया। वह मुस्करा रहा था। मुझे बुरा लगा कि वह मेरे सुख का अनुमान लगा सकता है। वैसे यह अनुमान लगाना ज़्यादा मुश्किल नहीं था। क्रिसमस की छुट्टियों में जो विदेशी विद्यार्थी प्राग में ही फँसे रहते हैं, उनकी स्थिति किसी से भी छिपी नहीं रहती।

लिफ़ाफ़ा उठाकर मैंने जेब में रख लिया। एक क्षण के लिए मुझे लगा, जैसे पीछे बैठी टाइपिस्ट व्यंग्यात्मक मुद्रा में देख रही है। मैंने उस ओर ज़्यादा ध्यान नहीं दिया।

बाहर जाने से पहले मैंने अपने कोट का 'हुड' कानों पर चढ़ा लिया और जेब से दस्ताने बाहर निकाल लिये।

"क्या यह लन्दन से ख़रीदा था?" चीफ़ ने मेरी ओर देखा।

मैंने हँसते हुए हाथ मिलाया।

"तुम विदेशी लोग बहुत भाग्यवान हो।" उसने कहा।

"कैसे?" मैंने पूछा।

"तुम्हें दोनों दुनियाओं का सुख मिलता है," उसने तनिक रहस्यमय लहज़े में कहा—आधा रहस्यमय, आधा व्यंग्यात्मक भाव, जो हमेशा ही मुझे दुविधा में डाल देता था।

बाहर आते समय मुझे याद आया कि अगली बार मैं उसके लिए 'लकी स्ट्राइक' का एक पैकेट लाना नहीं भूलूँगा।

बाहर बर्फ़ गिर रही थी। छोटे-छोटे रोएँ सफ़ेद तितलियों-से मेरे कोट पर चिपक जाते थे—ख़ामोश और सहमे-से—फिर अपने-आप

पिघल जाते थे और सिर्फ़ एक गीली-सी थरथराहट मेरे चेहरे पर फैल जाती थी।

मैंने सड़क पार की और फ़ुटपाथ पर दुकानों से सटकर चलने लगा। शो-विंडोज़ के भीतर मद्धिम रोशनियों के दायरे बाहर छिटक आए थे, जिनके तले गन्दे पानी के चहबच्चे चमक रहे थे...आधी टूटी हुई बर्फ़ के मैले कोनों पर छायाएँ तेज़ी से फिसलती हुई आगे बढ़ जाती थीं। जेब के भीतर मेरी अँगुलियाँ लिफ़ाफ़े को धीरे-धीरे सहलाने लगीं।

उस रात मैं देर तक 'पेलीकान' में बैठा रहा। वहाँ के वेटर मुझसे परिचित थे और समय ख़त्म होने के बाद भी मैं वहाँ बैठ सकता था। वे मुझे वहाँ 'महाराजा' समझते थे और अकसर हाथियों और जंगलों के बारे में पूछताछ करते थे। उस रात मैं काफ़ी सुखी था। उन्होंने मुझे पोलिश वोद्का दी थी—शुरू करने के लिए। कहते हैं, वोद्का सुख का चिह्न है। वैसे भी पीते समय मैं अपने सुख के बारे में सोचने लगता हूँ।

रेस्तराँ के जिस कोने में मैं बैठा था, वहाँ से टूरिस्ट ऑफ़िस की इमारत दिखाई दे रही थी, यह मैं आज भी याद कर सकता हूँ। ऑफ़िस की ग्लास-विंडो पर पोस्टर के अक्षर गुलाबी नियॉन-लाइट में चमक रहे थे—'विज़िट प्राग—द सिटी ऑफ़ योर ड्रीम्स!'

"सेंट पीटर!"

एक बार...दो बार! मैं ठंडे हाथों से दरवाज़ा खटखटा रहा था। भीतर निपट शान्ति थी।

मुझे नहीं मालूम, उस रात मैं कितने बजे वापिस होस्टल आया

था। आधी रात से ज़्यादा समय गुज़र चुका था—मैं सिर्फ़ यह जान सका था। बारह बजे के बाद होस्टल का गेट बन्द हो जाता था। मुझे घंटी बजानी पड़ी थी—सेंट पीटर को उठाने में काफ़ी देर लगती थी। वह हमारे होस्टल के 'गेटकीपर' थे और हर रात बियर के नशे में डूबे रहते थे। शुरू के दिनों में जब हम आधी रात के बाद आते थे, तो वह हम पर काफ़ी झल्लाते थे। वह अकसर कहते थे कि हम विदेशी विद्यार्थी उनके देश के रुपये पर मौज उड़ाते हैं—हालाँकि उन्हें अपने देश के प्रति कोई विशेष लगाव रहा हो, इसका परिचय हमें कभी नहीं मिला था। शुरू के दिनों में देर से आने पर वह हमसे रजिस्टर पर दस्तख़त करवाते थे ताकि 'फ़ैकल्टी' के प्रिंसिपल से हमारी शिकायत कर सकें। हमें अकसर देर हो जाती थी। रजिस्टर से बचने के लिए हम कुछ क्राउन पीटर को—सेंट पीटर को—बियर के लिए दे देते थे। हम कभी यह 'उपहार' उनके हाथ में नहीं देते थे। ऐसा करना लज्जास्पद होता। हम उसे उनकी जेब में डाल देते थे। वह अँगड़ाई लेकर आँखें मूँद लेते। लगता, वह प्रार्थना कर रहे हों। शायद ऐसी मुद्रा में ही उन्हें देखकर किसी ने उन्हें 'सेंट' की उपाधि दी होगी। शायद इसलिए भी (मेरे मित्र थानथुन की भी यह राय थी) कि बूढ़े पीटर के पास गेट की चाभियाँ रहती हैं...आठ बजे के बाद होस्टल का कोई भी छात्र अपनी प्रेमिका नहीं ला सकता, यह नियम था। मेरे विचार में यह काफ़ी हास्यास्पद नियम था। गर्मियों में तो कोई बात नहीं। लेकिन सर्दी के दिनों में तुम बाहर प्रेम नहीं कर सकते। लेकिन सेंट पीटर मान जाएँ तो मुश्किल नहीं पड़ती। उनके पास चाभियाँ रहती हैं, जिन्हें हम 'कीज़ ऑव पैराडाइज़' कहते थे। इसीलिए यह 'सेंट' से भी ज़्यादा थे...हमारे लिए वह एंजिल से कम नहीं थे।

लम्बी प्रतीक्षा के बाद दरवाज़े पर चिटखनी खुलने की खड़खड़ाहट हुई...वह आँखें मलते हुए बाहर आए।

इतनी देर में? उन्होंने मेरी ओर देखा। वह आधी नींद से उठे थे और जल्दी में ग़ुस्से या विस्मय का कोई भी भाव नींद के कुहरे को काटकर उनके चेहरे पर स्पष्ट न हो पाया था। इस डाँवाँडोल स्थिति का फ़ायदा उठाकर मैं जल्दी से भीतर आया।

"लेकिन इतनी देर में..." वह दुबारा बुदबुदाए।

"मेरे एक मित्र का जन्मदिन था," मैंने कहा। यह एक ऐसा बहाना था, जिस पर हर चेक आसानी से विश्वास कर लेता है।

उन्होंने दरवाज़े की चिटखनी चढ़ा दी। मैंने धीरे-से उनकी जेब में तीन क्राउन डाल दिये। उन्हें शायद इतना आश्चर्य हुआ कि वह अँगड़ाई लेना भी भूल गए। उन्हें इसकी आशा नहीं थी। उन दिनों मैंने उनसे कई बार एक-एक क्राउन उधार लिये थे। शायद ही होस्टल का कोई विदेशी छात्र बचा हो, जो उनका कर्ज़दार न हो—ख़ास कर क्रिसमस की छुट्टियों में, जब हम 'गिरजे के चूहों' से भी बदतर होते थे। उधार लेने से पहले हमें हमेशा बहाना करना पड़ता था कि घर चिट्ठी भेजने के लिए हमारे पास डाक-टिकट के पैसे नहीं हैं। इससे उन्हें बहुत सन्तोष मिलता था और उधार देते समय उनकी आत्मा शान्त रहती थी। उन्हें इस बात से बहुत सन्तोष मिलता था कि हज़ारों मील दूर रहने के बावजूद हम अपने घरों को नहीं भूले हैं।

"क्या घर से मनीऑर्डर आया है?" उन्होंने विस्मय से मेरी ओर देखा।

"नहीं...मुझे काम मिल गया है," मैंने उन्हें लिफ़ाफ़े में लिपटे नोट दिखलाए।

"कैसा काम?" उन्होंने सन्दिग्ध दृष्टि से मेरी ओर देखा। बरसों के अनुभव से वह जान गए थे कि विदेशी छात्र छुट्टियों में पब-क्रॉलिंग के अलावा कोई दूसरा काम नहीं करते। किन्तु सन्देह के बावजूद वह लिफ़ाफ़े को देखकर प्रभावित हुए थे।

"प्राग में कुछ विंटर-टूरिस्ट आए हैं...मुझे उनके साथ रहना होगा," मैंने कहा। मैंने जान-बूझकर 'इंटरप्रेटर' का शब्द नहीं कहा। उनका अविश्वास तब और गहरा हो जाता। कोई भी विदेशी छात्र उनकी मातृभाषा का इंटरप्रेटर बन सकता है, यह उनके लिए एक असहनीय बात हो जाती।

"मेरी कोई चिट्ठी आई है?" मैंने पूछा। इस समय अपनी चिट्ठियाँ माँगना उचित नहीं था, लेकिन मैं चाहने पर भी अपनी उत्सुकता नहीं दबा सका।

उन्होंने मेरी ओर देखा और फिर वह चुपचाप अपने 'क्यूबिकल' का दरवाज़ा खोलकर भीतर चले आए। वह 'क्यूबिकल' भी नहीं था—चारों ओर शीशे की खिड़कियों से घिरा-ढँका वह एक बक्सानुमा केबिन था, जिसका दरवाज़ा सेंट पीटर भीतर से ताला लगाकर बन्द रखते थे। उसे देखकर मुझे हमेशा चिड़ियाघर में रखे पिंजरे याद हो आते थे—चारों तरफ़ से खुले, लेकिन भीतर से बन्द। सेंट पीटर रात के समय वहीं मेज़ पर सिर टिकाकर सोते थे। कोने में बासी बियर का मग रखा रहता था।

सेंट पीटर ने काउंटर की खिड़की खोली और डेस्क की दराज़ से दो पत्र बाहर निकाल लिये। एक स्थानीय पत्र उन्होंने मेरे आगे बढ़ा दिया। दूसरा पत्र, जो मेरे घर से आया था, अब भी उनकी हथेली के नीचे दबा था।

"इसके टिकट...?" उन्होंने मेरी ओर देखा।

"हाँ, लेकिन ज़रा जल्दी करो!" मैंने तनिक अधीर होकर कहा।

"अच्छा, पहले मुझे जगा दिया, जब जल्दी लगी है!" उन्होंने कहा। उन्हें विदेशी टिकट जमा करने का शौक़ था। शायद ही किसी विदेशी छात्र के पत्र उनकी कैंची से बच पाते थे। 'शौक़' था, यह कहना भी मुश्किल है। उन दिनों प्राग में विदेशी टिकटों को बहुत ऊँचे दामों पर

बेचा जा सकता था। होस्टल में यह आम अफ़वाह थी कि उसकी रात की बियर इन्हीं टिकटों पर आती है।

"बाहर अब भी बर्फ़ गिर रही है?" उन्होंने पूछा।

"अब ज़्यादा नहीं है," मैंने कहा।

"तुम्हारे देश में क्या इतनी सर्दी पड़ सकती है?" उन्होंने पूछा।

मैं चुप रहा। अब मैं इस प्रश्न का उत्तर नहीं देता। पिछले दो वर्षों में मैं दो सौ बार इस प्रश्न का उत्तर दे चुका हूँ।

उन्होंने टिकट काटकर लिफ़ाफ़ा मेरी ओर बढ़ा दिया। बहिन का पत्र था, यह मैं शुरू में ही पहचान गया था। मेरी उत्सुकता सहसा मर गई थी।

"इस बार कोयला कम है," सेंट पीटर ने फुसफुसाते हुए कहा, "हो सकता है, कुछ दिनों में सेंट्रल-हीटिंग ख़त्म हो जाए...गर्म पानी भी शायद नहीं आएगा। तुम शायद छः महीने तक नहीं नहा सकोगे।"

मैंने लिफ़ाफ़ा जेब में रख लिया। गर्म पानी आता भी रहे, तब भी नहाने में मुझे ज़्यादा दिलचस्पी नहीं। मैं अपने कमरे में जाने के लिए उतावला हो रहा था, लेकिन उन्होंने बीच में ही मुझे रोक लिया।

"तुम लोग अपने देश में कितनी बार नहाते हो?"

"बहुत कम। जब बारिश होती है, तभी लोग बाहर नहाने के लिए निकलते हैं।" इससे पहले वह कुछ और पूछ पाते, मैं सीढ़ियाँ चढ़ने लगा।

कमरे में आकर मैंने अपना ओवरकोट अपने 'रूम-मेट' के पलंग पर रख दिया। वह रूमानियन था और क्रिसमस की छुट्टियों में अपने घर चला गया था। उसके जाने के बाद मुझे अपने कमरे में अजीब-सी स्वतंत्रता महसूस होती थी। वह बुरा नहीं था, लेकिन उसकी प्रेमिकाओं के कारण मुझे अकसर अपनी शामें बाहर काटनी पड़ती थीं। यों वह मेरे प्रति क्रूर नहीं था—उसने कई बार मुझसे कहा था कि मैं आँखें मूँदकर अपने पलंग पर लेट सकता हूँ, उसे और उसकी साथिन को कोई आपत्ति

नहीं होगी। उसने यह भी आश्वासन दिया था कि मैं चाहूँ तो बीच-बीच में आँखें खोल भी सकता हूँ, लेकिन इन बातों को न ही कहना बेहतर है। उसके जाने के बाद मुझे काफ़ी अकेलापन-सा लगता है, हालाँकि यह सच है कि मैं अब किसी भी समय बिना असमंजस के अपने कमरे में आ सकता हूँ, जो उसके रहते सम्भव नहीं था।

उस रात कमरा गर्म था और मुझे लकड़ियाँ नहीं जलानी पड़ीं। 'पेलीकान' से लौटते समय मैं अपने साथ सॉसेज़ और स्लीबोवित्से की एक बोतल ले आया था। वोद्का के बाद मुझे हमेशा भूख सताने लगती थी और उसकी व्यवस्था मैं पहले से ही कर लेता था। 'सिंक' के नीचे से मैंने फ्राइंग-पैन उठाया और उस पर सॉसेज़ रख दिये। चाय की देगची में पानी भरा और उन दोनों को किचन में ले जाकर गैस के चूल्हों पर रख दिया। किचन मेरे कमरे से ज़्यादा दूर नहीं था। होस्टल में अलग-अलग ब्लॉक थे और हर ब्लॉक के निवासियों का अपना अलग 'किचन' था। सुबह से शाम तक यहाँ अफ़्रीकी और अरब छात्रों की भीड़ लगी रहा करती थी—ख़ास कर छुट्टियों में, जब 'मेस' बन्द रहता था। स्टोव के इर्द-गिर्द आलुओं और अंडों के छिलके, मछली के ख़ाली टीन और बियर की बोतलें बिखरी रहा करती थीं। छुट्टियों में उन्हें साफ़ करनेवाला कोई नहीं था।

उस रात वह वीरान पड़ा था। वह शनिवार की रात थी और अभी तक बहुत-से छात्र अपने-अपने रात के अड्डों से वापिस नहीं आए थे। वैसे भी क्रिसमस के दिनों में शायद ही कोई आधी रात से पहले लौटता था।

वापिस कमरे में जाने की इच्छा नहीं हुई। किचन कमरे से भी ज़्यादा गर्म था। वहाँ पर पहले से हम लोगों ने कुर्सियाँ रख दी थीं। जब कभी कमरों में सेंट्रल-हीटिंग ख़त्म हो जाती (उन दिनों अकसर ऐसा होता था), हम अपने-अपने ओवरकोट पहनकर वहीं जमा हो जाते थे। मैं वहीं स्टोव के पास एक कुर्सी खिसकाकर बैठ गया, जूते उतार दिये

और पाँव स्टोव के सामने रख दिये। गीले मोज़ों पर से हल्की भाप उड़ने लगी। वे धीरे-धीरे सूख रहे थे।

मैंने जेब से चिट्ठियाँ निकालीं। स्थानीय पत्र यूनिवर्सिटी लायब्रेरी का कार्ड था। उस पर उन किताबों के नाम लिखे थे जो पिछले पाँच महीनों से मेरे पास पड़ी थीं। जुर्माने की रक़म भी दर्ज की गई थी। उसमें मेरी विशेष दिलचस्पी नहीं थी। मैंने उसे केतली के नीचे गैस में डाल दिया। फिर दूसरा पत्र...लिफ़ाफ़े पर चौड़ा सूराख़ पड़ा था जहाँ सेंट पीटर ने कैंची से टिकट काटा था। सूराख़ के नीचे से पन्ने पर मेरी बहिन द्वारा लिखे गए कुछ शब्द बाहर झाँक रहे थे। मैंने उन्हें पढ़ा और वे मुझे कुछ अजीब-से लगे—मुकम्मिल वाक्यों में शायद वे मुझे उबा देते, लेकिन इस तरह आस-पास के पड़ोसी शब्दों से अलग होकर सूराख़ से बाहर झाँकते हुए वे मुझे काफ़ी निरीह और रहस्यमय-से जान पड़े, जिसके पीछे मेरी बहिन थी, घर था, घर के कोने थे...मैंने उसे दुबारा जेब में रख दिया। उस रात मैं वहाँ नहीं जाना चाहता था।

मार्जरीन का एक टुकड़ा मैंने फ्राइंग-पैन पर डाल दिया। एक हल्की-सी चिरचिराहट हुई। सॉसेज़ की भीनी गन्ध चारों ओर फैलने लगी। वे लाल गाजरों-सी तपने लगी थीं। मैंने फ्राइंग-पैन को स्टोव से उठाया ही था कि मुझे अपने कन्धे पर हल्का-सा दबाव महसूस हुआ। चौंककर पीछे देखा, थानथुन खड़ा था।

"हैलो!" उसने एक लम्बी जमुहाई ली।

"हैलो!" मैंने गैस बुझाकर फ्राइंग-पैन उसकी आँखों के सामने कर दिया—"खाओगे?"

"कहाँ रहे दिन-भर?" टी.टी. (मैं उसे टी.टी. ही कहता था) ने सिर झुकाकर भुनी हुई सॉसेज़ को एक क्षण सूँघा। "सिर्फ़ यही है?" उसने सॉसेज़ का एक कोना कुतर लिया।

"नहीं, रोटी भी है। तुम चाय की केतली भीतर ले आओ।"

"मैं दिन में दो बार तुम्हारे कमरे में आया था," उसने कहा। मैंने उसकी ओर देखा। वह मुझसे काफ़ी लम्बा था, लेकिन उम्र बहुत कम लगती थी। वह उन चीनी और बर्मी लड़कों की तरह था जो एक ख़ास उम्र के बाद बढ़ते नहीं हैं—जब तक बिलकुल बूढ़े न हो जाएँ।

"तुम फ्रांज़ के घर गए थे?" उसने पूछा।

"नहीं, क्यों?"

"वह एक बार तुमसे मिलने आया था। मुझे नहीं मालूम था, तुम कहाँ गए हो।"

"उसने मारिया के वीसा के बारे में तुमसे कुछ कहा था?" मैंने पूछा।

"वह बहुत जल्दी में था...तुम्हें कल दोपहर को उसने अपने अपार्टमेंट में बुलाया है। वह वहाँ सारे दिन रहेगा। सुनो, तुम क्या सोचते हो?"

"किसके बारे में?"

"मारिया को वीसा मिल जाएगा?"

"मालूम नहीं," मैंने कहा। चाय का पानी उबलने लगा था। उसने केतली उठा ली। हम दोनों किचन के बाहर चले आए।

कॉरीडोर में निपट अँधेरा था। सिर्फ़ लिफ़्ट के सामने एक मद्धिम-सी बत्ती जल रही थी। तीसरी मंज़िल से युगोस्लाव मेलन्कोविच के एकोर्डियन का स्वर हवा में सिहरता हुआ सुनाई दे जाता था। वह शाम को कहीं नहीं जाता था। वह शायद होस्टल का सबसे पुराना निवासी था। उसकी पत्नी और बच्चे बेलीग्रेड में थे, लेकिन वह राजनीतिक कारणों से वहाँ वापिस नहीं जा सकता था। हमेशा हमें आधी रात को उसके कमरे से एकोर्डियन का स्वर सुनाई देता था। उसे सुनकर ही लड़के एक-दूसरे के कानों में फुसफुसाने लगते, "यह मेलन्कोविच है, जो अपने घर नहीं जा सकता।"

कमरे में टी.टी. मेरे बिस्तर पर लेट गया। वह कोई बर्मी अख़बार पढ़ रहा था। हर हफ़्ते उसके पास अपने देश से बर्मी अख़बारों के अलावा 'लाइफ़' और 'टाइम' की पुरानी प्रतियाँ आती थीं। जिस दिन यह पुलिन्दा आता था, वह उसका सबसे सुखद दिन होता था। वह शायद ही कभी कोई चेक अख़बार पढ़ता था, हालाँकि चेक भाषा का ज्ञान उसे हम सबसे ज़्यादा था।

मैं चाय बनाने लगा। कुछ देर बाद हम दोनों ब्राउन रोटी की स्लाइसों के साथ सॉसेज़ खाने लगे।

बाहर खिड़की पर खटखटाहट बन्द हो गई थी। जान पड़ता था बर्फ़ रुक गई है। लेकिन दरवाज़े के नीचे से हवा बराबर आ रही थी जो बर्फ़ से भी ज़्यादा कष्टदायक थी।

सॉसेज़ ख़त्म करने के बाद टी.टी. ने कहा, "अगर इस वक़्त कुछ पी सकते, कुछ गर्म..."

"चाय काफ़ी गर्म है," मैंने मज़ाक़ किया। मैं उसे कुछ देर तक सस्पेंस में रखना चाहता था—स्लीबोवित्से के बारे में।

"शाम को तुम कहाँ गए थे?"

"मैं ज़रा सैर के लिए बाहर गया था।"

"नहीं बताना चाहते तो चुप रहो," उसने खीजकर कहा।

"सच—यही बात है," मैंने गम्भीर स्वर में कहा। "बर्फ़ में सैर करने का लुत्फ़ तुम बर्मी लोग नहीं जानते।"

उसने कुछ नहीं कहा और चुपचाप अख़बार पढ़ने लगा। वह पढ़ नहीं रहा था, यह मैं जानता था।

"तुम्हें ये सॉसेज़ भी सैर करते हुए बर्फ़ में मिले थे?" कुछ देर बाद उसने पूछा। उसे मालूम था कि आज के दिन मेरे पास एक भी क्राउन नहीं था।

"सॉसेज़..." मैंने रहस्यमय भाव से उसकी ओर देखा, "जब

तक पीने के लिए कुछ साथ न हो, मैं सॉसेज़ कभी गले के नीचे नहीं उतार सकता।"

यह वाक्य अनेक सम्भावनाओं से भरा था...शायद इसीलिए उसने अख़बार एक तरफ़ रख दिया।

"तुम्हारा मतलब चाय से है?" उसने हल्के व्यंग्य से कहा, किन्तु बहुत ही अनिश्चित स्वर में।

"कुछ लोगों की कल्पना चाय से परे नहीं जाती...उन्हें चाय ही पीनी चाहिए," मैंने कहा।

टी.टी. को जैसे किसी अदृश्य गन्ध की आहट मिल गई। शिकारी कुत्ते की तरह चमकती आँखों से वह कमरे में चारों ओर देखने लगा। कहीं कुछ भी न था। अचानक उसकी दृष्टि मेरे रूमानियन 'रूममेट' के पलंग पर जा पड़ी। मेरा डफल-कोट अब भी वहाँ पड़ा था। वह उठ खड़ा हुआ और पलंग के पास चला आया। फिर उसने धीरे-से कोट उठाया और बिना दूसरी जेबों की चिन्ता किये अन्दरूनी लम्बी जेब में हाथ डाला। वह मेरे कोट की हर जेब का दायित्व जानता था। उसे निश्चय नहीं था। उसने टेबुल-लैम्प जलाया और बोतल को ध्यान से रोशनी के नीचे देखने लगा। पहले क्षण उसे सचमुच अपनी आँखों पर विश्वास नहीं हो पाया था। वह 'स्लिब' ही थी—लैम्प के फीके आलोक में बोतल के लेबल पर दो सुर्ख़ प्लम चमक रहे थे।

"कहाँ मिली यह तुम्हें?" उसने विस्फारित आँखों से मेरी ओर देखा। सर्दी की उस ग़रीब रात में ब्रांडी की पूरी बोतल एक चमत्कार से कम नहीं थी—इसकी कल्पना पराये देशों में रहनेवाले केवल विदेशी विद्यार्थी ही कर सकते हैं।

"वहीं बर्फ़ में," मैंने एक उच्छ्वास लेकर कहा, "सॉसेज़ के साथ यह भी पड़ी थी।"

"ओह, शट-अप!"

उसने अलमारी के निचले दराज़ से बॉटल-ओपनर निकाला। दो गिलास निकाले। उन्हें 'सिंक' के नलके से साफ़ किया। वह मेरे कमरे के कोने-कोने से परिचित था। कोई भी चीज़ उससे छिप नहीं सकती।

"तुम अगर अख़बार पढ़ोगे, तो मैं तुम्हें नहीं पीने दूँगा," मैंने कहा।

"पहले यह बताओ कि यह सब कैसे हुआ? कल तक तुम्हारे पास बियर के पैसे भी नहीं थे?"

मैं दीवार पर टँगी जुआँ ग्री की स्टिल-लाइफ़ देखता रहा... अचानक मुझे गहरी थकान-सी महसूस हुई। 'मुझे वोद्का नहीं पीनी चाहिए थी,' मैंने सोचा।

"मुझे काम मिल गया है।" कुछ देर बाद मैंने कहा। "सिर्फ़ कुछ दिनों के लिए।"

"कितने दिनों के लिए?"

"जितने दिन टूरिस्ट रहेंगे..."

"टूरिस्ट...इस मौसम में?" टी.टी. ने हल्के-से सीटी बजाई। वह दोनों गिलासों में बराबर-बराबर ढाल रहा था।

"ताक नज़दार!" उसने गिलास उठाया। उसे चेक बोलने से नफ़रत थी। लेकिन पीने से पहले वह इतना प्रसन्न हो जाता था कि चेक भाषा में टोस्ट देना भी उसे बुरा नहीं लगता था।

हम पीने लगे। कमरे में एक ही कुर्सी थी...वह टाँगें फैलाकर दीवार का सहारा लगा मेरे बिस्तर पर बैठ गया।

"विंटर-स्पोर्ट्स के लिए कोई जर्मन टूरिस्ट होंगे," उसने कहा, "दे आर द ओन्ली स्पोर्ट-ईडियट्स इन दिस वर्ल्ड।"

"नहीं, ऑस्ट्रियन हैं। अंग्रेज़ी भी आती है..." मैंने कहा। कल सुबह उठकर होटल जाना होगा, इस विचार से ही मेरी देह में झुरझुरी-सी दौड़ आई।

"तुम्हें क्या करना होगा?"

मैंने गिलास ख़ाली करके नीचे रख दिया। एक अजीब-सी गरमाई मेरे पेट के खोखल में उमड़ने लगी।

“इन टूरिस्टों के साथ तुम क्या कर सकते हो...कुछ भी नहीं?” मैंने कहा। “दिस इज़ प्राग—द मदर ऑफ़ सिटीज़!”

“नहीं, पहले तुम्हें, ‘लेडीज़ एंड जेंटिलमैन’ कहना होगा...”

टी.टी. ने बीच में टोकते हुए कहा।

“द गोल्डन सिटी...द सिटी ऑफ़ हंड्रेड टॉवर्स...द सिटी ऑफ़ टियर्स एंड नाइटमेयर्स!”

“द सिटी ऑफ़ एम्पटी पॉकेट्स एंड फुल ब्लेडर्स!” टी.टी. ने कहा। हम हँसने लगे। यह हमारा पुराना मज़ाक़ था। प्राग में पेशाबघर इतने कम थे कि हमें कभी-कभी सड़कों पर उन्हें खोजते हुए रोना आने लगता था।

हम चुप हो गए। हम यह मज़ाक़ आपस में ही कर सकते थे—हमारे चेक मित्र अपने शहर के बारे में इतने भावुक हो जाते थे कि उनके सामने कुछ भी कहने का साहस नहीं होता था। तीन साल यहाँ रहने के बावजूद भी टी.टी. अपने को अजनबी-सा पाता था। बियर और अपने देश के अख़बार—इनके बाहर उसे कोई चीज़ ज़्यादा आकर्षित नहीं करती थी। पीने के बाद उसने कितनी बार लोगों से झगड़ा किया है, आज उसकी गिनती करना असम्भव-सा लगता है लेकिन वह घर वापिस जाने के लिए भी उत्सुक नहीं है। अपना देश उसे इस देश से भी कम आकर्षित करता है—मेडिकल कोर्स की अन्तिम परीक्षा देने के बाद वह शायद यहीं बस जाएगा। लौटने की ज़्यादा झंझट नहीं थी...पीछे एक माँ थी, जो माँडले के किसी स्कूल में पढ़ाती थी। वह उसके ऊपर निर्भर नहीं थी। न ही उससे ज़्यादा प्रसन्न थी। कभी-कभी पीते समय हम अपने-अपने घरों की बातें करते थे, लेकिन तब भी हम उसके प्रति नॉर्मल दृष्टिकोण नहीं रख पाते थे। हम ऐसे वर्षों में घर को छोड़कर

चले आए थे जब बचपन का सम्बन्ध उससे छूट जाता है और बड़प्पन का नया रिश्ता जुड़ नहीं पाता। अब घर बहुत अवास्तविक-सा जान पड़ता था, जैसे वह किसी दूसरे की चीज़ हो, दूसरे की स्मृति। उसका मतलब यहाँ कुछ भी नहीं था। पहले जो भी मतलब रहा हो; वह दिन, महीनों, वर्षों के साथ धुँधला पड़ता गया था। वह अब अर्थहीन था—और किंचित् हास्यास्पद।

"इस बार ज़रूर ह्वाईट क्रिसमस होगी—अभी से बर्फ़ गिरनी शुरू हो गई है।" टी.टी. की आँखें खिड़की पर टिकी थीं।

"तुमने पिछले साल भी यह कहा था, लेकिन क्रिसमस के दिन सारा शहर धूप में चमक रहा था," मैंने कहा।

"इस बार ज़रूर बर्फ़ गिरेगी—सारे यूरोप में 'कोल्ड वेव' चल रही है।" टी.टी. ने कहा, "सेंट पीटर कह रहे थे कि इस बार लकड़ी भी कम पड़ गई है—क्रिसमस-वृक्ष ब्लैक मार्केट में बिक रहे हैं...तुम्हें ज़रूरत है?"

"इस बार अगर हालत इतनी बुरी न होती, तो हम स्कींग के लिए जा सकते थे।"

"तुम इन टूरिस्टों के साथ जा सकते हो...अपनी जेब से तुम्हें कुछ भी ख़र्च नहीं करना पड़ेगा।"

टी.टी. ने दोनों ख़ाली गिलासों में स्लीबोवित्से डाल दी। हमने एक कप में पानी भी रख लिया था। हमारे पीने का एक अलग ढंग था—वह ढंग असल में मैंने टी.टी. से सीखा था। पहले नीट स्लीबोवित्से का एक छोटा-सा घूँट लो, उसे ज़ुबान पर थोड़ी देर तक घुमाते रहो—उस समय तक, जब तक कि वहाँ एक छोटी-सी 'आग' न जलने लगे। जब ज़ुबान के सब पड़ोसी—दाँत, तालु आदि अच्छी तरह अपने को इस आग में सेंक लें, तब उसे गले में ले जाओ और जब गले को भी गर्मी मिल जाए, थोड़ा-सा पानी पीकर उसे छाती के भीतर खींच लो—'आग' जलाने

और बुझाने का यह प्रोसेस एक मिनट से ज़्यादा नहीं चलना चाहिए।

"पीने के बाद हमें रोज़ गार्डन जाना चाहिए," टी.टी. ने कहा।

"इतनी रात में...! तुम पागल हो?"

"वहाँ फ्रांज़ होगा...हमें देखकर वह हैरान हो जाएगा। वह रात-भर वहीं रहता है।"

"उसे वीसा की फ़िक्र है..." मैंने कहा। "ये जर्मन लड़के कितनी जल्दी डेस्पेरेट हो जाते हैं!"

"तुम मेरे साथ चलोगे? वह बहुत अकेला होगा।"

"मैं उससे कल मिलूँगा...वैसे भी इस हालत में तुम्हारा वहाँ जाना ठीक नहीं होगा," मैंने कहा। टी.टी. ने ज़्यादा ज़ोर नहीं दिया। पीने के बाद उसे किसी 'पब' में अकेले छोड़ देना ख़तरे से ख़ाली नहीं, यह मैं अपने अनुभव से जान गया था। वह अजीब ढंग से एग्रेसिव हो जाता है—यह उसका अकेलापन है, या चेक लोगों के प्रति वितृष्णा, जो पीने के बाद उभर आती है, मैं आज भी नहीं जान सका हूँ। पहली बार मेरा उससे परिचय एक असाधारण परिस्थिति में हुआ था। आधी रात के समय वह एक बहुत ही बदनाम नाइट-क्लब के सामने फ़ुटपाथ पर लेटा था। पहली दृष्टि में यह दृश्य असाधारण नहीं लगा था। हर रात जब मैं दूसरों को या दूसरे मुझे ऐसी स्थिति में देखते थे, तो उठाकर होस्टल ले आते थे। लेकिन वह पीने की बेहोशी नहीं थी। लैम्प-पोस्ट के प्रकाश में जब टी.टी. का चेहरा पहली बार देखा था तो लगा था, जैसे मैं हिचकॉक की फ़िल्म का कोई दृश्य देख रहा हूँ। माथे पर चाकू का लम्बा घाव था। कोट के कॉलर, टाई, कमीज़ की बाँहें ख़ून में भीगी थीं। मैंने टैक्सी-स्टैंड से पुलिस को फ़ोन कर दिया। इस बीच जब उसे होश आता, वह उठ बैठता और बड़े विस्मय से अपने ख़ून को देखने लगता। कुछ देर बाद उसने अचानक कहा (आज भी मैं वह वाक्य नहीं भूल सका हूँ), 'ऐ लिसन, डू यू हैव कैमरा बाई एनी चान्स? कैमरा?'

मैंने ध्यान से उसकी ओर देखा। 'तुम मेरा फ़ोटो नहीं खींच सकते?' उसने कहा। बाद में पुलिस उसे अस्पताल ले गई थी। बहुत दिनों पश्चात् जब मैंने उससे कैमरे के बारे में पूछा, उसे कुछ भी याद नहीं रहा था। पहले उसे विस्मय होता था, अब उसे विश्वास हो चला है कि फ़ोटोवाली बात मैंने मन से गढ़ी है।

"मैं अब सोऊँगा।" टी.टी. उठ खड़ा हुआ।

"उम्मीद है, तुम उसे ख़त्म नहीं कर दोगे।" उसने स्लीबोवित्से की बोतल की ओर देखा।

"टी.टी..."

"क्या बात है?"

एक क्षण के लिए हमने एक-दूसरे की ओर देखा...पीने की एक सीमा के बाद आदमी कितनी ढेर-सी बातें कहने के लिए आतुर हो जाता है—हालाँकि न उनका कोई अर्थ होता है, न अतीत—वे सिर्फ़ उस क्षण के अकेलेपन से छुटकारा पाने के लिए होती हैं—लेकिन सिर्फ़ इसके लिए तुम दूसरे को सोने से रोक नहीं सकते।

"तुम कल फ्रांज़ के घर मिलोगे?" मैंने पूछा।

"देखो, मैं कोशिश करूँगा।" टी.टी. ने जमुहाई लेते हुए कहा। उसने मेज़ पर पड़ी पत्र-पत्रिकाएँ उठा लीं।

"तुम अपने कमरे तक पहुँच जाओगे?" मैंने हँसी में कहा।

वह दरवाज़े के पास आकर ठिठक गया।

"मैं ठीक हूँ...इतने से फ़र्क़ नहीं पड़ता।" एक बच्चे की-सी निरीह मुस्कान उसके चेहरे पर सिमट आई थी। ऐसे क्षणों में टी.टी. इतना छोटा लगता था कि सहसा विश्वास नहीं हो पाता था कि अपने देश से हज़ारों मील दूर वह यहाँ बिलकुल अकेला है।

उसके जाने के बाद मैं कपड़े बदलकर बिस्तर पर लेट गया। स्लीबोवित्से की बोतल को बन्द करके पलंग के नीचे खिसका दिया।

वह हमारा 'सैलर' था—पलंग के नीचे। न जाने कितनी ख़ाली बोतलें वहाँ पड़ी थीं। जब कभी मुझे या टी.टी. को पैसों की ज़रूरत पड़ती थी, हम उन्हें पास की 'पब' में बेच आते थे। ऐसा हमेशा महीने के अन्तिम दिनों में होता था।

मैंने बत्ती बुझा दी। बहिन का पत्र अब भी मेरी जेब में था, लेकिन मैंने उसे अगले दिन के लिए छोड़ दिया। स्लीबोवित्से के बाद कुछ भी सोचने या पढ़ने की इच्छा नहीं रह गई थी। सिर्फ़ भीतर एक हास्यास्पद-सी गड़बड़ होने लगती थी, जैसे अँतड़ियों में कोई धीमे-धीमे गुदगुदी कर रहा हो। मुझे तब ऐसा लगता था, जैसे मैं किसी दायरे के इर्द-गिर्द एक ख़रगोश के पीछे भाग रहा हूँ—एक सफ़ेद मुलायम-सी चीज़, जो सिर्फ़ सिर की चकराहट थी। चकराहट का भी कैसा अजीब रंग होता है... बादल-सी हल्की और सफ़ेद—सिर की नसों के बीच तिरती हुई—तुम जानते हो, वह पकड़ के बाहर है, लेकिन उसके पीछे भागते रहते हो, जब तक नींद उसे दबोच नहीं लेती।

2

"इंटरप्रेटर...जीसस मारिया!"

उसने नींद से बोझिल आँखों से मेरी ओर देखा। वह एक अधेड़ स्त्री थी, जिसने नीले रंग का रेशमी 'वर्किंग-गाउन' पहन रखा था। जब मैं भीतर आया था, वह रिसेप्शन के काउंटर पर सिर टिकाकर ऊँघ रही थी। उसकी कुर्सी के पीछे एक काले बोर्ड पर चॉक से होटल के कमरों के नम्बर लिखे थे। हर नम्बर की खूँटी पर अलग-अलग कमरों की चाभियाँ लटक रही थीं। जब कभी रिसेप्शन-रूम का दरवाज़ा खुलता, सुबह की हल्की धूप बोर्ड पर सरक आती। नम्बर छिप जाते लेकिन पीतल की चाभियाँ बर्फ़ के छोटे-छोटे 'आसिकल'-सी झिलमिलाने लगतीं।

"जीसस मारिया!" उसने दुबारा कहा।

"क्या वे अभी अपने कमरों में हैं?" मैंने पूछा।

"किस नम्बर के लोग?" स्त्री ने झल्लाई-सी दृष्टि से मेरी ओर देखा। उसकी भौंहों के सफ़ेद-भूरे बाल पलकों पर झुक आए थे।

मैंने नामों की वह लिस्ट उसके सामने रख दी, जो कल टूरिस्ट ऑफ़िस से मुझे मिली थी। उसने एक सरसरी-सी दृष्टि लिस्ट पर डाली। वह शायद पहले से ही उनके बारे में जानती थी। इन दिनों बहुत कम विदेशी टूरिस्ट होटल में ठहरते थे—जो लोग आते थे, उनके बारे में होटल को पहले से ही टूरिस्ट-एजेंसी से सूचना मिल जाती थी।

उसने तनिक कौतूहल से मेरी ओर देखा।

"वे लोग तो कल ही पहाड़ों पर चले गए..."

मैं कुछ भी न समझ सका—वह शायद मेरे विस्मय को ताड़ गई।

"वे स्कींग के लिए आए थे...प्राग में दो दिन ठहरकर वे कर्कोनोशे (पहाड़) चले गए हैं।" उसने मुझे समझाते हुए कहा।

"लेकिन कल मि. जैक्सन ने मुझसे..."

"आह, मि. जैक्सन! उन्हें कुछ नहीं मालूम!" उसने रूमाल निकालकर नाक सिनकते हुए कहा, "तुम समझते हो, ये जर्मन टूरिस्ट इंटरप्रेटर के सहारे दुनिया की सैर करते हैं?"

"वे ऑस्ट्रियन हैं..." मैंने कहा।

"ऑस्ट्रियन!" स्त्री ने मेरी ओर देखा और फिर दुबारा लिस्ट की ओर। वह दुविधा में पड़ गई थी।

"देखो, मुझे नहीं मालूम कि वे ऑस्ट्रियन हैं या जर्मन, लेकिन तुम एक बार होटल के डायनिंग-रूम में उन्हें देख सकते हो...वे इस समय नाश्ता ले रहे होंगे। ये लोग बाद में आए थे—मुझे भी नहीं मालूम कि ये अलग आए हैं या दूसरे टूरिस्टों के साथ। तुम चाहो तो उनसे पूछ सकते हो।"

"डाइनिंग-रूम किस तरफ़ है?"

"सीधे भीतर चले जाओ...फिर दाईं तरफ़।" उसने कहा।

मैंने उसे धन्यवाद दिया और रिसेप्शन-रूम का दरवाज़ा खोलकर होटल के भीतर चला आया। भीतर धुँधलका-सा था। सिर्फ़ ऊपर जानेवाली

सीढ़ियों के पास एक बत्ती जल रही थी। दाईं ओर एक छोटा-सा गोल कमरा था, बीच की जगह ख़ाली थी। मेज़ें और कुर्सियाँ सिर्फ़ एक किनारे पर खिड़कियों के पास लगी थीं। खिड़कियों के लम्बे मखमली पर्दे उठा दिये गए थे, लेकिन शीशों पर मैली राख-सा कुहरा जमा था। यदि पर्दे न भी उठाए जाते, तो भी शायद कमरे के पीले धुँधलके में कोई अन्तर नहीं पड़ता।

डायनिंग-हॉल में पहले क्षण मुझे कोई दिखाई नहीं दिया।

मैंने सोचा कि शायद मैं किसी ग़लत कमरे में आ गया हूँ। मैं वापिस मुड़नेवाला ही था कि दरवाज़े से एक वेटर तेज़ी से मेरे सामने आकर ठिठक गया।

"क्या आप 'चैडोक' (टूरिस्ट-ब्यूरो) से आए हैं?"

"हाँ," मैंने कहा।

"वे आपका इन्तज़ार कर रहे हैं।" मेरी दृष्टि उसकी अँगुली की दिशा में उठ गई। हॉल में पीछे की तरफ़ एक छोटा-सा स्टेज था, जिसे मैंने नहीं देखा था। स्टेज पर एक पियानो रखा था और उसके पीछे कुछ और कुर्सियाँ रखी थीं, जिनकी ओर जल्दी में मेरा ध्यान नहीं गया था।

"अगर आप चाहें, तो मैं आपकी कॉफ़ी वहीं ले आऊँगा? आप कुछ खाएँगे भी?" वेटर ने पूछा।

"नहीं, अभी कुछ नहीं," मैंने कहा। पहली बार मुझे 'चैडोक' के प्रतिनिधि की हैसियत का अनुमान लगा। ऐसी स्थिति में मुझे अपने 'हुलीगन कोट' पर थोड़ी-सी लज्जा आई...मुझे कम-से-कम आज के दिन उसे नहीं पहनना चाहिए था। अगर मुझे इसका कुछ भी आभास होता, तो मैं फ्रांज़ से उसकी चमड़े की जैकेट ले सकता था, जो उसने पश्चिमी बर्लिन से ख़रीदी थी।

"क्या मैं आपको वहाँ ले जाऊँ?" वेटर ने मुझे असमंजस में पड़ा देखकर पूछा।

"नहीं-नहीं, मैं ख़ुद चला जाऊँगा।" मैं तेज़ी से उस ओर बढ़ गया, जहाँ पियानो रखा था।

यह विचित्र है कि आज जब मैं उस क्षण को दुबारा लौटाने की कोशिश करता हूँ तो कुछ भी याद नहीं आता—न अँधेरे में डूबा स्टेज, न पियानो। जो चीज़ वापिस लौटती है, वह है सफ़ेद नीरव आलोक। डायनिंग-हॉल के पीले धुँधलके से अलग उस कोने में इतनी रोशनी जमा हो सकती है, मैंने कल्पना नहीं की थी। यह रोशनी भी थी—कहना कठिन है। एक ख़ास क़िस्म की उज्ज्वल सफ़ेदी—जैसे बर्फ़ का म्लान ठंडापन बाहर ही रह गया हो, लेकिन उसकी तीख़ी सफ़ेद छाया भीतर चली आई हो—कुर्सियों के इर्द-गिर्द, मेज़ की टाँगों पर, हर जगह।

स्टेज के पीछे पहुँचकर मैं सहसा ठिठक गया।

मेज़ से हटकर खिड़की के पास एक छोटा-सा लड़का खड़ा था। वह अपनी अँगुली से खिड़की के लम्बे शीशे पर, जहाँ कुहरा जम गया था, आड़ी-तिरछी रेखाएँ खींच रहा था। उसके लम्बे-भूरे बाल कन्धों पर गिर आए थे, जैसे छोटी लड़कियों के बाल होते हैं। मैं उसे लड़की ही समझ लेता, अगर उसने निकर और छोटा कोट न पहना होता। उसने मेरी ओर देखा और सहसा उसकी अँगुलियाँ शीशे पर ठहर गईं। एक क्षण तक वह सहमा-सा मेरी ओर निहारता रहा। फिर उसने बिना मुड़े दूसरे हाथ से कुर्सी पर बैठी लड़की के कन्धों को छुआ। मुझे लगा, वह चौंक-सी गई है। उसने पीछे मुड़कर मेरी ओर देखा और तब वह खड़ी हो गई। मैंने जल्दी से दस्ताने उतारकर हाथ आगे बढ़ा दिया।

"मैं चैडोक से आया हूँ," मैंने कहा। उसने हाथ मिलाया, किन्तु वह अब भी अनिश्चित भाव से मुझे देख रही थी। तब सहसा मुझे अपनी ग़लती का अहसास हुआ। मैं हड़बड़ाहट में चेक बोलने लगा था और वह कुछ भी नहीं समझ सकी थी। मैंने वही वाक्य दुबारा अंग्रेज़ी में दुहराया। इस बार शायद वह कुछ-कुछ समझ गई थी, हालाँकि मैं

बिलकुल निश्चिन्त नहीं हो सका। वह सिर्फ़ हँसने लगी थी—ऐसी हँसी, जो मन को ज़्यादा आश्वस्त नहीं करती। उसने बैठने के लिए ख़ाली कुर्सी की ओर इशारा किया। एक क्षण के लिए मुझे भ्रम हुआ कि शायद वह अंग्रेज़ी भी नहीं जानती...इस समय तक वह एक शब्द भी नहीं बोली थी।

वहाँ ज़रूरत से ज़्यादा गर्मी थी। खिड़की के पास ही हीटर लगा था। बैठने से पहले मैंने अपना डफल-कोट उतारा, फिर मफ़लर। उन दोनों की आँखें मुझ पर टिकी थीं। वह लड़का उससे सटकर खड़ा हो गया था।

इस बीच मेरी कॉफ़ी मेज़ पर आ गई।

"क्या आप कुछ पिएँगी?" मैंने पूछा।

"नहीं, हमने अभी कुछ देर पहले नाश्ता लिया था," उसने कहा। उसने अंग्रेज़ी में कहा था। काफ़ी धीरे-धीरे हर शब्द पर ज़ोर डालकर—एक अजीब-सी एक्सेंट के साथ, जो मैंने पहली बार सुना था। फ्रांज़ को भी अंग्रेज़ी आती थी, लेकिन वह बिलकुल दूसरे ढंग से बोलता था।

"हम कल ही वियना से आए थे...और भी कुछ लोग हैं। हममें से किसी को भी इस देश की ज़ुबान नहीं आती," वह धीरे-से हँस दी। मुझे लगा, वह बहुत ध्यान से मेरी ओर देख रही है।

"बाक़ी लोग कहाँ हैं?"

"वे कल ही पहाड़ों पर चले गए स्कींग के लिए।"

"आप नहीं गईं?"

"मैं कुछ दिन प्राग में रहना चाहती थी।"

"क्या आप पहले भी आ चुकी हैं?"

"हाँ, तीन साल पहले।" उसने कहा, "लेकिन बहुत कम अर्से के लिए। मुझे अब कुछ भी याद नहीं रहा। कल जब हम यहाँ स्टेशन से आए तो मुझे यह बिलकुल नया शहर लग रहा था। शायद मौसम की वजह से..." उसने मुस्कराते हुए मेरी ओर देखा। उसकी आँखें स्थिर

थीं—चमकती हुईं, लेकिन अजीब-सी ठंडी। बाल उज्ज्वल भूरे थे। वे चेहरे के दोनों ओर सिमट आए थे—कानों और गालों को छिपाते हुए। उनके बीच उसका चेहरा बहुत उत्सुक और उजला-सा लगता था। होंठों पर गहरी लिपस्टिक थी।

"कल आप क्या करती रहीं?" मैंने पूछा।

"ख़ास कुछ नहीं—हम होटल के कमरे से बाहर नहीं गए। दिन-भर मैं यह पढ़ती रही।" उसने अपने बैग से एक छोटी-सी पॉकेट-बुक बाहर निकालकर मेरे सामने सरका दी। मैंने टाइटिल पढ़ा—'चेक-जर्मन कनवर्सेशन'।

"आप थोड़ी-बहुत चेक समझ लेती हैं?" मैंने पूछा।

"नहीं, लेकिन मैंने रशियन सीखी थी—वह भी ज़्यादा नहीं। कभी-कभी दो-चार शब्द समझ में आ जाते हैं। आप यहीं प्राग में रहते हैं?"

"हाँ, पिछले तीन वर्षों से," मैंने कहा। मैंने उसे अपनी यूनिवर्सिटी के बारे में बताया। उसे यह जानकर काफ़ी विस्मय हुआ कि यहाँ मेरा घर नहीं है। वह देर तक मुझसे प्राग के बारे में पूछती रही। अभी तक उसे वे चर्च याद थे, जहाँ वह पिछली बार गई थी; हालाँकि उनके नाम उसे याद नहीं रहे थे। जब वह मुझे उनकी रूपरेखा या स्थिति के बारे में बताने लगती तब मुझे उनका हल्का-सा अनुमान लग जाता। सेंट वाइटस के बारे में उसकी स्मृति बिलकुल सही थी, क्योंकि वह पहाड़ी पर था—कासल के पास। दूसरी चीज़, जो उसे ठीक से याद थी, यहूदियों की पुरानी सिमिट्री थी।

"मुझे अब भी वह हांट करती है," उसने कहा। उसका स्वर कुछ धीमा-सा हो आया। मैंने उसकी ओर देखा। उसकी उम्र मुझे ज़्यादा नहीं लगी, हालाँकि उसके बारे में निश्चित रूप से कोई भी अनुमान लगाना असम्भव था। उसकी पलकें बहुत घनी थीं। जब कभी वह बातें करते हुए हँसने लगती, उनकी (उन पलकों की) धूमिल छाया उसके सफ़ेद

कपोलों पर काँपने लगती थी। मैंने उसे बताया कि सिमिट्री उनके होटल से ज़्यादा दूर नहीं है। हम किसी भी समय वहाँ जा सकते हैं।

इस बीच मैं लड़के को भूल-सा गया था। वह अब खिड़की के शीशे पर लकीरें नहीं खींच रहा था। अब शायद यह सम्भव भी नहीं था। बाहर धूप निकल आई थी। उसके ताप से खिड़की पर जमा कुहरा पिघलने लगा था और अब उसे अँगुली से नहीं काटा जा सकता था।

काफ़ी पीने के बाद मैंने सिगरेट के लिए जेब में हाथ डाला। पैकेट ओवरकोट की जेब में छूट गया था। मैं हैंगर की ओर मुड़ा।

"आपको सिगरेट चाहिए? मेरे पास है।" उसने अपना पैकेट मेरे सामने बढ़ा दिया। मैंने पहले उसकी, फिर अपनी सिगरेट जला दी।

"हम लोग कल आपका इन्तज़ार करते रहे," उसने मुस्कराते हुए कहा।

"किसलिए?" मैंने आश्चर्य से उसकी ओर देखा।

"हम लोगों को कुछ चीज़ें ख़रीदनी थीं—दुकानों के बारे में हमें कुछ भी नहीं मालूम था। भाषा की भी दिक़्क़त थी," उसने कहा।

"लेकिन टूरिस्ट-एजेंसी ने मुझे कल रात ही आपके बारे में बताया था," मैंने कहा। मैंने उसे बताया कि किस तरह यहाँ कभी-कभी व्यर्थ-सी उलझनें उत्पन्न हो जाती हैं। जब मैंने उसे सुबह की घटना सुनाई—ऑस्ट्रियन और जर्मन के भेद के बारे में—तब वह अपनी हँसी नहीं रोक सकी।

"अगर आप चाहें, तो अभी चीज़ें ख़रीद सकती हैं," मैंने कहा।

"क्या आप ख़ाली हैं?"

मैंने उसकी ओर देखा। "मैं सिर्फ़ इसीलिए यहाँ आया हूँ," मैंने कहा।

उसके चेहरे पर एक हल्का-सा संकोच घिर आया था। मुझे भी कुछ दुविधा-सी हुई। मैं चाहता था कि वह मेरे काम के बारे में स्पष्ट और सहज हो सके, इसीलिए मैं शुरू में इस ओर संकेत करना चाहता था।

"क्या हमें यहाँ से बहुत दूर जाना होगा?"

"आपका होटल शहर के बीच में है...आपके पास प्राग का नक़्शा है?"

"हाँ, कल मुझे मिला था। लेकिन नक़्शे में मुझे कुछ पता नहीं चलता।" उसने अपनी सिगरेट ऐश-ट्रे में बुझा दी। उसकी अँगुलियाँ मुझे काफ़ी अस्थिर-सी लगीं—कुछ अस्वस्थ ढंग से अस्थिर—जो एक फ़िज़ूल-सी बेचैनी उत्पन्न कर देती हैं।

हम खड़े हो गए। मैं अपना ओवरकोट पहनने लगा।

"मीता!" लड़की ने बच्चे को बुलाया।

वह एकदम अपना खेल छोड़कर उसके पास आकर खड़ा हो गया। लगता था, वह बहुत देर से इस आवाज़ की प्रतीक्षा कर रहा हो।

"क्या तुम बाहर चलोगे?" वह उसके लम्बे-भूरे बालों से खेलने लगी थी। वह अनिश्चित-सा उसकी ओर देखने लगा, मानो तय न कर पा रहा हो कि वह किस बात से ज़्यादा प्रसन्न होगी—उसके जाने से, या न जाने से। मुझे यह कुछ अजीब-सा लग रहा था। मैं अकसर बच्चों की ज़िद देखता आया था। जहाँ ज़िद न हो, वहाँ बचपन हो सकता है—यह मुझे अस्वाभाविक-सा लगता था।

"हम जल्दी वापिस आ जाएँगे।...तुम चाहो तो यहीं रह सकते हो," उसने कहा। वह अब भी उसके बालों से खेल रही थी।

लड़का चुप रहा...वह समझ गया था। वह इस समझ का आदी था—ऐसा लगता था।

"यह आ सकता है?" उसने मेरी ओर देखा, "थकेगा तो नहीं?"

"नहीं...हमें ज़्यादा नहीं चलना होगा," मैंने कहा। मुझे लगा, जैसे वह यह चाहती भी है—जैसे अनजाने में मैंने स्वयं उस बच्चे का रुख़ अपना लिया है कि वह जिस बात से प्रसन्न होगी, मुझे वही कहनी चाहिए।

"क्या मैं उसे ले आऊँ?" उसने पूछा।

"किसे?" मैंने उसकी ओर देखा।

"आपने नक़्शे के लिए कहा था। वह मेरे कमरे में है।"

"अभी मैं आपके संग हूँ," मैंने हँसकर कहा। "अभी आपको उसकी ज़रूरत नहीं पड़ेगी।"

उसने लड़के के गले में मफ़लर कसकर बाँध दिया। फिर उसने जेब से एक सलेटी रंग का ऊनी स्कार्फ़ निकाला और उसे अपने बालों पर लपेटने लगी। स्कार्फ़ के पीछे कुछ बाल अब भी अनबँधे रह गए थे—छोटे और भूरे, जिनके बीच उसका चेहरा किसी मैगज़ीन के कवर-सा लग रहा था—कोरा सफ़ेद और अस्वाभाविक रूप से उज्ज्वल।

होटल के पोर्च से निकलकर हम बाहर आ गए।

धूप निकल आई थी। वैंसलेस स्क्वायर के बीच पानी में भीगी ट्राम की लाइनें चमक रही थीं। आकाश इतना नीला था कि उसे देखकर यह विचार भी बेतुका-सा लगता था कि कल शहर में बर्फ़ गिरी थी। जहाँ बर्फ़ थी, वहाँ अब भी पानी के गड्ढे उभर आए थे। हवा उन्हें छूती भी नहीं थी, लेकिन वे जैसे सहमकर पहले से ही काँपने लगते थे।

धूप में रात का भीगा शहर ठिठुर रहा था—ठंड से नहीं, उस हल्की गरमाई से—जो भीगी हुई ठंड का स्मरण करा जाती थी। हम दुकानों को टटोलते हुए नेशनल स्ट्रीट पर चले आए थे। मीता अकसर आगे निकल जाता था...मैं अब उसे मीता ही कहने लगा था, क्योंकि कई बार उसे ट्रैफ़िक से बचाने के लिए मुझे बुलाना पड़ता था। जब हम किसी दुकान में जाते, वह बाहर खड़ा होकर हमारी प्रतीक्षा करता रहता। दुकान के

भीतर जो चीज़ वह चाहती, मैं चेक में अनुवाद करके दुकानदार से कह देता। कभी-कभी ऐसा होता कि उसे किसी ख़ास चीज़ के लिए अंग्रेज़ी में शब्द नहीं मिल पाता था। तब वह इशारे से मुझे समझाने की कोशिश करती और 'शॉप-गर्ल' कौतूहल से हम दोनों के मूक 'पैंटोमिम' को देखती रहती थी। सबसे अधिक झुँझलाहट उस समय होती, जब बाद में पता चलता कि 'शॉप-गर्ल' को जर्मन आती है—तब मैं बेकार-सा हो जाता और बाहर आकर मीता के साथ खड़ा हो जाता।

एक बार हम खो गए थे। ग़लती शायद मेरी ही थी। वह दुकान में थी। मैं और मीता बाहर खड़े थे। सामने 'मैजिक-लैटर्न' का थिएटर था—वह सामने लगे पोस्टर को देखकर बहुत विस्मित-सा हो गया था। उसके विस्मय को और अधिक गहरा करने के लिए मैं उसे गली-पार ले गया था। पोस्टर के नीचे सिनेमा और ड्रामा की स्टिल्स लगी थीं—दोनों एक साथ मिली हुईं—पहली नज़र में वे अद्‌भुत लगती थीं। उस थिएटर में दोनों एक साथ होते थे—हम अभी एक दृश्य स्टेज पर देख रहे हैं, फिर अचानक फ़िल्म शुरू हो जाती और हम उसका बाक़ी हिस्सा फ़िल्म में देखने लगते। वह जादू-सा लगता था। स्टिल्स देखते समय मैं यही बात मीता को समझा रहा था। उसे अंग्रेज़ी ज़्यादा नहीं आती थी, लेकिन उसके चेहरे के हाव-भाव को देखकर मैं जान गया था कि यह असली बात समझ रहा है। यों भी बच्चे किसी चीज़ को समझने के लिए ज़ुबान पर ज़्यादा निर्भर नहीं रहते।

हमें समय का पता नहीं चला था। कुछ देर बाद जब हम वापिस आए, वह दुकान में नहीं थी, न दुकान के सामने ही। हम कुछ देर तक प्रतीक्षा करते रहे कि शायद वह किसी और दुकान में गई हो और कुछ देर बाद लौट आएगी। मीता ने मेरा हाथ पकड़ लिया था और हम चुपचाप खड़े थे—भीड़ में सिर्फ़ एक चेहरे को खोजते हुए, जो वहाँ नहीं था। हवा रुक गई थी और धूप में अब पहले-जैसा ख़ालीपन नहीं था।

वह गर्म अब भी नहीं थी, लेकिन अब उसके रहते शहर चमकीला-सा हो आया था। सर्दियों में महज़ नंगी चमक भी धीरज के लिए काफ़ी होती है, चाहे उसमें गर्मी की सान्त्वना न हो।

एक जगह खड़े रहना असम्भव था। हम दुकान पीछे छोड़कर पाउडर-टॉवर की ओर चलने लगे। मीता ने मेरा हाथ छोड़ दिया। वह भागता हुआ हर दुकान के भीतर झाँक लेता था और उसे न पाकर वापिस लौट आता था। वह आतंकित नहीं था—सिर्फ़ कुछ परेशान-सा था, जैसे वह अपनी माँ के इस विचित्र व्यवहार से परिचित हो; लेकिन यह न चाहता हो कि एक अजनबी भी इतनी जल्दी उसका परिचय पा सके। वह कभी मेरी ओर देखकर मुस्करा देता था, मानो मुझे आश्वासन दे रहा हो कि इस 'खोज' में विचित्र या असाधारण कुछ भी नहीं है।

जब हम वापिस जाने को पीछे मुड़े, तब मेरी निगाह अचानक उस पर पड़ी थी। मैं ठिठक गया। वह एक क्षण सन्देह का था। फिर मैं पहचान गया—मैं समझता हूँ, मैं कुछ देर तक इस सन्देह और पहचान के बीच खड़ा रहा था। वह शायद शुरुआत थी इन दोनों चीज़ों की। अकसर होता यह है कि पहचान के आने पर सन्देह नहीं रहता। मेरे संग यह नहीं हुआ था—न उस क्षण, न आनेवाले दिनों में।

वह एक सिगरेट-ऑटोमेट के सामने खड़ी थी।

उसने ख़रीदी हुई चीज़ों के पैकेट ज़मीन पर रख दिये थे। वह मशीन के बटन को खींच रही थी जिसके खुलने से ही सिगरेट का पैकेट बाहर आता था; किन्तु बटन अपनी जगह से नहीं हिल रहा था। वह शायद कुछ उत्तेजित-सी हो आई थी। आँखें वैसी ही थीं, जैसी मैंने पहली बार देखी थीं—भूरी और उत्सुक और हल्की-सी बेचैन—जैसी उसकी अँगुलियाँ थीं। बटन खींचते हुए उसके होंठ थोड़े-से भिंच जाते थे...

मुझे लगा, मैं पहली बार उसे देख रहा हूँ।

मैं उसके निकट चला आया। ज़मीन पर रखे पैकेट उठा लिये।

"कौन-सी सिगरेट चाहिए?" मैंने पूछा।

उसने मुड़कर मेरी ओर देखा। लगा, जैसे उसने मुझे पहचाना न हो। फिर वह सहसा आतंकित-सी हो गई।

"मीता कहाँ है?"

"आपको ढूँढ़ रहा है। हम दोनों ही आपको ढूँढ़ रहे थे," मैंने कहा।

"मैं तो यहाँ बहुत देर से खड़ी हूँ।"

मीता उसके पास चला आया था। उसने चुपचाप उसकी स्कर्ट का कोना पकड़ लिया था। वह बिलकुल शान्त था, जैसे उसको पहले से ही मालूम था कि वह यहाँ सिगरेट-ऑटोमेट के सामने खड़ी होगी। उसके सामने मुझे अपनी घबराहट बचकानी-सी जान पड़ी।

"यह चलता नहीं..." उसने सिगरेट की मशीन की ओर देखा।

"आपने दो क्राउन डाल दिये थे?"

"हाँ...लेकिन यह शायद ख़राब है," उसने कहा। मुझे मालूम था। मैंने एक हल्के झटके से बटन को अपनी तरफ़ खींचा। लीपा का एक पैकेट बाहर निकल आया।

"आप यही चाहती थीं?"

उसने सिगरेट का पैकेट हाथ से ले लिया।

"लीपा का क्या मतलब?"

"यह यहाँ का पेड़ है—लिंडन ट्री," मैंने कहा।

"लीपा...यह चेक नाम है?" उसकी आँखें मुझ पर उठ आईं। उनमें अब पहले की पहचान वापिस लौट आई थी।

हवा का वेग अप्रत्याशित रूप से तेज़ हो गया। हम ठिठुरने लगे। हम नेशनल स्ट्रीट के छोर पर खड़े थे, जहाँ हवा नदी को छूकर आती थी।

"आप कुछ और ख़रीदेंगी?"

वह हँसने लगी।

"आज के लिए काफ़ी है..." उसने कहा, "वर्ना आप बोझ नहीं

सँभाल पाएँगे।" उसने उन बंडलों को देखा, जो मेरे हाथ में थे।

"अगर देर नहीं है तब हम कुछ देर के लिए बैठ सकते हैं?" मैंने कहा।

"कहीं भी चलिए...यह हवा मार डालेगी।" उसने अपना फड़फड़ाता स्कार्फ़ दोनों हाथों से पकड़ लिया। उसकी आँखें बार-बार झिपती थीं और खुल जाती थीं। वह मीता के साथ खड़ी थी। उस क्षण वे दोनों भाई-बहिन लग रहे थे—वह माँ हो सकती है, यह अनुमान कोई भी नहीं कर सकता था।

हमने सड़क पार की। मैं उन्हें 'स्लाविया' ले जाना चाहता था। वह प्राग में मेरी प्रिय जगह थी। वह ज़्यादा दूर नहीं था। गर्मियों में जब मुझे कुछ भी करने को नहीं होता था, मैं यहाँ चला आता था। यहाँ सब देशों के अख़बार आते थे...खिड़की के सामने वल्तावा थी। वहाँ हम पूरा दिन गुज़ार सकते थे। कोई यह देखने नहीं आता था, तुमने कितनी कॉफ़ी पी है और कितनी देर ठहरोगे। मुझे जब कभी कोई पत्र घर के लिए लिखना होता था, मैं यहीं बैठकर लिखता था। मुझे लगता था कि इस जगह मेरे पत्र उतने रूखे नहीं हो सकेंगे जितने कमरे में लिखने से।

हम भीतर चले आए। इस घड़ी वहाँ ज़्यादा लोग नहीं थे—सिर्फ़ फिलॉसाफ़िकल-फ़ेकल्टी के कुछ छात्र-छात्राएँ एक कोने में बैठकर बियर पी रहे थे। फ़ेकल्टी यहाँ से बहुत पास थी। अकसर लेक्चर के बाद या उससे पहले विद्यार्थी यहाँ चले आते थे।

क्लॉक-रूम के काउंटर पर हमने कोट उतार दिये। मिसेज़ तानिया मुझ पर अर्थपूर्ण दृष्टि डालकर हमारे कोट हैंगर पर टाँगने लगीं। मुझे कोटों के टिकट की प्रतीक्षा करनी थी, इसलिए वह और मीता दरवाज़ा खोलकर भीतर चले गए।

"यह चेक नहीं लगती?" मिसेज़ तानिया ने टिकट काटते हुए कहा।

"नहीं," मैंने कहा। मेरे संग जो मित्र आते थे, मिसेज़ तानिया अर्से

से उन्हें देखती आई थीं। उनके लिए शायद यह विश्वास करना कठिन था कि मैं हर तीन-चार महीने के बाद किसी नई अपरिचित लड़की के साथ यहाँ चला आता हूँ। पहले उन्हें दुख होता था, अब सिर्फ़ कौतूहल... उनका दुख मैं सह लेता था, लेकिन जब से वह कौतूहल में बदल गया है, मुझे शर्म आती है।

"विदेशी है," उसने कहा।

मैं चुपचाप टिकट की प्रतीक्षा करता रहा।

"मैं पहले ही जान गई थी..." मिसेज़ तानिया ने तीन टिकट मेरे हाथ में पकड़ा दिये।

"कैसे जान गई थीं?" मैंने कौतूहल से पूछा।

"हमारी चेक लड़कियाँ इतनी ख़ूबसूरत नहीं होतीं," उसने कहा।

मैंने तीन क्राउन काउंटर पर रख दिये। "धन्यवाद!" उसने एक उच्छ्वास लेकर मेरी ओर देखा। इस बार शायद दुख और कौतूहल के बीच की कोई और चीज़ थी, जिसे मैं नहीं जान सका।

वे कोनेवाली मेज़ पर बैठे थे...वहाँ से एम्बेंकमेंट की सड़क दीखती थी। मुझे हल्की-सी ख़ुशी हुई कि उन्होंने अजाने वह जगह चुन ली है, जो मुझे पसन्द है। मीता ने दूर से ही मुझे देख लिया था और खड़ा होकर हाथ हिलाता हुआ मुझे अपनी मेज़ की तरफ़ बुला रहा था।

मैं उनके पास आकर बैठ गया। उसने स्कार्फ़ उतार दिया था—पीछे के बाल भूरे, चमकीले कुंडलों में अलग-अलग छितर आए थे—वे बहुत छोटे थे। लेकिन शायद इसी कारण उसका चेहरा बहुत खुला-खुला-सा लगता था। मुझे सहसा मिसेज़ तानिया के शब्द याद हो आए। वह सचमुच चेक लड़कियों से अलग-सी दीखती थी—कुछ अजीब तरह से इंटेंस।

उसने मेरी ओर देखा और हँसने लगी, "यहाँ अभी वेटर आया था...वह कुछ पूछ रहा था, मैं कुछ भी नहीं समझ सकी।" उसके कपोल सुर्ख़ हो आए थे।

"आपको चेक सीख लेनी चाहिए," मैंने मज़ाक़ में कहा।

"आप मुझे सिखा सकते हैं?" उसने गम्भीरता से मेरी ओर देखा।

"मि. जैक्सन को यह ज़्यादा अच्छा नहीं लगेगा..." मैंने कहा।

वह शरारत-भरे भाव से हँस पड़ी। मुझे अच्छा लगा कि मैं और वह मि. जैक्सन के बारे में एक ही राय रखते हैं।

"आप बहुत अच्छी चेक बोलते हैं," उसने कहा।

"आपको कैसे मालूम? मैं आपके संग बराबर अंग्रेज़ी में बोलता रहा हूँ।"

"नहीं, मेरे साथ नहीं—दुकानों में—जब आप इंटरप्रेट करते थे।"

मैंने उसका भ्रम दूर करने की कोशिश नहीं की। मुझे ख़ुशी होती यदि वह यह बात मि. जैक्सन से कहती। उन्हें मेरी चेक पर ज़्यादा विश्वास नहीं था।

वेटर आया। उसने कहा कि वह चाय और नीबू लेगी। मीता कुछ भी नहीं लेना चाहता था, लेकिन जब मैंने उसे बताया कि यहाँ चॉकलेट का कप बहुत अच्छा बनाते हैं तो उसने ज़्यादा विरोध नहीं किया। अपने लिए मैंने एक छोटी बियर मँगवा ली।

उसने अपना सिगरेट का पैकेट अपने पर्स से बाहर निकाल लिया। उसने मीता की ओर देखा।

"इसे मेरा सिगरेट पीना अच्छा नहीं लगता," उसने हँसते हुए कहा। मीता कुर्सी मोड़कर खिड़की के शीशे से बाहर देख रहा था।

"आप कभी वियना आए हैं?" उसने पूछा।

"सिर्फ़ कुछ दिनों के लिए," मैंने कहा।

"आपको कभी एक-दो महीने के लिए आना चाहिए—लेकिन सर्दियों में नहीं।" उसने मुस्कराकर मेरी ओर देखा।

"लेकिन आप सर्दियों में प्राग आई हैं, जब यहाँ कोई नहीं आता।"

वह चुप रही। एक मलिन-सी छाया उसके चेहरे पर सिमट आई

थी—सिर्फ़ एक पल के लिए। एक पल के लिए मुझे लगा कि उसका चेहरा वह नहीं है, जिसका मैं धीरे-धीरे आदी हो चला था। उसने पहली पहचान को उतारकर अलग रख दिया था—एक पहने हुए कपड़े की तरह। मेरे लिए एक अलग अनुभव था। हमेशा मुझे पहली पहचान आख़िर तक सही मालूम देती थी, उसने उसे फेंक दिया था—बिना एक भी शब्द कहे।

वेटर हम तीनों की चीज़ें मेज़ पर रख गया। मीता का ध्यान चॉकलेट पर खिंच आया। एक घूँट पीकर उसने शरमाकर मेरी ओर देखा। मैं धीरे-से मुस्करा दिया। उसकी शर्म से ही मुझे पता चल गया कि उसे वह पसन्द आई है। मैंने बियर के गिलास को अपने पास सरका लिया। वह दिन की पहली बियर थी और मैं उसे जल्दी में बिगाड़ना नहीं चाहता था। वह चुपचाप खिड़की के बाहर देख रही थी। एम्बेंकमेंट के परे नदी का पानी धूप में उज्ज्वल नीला-सा दीख रहा था। पीछे लेतना की पहाड़ी थी—एक लम्बी भूरी गिलहरी की तरह धूप में ऊँघती-सी।

"मुझे यह बुदापेस्ट की तरह लगता है," उसने बिना मेरी ओर देखकर कहा। "वहाँ भी शहर के बीच डेन्यूब बहती है।"

"आप बुदापेस्ट गई हैं?"

"बहुत पहले। लड़ाई से पहले के दिनों में। मैं तब बहुत छोटी थी।" उसके होंठ एक झुटपुटी-सी मुस्कराहट में खुल गए थे—मुस्कान, जिसमें किसी का भी साझा नहीं होता।

"यह वह चर्च है, जिसके बारे में सुबह आप कह रही थीं।"

मैंने उसे दाईं तरफ़ सेंट-वाइटस दिखाया—पहाड़ी पर उसकी बुर्जियाँ धुंध पर टँगे एक पेंसिल-स्केच-सी दीख रही थीं।

"क्या आज हम वहाँ जा सकते हैं?" उसने उत्सुकता से मेरी ओर देखा।

"आज वहाँ बर्फ़ होगी।"

"हम बर्फ़ पर चल सकते हैं—आपको स्कींग आती है?" उसने पूछा।

"मैंने पिछले साल सीखी थी। मैं अब गिरना सीख गया हूँ," मैंने कहा।

वह और मीता हँसने लगे। मीता ने उसके कान में कुछ कहा। उसने मेरी ओर देखा।

"मीता जानना चाहता है कि यहाँ कोई स्केटिंग रिंक है?"

"हम आज शाम को वहाँ जा सकते हैं। वह क्रिसमस की छुट्टियों में खुला रहता है।"

"आज शाम को आप ख़ाली होंगे?" उसने पूछा। फिर वह सहसा चुप हो गई। संकोच में उसकी आँखें दूसरी तरफ़ मुड़ गईं।

"मैं ख़ाली हूँ," मैंने सहज स्वर में कहा। उसका संकोच आसानी से बह सके, मैं यही चाहता था।

"मुझे याद नहीं रहता," उसने धीमे से कहा।

मैं बियर पीने लगा। उसके झाग मिट चले थे—सिर्फ़ कुछ सफ़ेद धब्बे गिलास की दीवारों पर जमे रह गए थे। मेरी आँखें अनायास उसके हाथ पर ठहर गईं। चाय के प्याले के पास वह मुझे अजीब-सा कोमल और नंगा जान पड़ा। आधी बाँह स्वीड के गर्म ब्लाउज़ की बाँहों में छिप गई थी। अँगुलियाँ ख़ाली थीं—बिना एक भी अँगूठी के; जो एक विवाहित स्त्री के लिए कुछ विचित्र-सा था। मैं दूसरी ओर देखने लगा, जहाँ यूनिवर्सिटी के छात्र बैठे थे। सिर्फ़ उनकी बातों और हँसी के अलावा वहाँ कुछ सुनाई नहीं देता था। रेस्तराँ के पीछे एक कोने में दो बूढ़े चेस खेल रहे थे—सब ओर से सर्वथा उदासीन।

वह चारों ओर देख रही थी।

"आप यहाँ अकसर आते हैं?"

"पिछली गर्मियों में हम अकसर आते थे," मैंने कहा।

"यह काफ़ी ख़ाली रहता है?" उसने कहा।

"हर समय नहीं। दोपहर के समय यहाँ बहुत-सी बूढ़ी औरतें आती हैं," मैंने कहा।

"बूढ़ी औरतें क्यों?" उसने मुस्कराकर मेरी ओर देखा।

"पहली लड़ाई के पहले यहाँ बहुत-सी युवतियाँ आती थीं। अब वे बूढ़ी हो गई हैं," मैंने कहा। "उन दिनों यह 'रिल्के-रेन्देवू' कहलाता था।"

"रिल्के यहाँ आते थे?" वह उत्सुकता से मुझे देख रही थी।

"कहते हैं...उन्होंने यहाँ बैठकर कुछ कविताएँ लिखी थीं...वह इसके ऊपरवाले मकान में रहते थे," मैंने कहा।

बियर के बाद मुझे लग रहा था कि मैं सिर्फ़ इंटरप्रेटर ही नहीं हूँ—मैं एक सफल गाइड भी बन सकता हूँ—एक पोयटिक गाइड—अगर ऐसी कोई चीज़ है। लेकिन रिल्केवाली बात सच थी...हालाँकि मैं उस बारे में निश्चित नहीं था कि वह ऊपरवाले मकान में ही रहते थे।

वह चुपचाप बाहर देखती रही। बिजली के मद्धिम आलोक में उसकी बाँह के भूरे रोएँ चमक रहे थे। उसका ध्यान मेरी ओर से हट गया था।

"जब आप पहली बार प्राग आई थीं, तब यहाँ नहीं आईं?"

"नहीं।" वह चुप हो गई। फिर कुछ देर बाद उसने कहा, "मैं अपने पति के साथ आई थी। वह गोथिक आर्किटेक्चर पर एक किताब लिख रहे थे, इसलिए चर्चों के अलावा हम कोई और चीज़ नहीं देख सके।" उसने मुस्कराकर मेरी ओर देखा। उसकी आँखें भावहीन थीं। मैंने उन्हें कभी इतना ख़ाली नहीं देखा था।

बाहर अब धूप नहीं थी। एक सर्दीला, साँवला-सा मैलापन हवा में घुल आया था। एम्बेंकमेंट पर पेड़ों की नंगी टहनियाँ कभी-कभी धीरे-से हिल जाती थीं। सामने ही पुल था। ऊपर ट्राम की तारें बर्फ़ से

धुल गई थीं—वे रह-रहकर साफ़ और चमकीली हवा में लम्बे फ़ीतों-सी डोल जाती थीं।

"हमें अब चलना चाहिए," उसने कहा।

मैंने मीता की ओर देखा। वह ऊबे भाव से उन दोनों बूढ़ों को देख रहा था, जो अब भी चेस-बोर्ड में डूबे थे।

बियर ख़त्म हो गई थी। मैंने वेटर को बुलाया। इस बीच उसने दस क्राउन का नोट वेटर की प्लेट में रख दिया था—बिना बिल देखे। मुझे लगा, उसने यह नोट पहले से ही पर्स से निकालकर हाथ में दबा रखा था।

"आप रहने दीजिए। मेरे पास चेंज है," मैंने कहा।

"मुझे भी चेंज चाहिए," उसने कहा। किन्तु वेटर के पास चेंज नहीं थी, बिल चुकाकर मैंने नोट उसे दे दिया।

"यह ठीक नहीं है...मैंने आपको यहाँ बुलाया था," उसने कहा।

"आप फिर बुला सकती हैं," मैंने कहा।

"नहीं...यह ठीक नहीं है," उसने दुबारा कहा। वह इतनी-सी बात पर इतनी गम्भीर हो जाएगी, मैंने नहीं सोचा था।

उसे भी शायद यह लगा कि वह ज़रूरत से ज़्यादा गम्भीर हो गई है। उसने मेज़ पर झुककर मेरे हाथ पर अपना हाथ रख दिया। एक छोटी-सी मुस्कराहट से उसकी आँखें चमक रही थीं।

"तुम अभी स्टूडेंट हो..." उसने कहा।

"फिर?" मैंने उसकी ओर देखा।

"कुछ नहीं," वह हँस पड़ी। "जब मैं पढ़ती थी, तब मेरी जेबें हमेशा ख़ाली रहती थीं।"

"आपको नहीं मालूम...मुझे कल रात से नौकरी मिल गई है," मैंने कहा।

"कितने दिनों के लिए?" वह वैसे ही मुस्करा रही थी। वह मौक़ा पाकर एक अबोध ढंग से फ़्लर्ट हो सकती है, मैंने नहीं सोचा था। मैंने

उसकी ओर देखा और कुछ नहीं कहा। एक क्षण तक उसके हाथ की गरमाई मेरी हथेलियों को घेरती रही। वह उसे उठाना भूल गई थी।

कुछ देर बाद हम क्लॉक-रूम की तरफ़ चलने लगे।

मिसेज़ तानिया ने हमें दूर से ही देख लिया था। उसने पहले से ही हम तीनों के कोट काउंटर पर रख दिये थे। मैंने टिकट वापिस कर दिये। वह इस बार कुछ नहीं बोली—शायद वह मेरी चुप्पी पर नाराज़ थी। मैं उसे किसी और दिन मना लूँगा—मैंने सोचा।

मैंने उसका कोट उठा लिया। उसने मेरी ओर देखा और फिर पीठ मोड़कर खड़ी हो गई। उसने पहले दाहिना हाथ आस्तीन में डाला, फिर बाएँ हाथ से कोट की बाँह को टटोलने लगी। मैं उसके बालों को देख रहा था, जो फिर स्कार्फ़ में दब गए थे। मुझे हल्का-सा आश्चर्य हुआ कि उसका क़द मुझसे छोटा था, हालाँकि दूर से वह लम्बी लगती थी।

"ज़रा नीचे करो, मेरा हाथ इतनी ऊपर नहीं पहुँच सकता।" उसने पीछे मुड़कर मेरी ओर देखा।

"आपके कन्धे बहुत छोटे हैं," मैंने कोट की बाँह नीचे कर दी। एक हल्की-सी गन्ध मुझे उस पल मिली थी। उस समय मुझे लगा था कि वह उसके कोट या बालों की है; लेकिन वह गन्ध उससे, उसकी देह से अलग नहीं की जा सकती थी, यह मुझे बाद में ही पता चल सका था।

हम बाहर आ गए। वहाँ से होटल ज़्यादा दूर नहीं था, इसलिए ट्राम की झंझट नहीं उठानी पड़ी। मीता रास्ता पहचान गया था और वह आगे-आगे चल रहा था। अकसर दोपहर के समय नेशनल-स्ट्रीट ख़ाली रहती थी, लेकिन ये क्रिसमस शुरू होने के दिन थे—सारा प्राग बदला-सा दीखता था। पिछले दिनों जो गलियाँ बर्फ़ में दबकर ख़ामोश पड़ी थीं, अब वे धीरे-धीरे अपना सिर बाहर निकाल रही थीं।

वह गड्ढों से बचने के लिए कभी-कभी अनजाने ही मेरे आगे आ जाती थी। मैं ठिठक जाता था। उसकी नॉयलन की जुराबों पर कीचड़

के छींटे उड़कर बैठ जाते थे, लेकिन इतने ऊँचे नहीं कि उसकी स्कर्ट ख़राब कर सकें।

होटल के सामने आकर हम ठहर गए। मीता वहाँ पहले से ही हमारी प्रतीक्षा में खड़ा था। मैंने दोनों पैकेट उसके हाथों में रख दिये। उसने मुस्कराकर मेरी ओर देखा। हममें अब दूरी नहीं रही थी।

"आप हमारे साथ लंच नहीं लेंगे?" उसने पूछा

"मुझे अपने एक मित्र से मिलना है...लेकिन मैं शाम को आऊँगा... स्केटिंग के लिए," मैंने मीता की ओर देखा। वह शरमाकर दूसरी तरफ़ देखने लगा था।

"आप दोपहर को क्या करेंगी?"

"मैं सोऊँगी।" एक थकी-सी मुस्कराहट उसके चेहरे पर सिमट आई।

"लेकिन आपको मुझे जगाना नहीं पड़ेगा...हम आपकी प्रतीक्षा करेंगे।"

"आप 'लाउंज' में ही रहेंगी?"

"नहीं...आप सीधे कमरे में आ सकते हैं।" वह क्षण-भर के लिए रुकी, फिर उसने मेरी ओर देखा।

"आपको नम्बर मालूम है?"

"मुझे पोर्टर से पता चल आएगा," मैंने तनिक असमंजस में कहा।

"दूसरी मंज़िल में रूम नं 11...रायना रैमान," उसने कहा। "अगर आपको नाम याद न रहे तो कमरे का नम्बर याद रखिएगा।"

वे दोनों होटल के दरवाज़े की ओर मुड़ गए। रायना रैमान...मुझे सिर्फ़ नाम याद रह गया था।

3

वह एक उजला दिन था। सर्दियों में कभी-कभी अचानक ऐसे दिन आ जाते थे, जब लगता, सर्दियाँ ख़त्म हो रही हैं। बीच का एक गर्म उज्ज्वल दिन—पुरानी लिखी हुई कॉपी के बीच एक अनलिखा, कोरे पन्ने-सा सफ़ेद और विस्मयकारी। वह सपने-सा लगता। ट्राली बस की तारों पर पक्षियों की काली क़तार लग जाती—धूप में अपने पंख सेंकती हुई।

हम इन्हें 'झूठे बसन्त' के दिन कहा करते थे। वे ज़्यादा टिकते नहीं थे। लेकिन जब वे आते थे, लोग आतुरता से उन्हें निचोड़ लेते थे—आख़िरी बूँद तक। शहर की सड़कें लोगों से भर जातीं। एम्बेंकमेंट की बेंचों पर बूढ़ी औरतें, अपने-अपने पैरम्बुलेटर के समय ऊँघती रहतीं।

तब सहसा मुझे वह आवाज़ सुनाई दी थी। आवाज़ भी नहीं—महज़ एक सरसराहट—बर्फ़ और धूप में दबी हुई। मुझे हमेशा यह आवाज़ अचानक अकेले में पकड़ लेती थी, या शायद जब मैं अकेला होता था, तभी उसे सुन पाता था। वह दरिया की ओर से आती थी—किन्तु

वह दरिया की ही आवाज़ है, इसमें मुझे सन्देह था। वह सिर्फ़ हवा हो सकती थी—तीख़ी सफ़ेद और आकारहीन। या सिर्फ़ शहर का शोर, जो पुराने मकानों के बीच आते ही अपना स्वर बदल देता था। घरों के बीच एक गिरता हुआ नोट—पेड़ों, छतों, गलियों के 'की-बोर्ड' पर सरसराता हुआ बर्फ़ की सफ़ेदी पर एक भूरी-सी आहट-सा।

मैं अब इन पुराने मकानों के बीच चल रहा था। सड़क का नाम था—विनोहरादी—अंगूर लताओं का स्क्वायर। बरसों पहले यहाँ शराब बनाई जाती थी। फ्रांज़ इस स्क्वायर के अन्तिम छोर पर रहता है—या रहता था, अब उसका अपार्टमेंट ख़ाली है। लेकिन उस दिन वह वहाँ था और तब कोई नहीं जानता था कि कुछ दिनों बाद वह प्राग में नहीं होगा।

उसके अपार्टमेंट से पहले चेख़ोवी-गार्डंस आते थे और मैं हमेशा उनके बीच से गुज़रकर सड़क पार किया करता था। सर्दियों में सब पेड़ों के पत्ते झर जाते थे, लेकिन चेख़ोवी-गार्डंस के पाइन वृक्षों की सूइयाँ अलग नहीं होती थीं। वे नीचे झुक जाती थीं—एक ठिठुरते जानवर की तरह, जो सर्दी से बचने के लिए अपने सब अंग समेट लेता है; और तब लगता था, जैसे बर्फ़ के सफ़ेद सागर के बीच वह एक नीला द्वीप हो—अपनी ही गर्मी में लिपटा हुआ। उस दिन सारा बाग़ वीरान था। नंगे तोपोल पेड़ों के नीचे पत्थर की बेंचें ख़ाली पड़ी थीं। मुझे जुलाई-अगस्त की वे रातें याद हो आईं जब यूनिवर्सिटी के छात्र अपनी-अपनी लड़कियों के साथ बाग़ के अँधेरे कोनों में बैठे रहा करते थे। बीचोंबीच कवि चैख़ की काली मूर्ति चुपचाप खड़ी रहती। लोग शराब और बियर की बोतलों को मूर्ति के 'पेडेस्टल' पर छोड़ जाते थे—फिर देर रात में ग़रीब बूढ़ी औरतें प्रेतनियों की तरह बाग़ में घुस आती थीं और ख़ाली बोतलों को अपनी स्कर्ट्स की लम्बी जेबों में ठूँसकर अँधेरे में ग़ायब हो जाती थीं।

यह पिछली गर्मियों में था...और उससे पिछली गर्मियों में—जो इस शहर में मेरी पहली गर्मियाँ थीं। उन्हीं दिनों पहली बार मैं फ्रांज़ से

मिला था। प्राग-स्प्रिंग का एक कन्सर्ट था, जिसमें मैं और टी.टी. गए थे। वहीं कन्सर्ट-हॉल के गलियारे में टी.टी. ने मेरा परिचय फ्रांज़ से कराया था। उसी शाम उसने मुझे और टी.टी. को अपने 'स्टूडियो' में आमंत्रित किया था। मैंने सोचा, यह पेंटर है। वह लग भी रहा था। उसकी बड़ी अलकोहलिक आँखें, लम्बा जिप्सी-टाइप स्वेटर और लम्बे मैले नाख़ून। उसने अपना एक हाथ बहुत ही सीधी-सादी लड़की के कन्धे पर रखा था। 'यह मेरी लड़की है,' उसने हमसे कहा। वह हँसने लगी थी। वह मारिया थी, यह हमने बाद में जाना था। हम बाद में उससे कई बार मिले थे, फ्रांज़ के स्टूडियो में ही।

वह स्टूडियो नहीं था और न फ्रांज़ पेंटर ही। उस शाम जब हम उसके कमरे में गए तो सिर्फ़ एक बड़े पियानो और सोफ़ा के अलावा कुछ भी दिखाई नहीं दिया। कमरे के बीच में ही एक तार लगी थी जिस पर उसके मोज़े और अंडरवियर सूख रहे थे। पियानो के सामने दीवार पर नियिन्सकी का एक चित्र था...पेत्रोश्का के वेश में...उसके साथ ही स्त्राविन्सकी खड़े थे।

"क्या कभी तुमने शैतान और ईश्वर को एक साथ देखा है?" उसने पाइप सुलगाते हुए मेरी ओर देखा। फिर उस फ़ोटो की ओर इशारा किया। "मैं दोनों को ही अपने स्टूडियो में रखता हूँ," उसने हँसते हुए कहा।

यह हमारे परिचय की शुरुआत थी।

सारी शाम वह अपने बारे में ही बोलता रहा था। उसे अपने बारे में ही बोलना अच्छा लगता था—एक ईगोइस्ट की तरह नहीं; एक बच्चे की तरह, जो अपने स्टैम्प-अल्बम हर आदमी को गर्व से दिखाता है। यह कहने की बजाय कि देखो, यह अर्जनटाइना का टिकट है, यह ग्रीनलैंड का—वह सिर्फ़ यह कहता था कि देखो, यह मेरा प्रेम है, यह मेरी घृणा। मैं इस पर मर सकता हूँ। मैं उस पर थूकता भी नहीं। उसके पास शब्द ज़्यादा नहीं थे। वह जर्मन था और अंग्रेज़ी बहुत कम आती

थी। चेक उससे भी कम। वास्तव में सिनेमाटोग्राफ़ी के छात्रों को चेक सीखने की आवश्यकता नहीं पड़ती थी। (फ्रांज़ को पूर्वी जर्मन से यहाँ सिनेमा-स्कूल में अध्ययन करने का स्कॉलरशिप मिला था।) जब कभी बोलते हुए उसे अंग्रेज़ी का शब्द नहीं मिलता था, वह उसका जर्मन शब्द मारिया को बता देता था और मारिया हमारे लिए उसका अनुवाद चेक में कर देती थी। मारिया को अंग्रेज़ी आती थी, पर वह बोलती थी चेक में। फ्रांज़ को चेक नहीं आती थी। मुझे और टी.टी. को जर्मन। और कभी-कभी हम जल्दी में बोलते हुए हड़बड़ा जाते थे कि किसके साथ हमें किस भाषा में बोलना चाहिए। यह सिर्फ़ पहले ही दिन हुआ था। बाद में हम आदी हो गए थे।

बाद में हम बहुत-सी चीज़ों के आदी हो गए थे। हममें यह प्रथा थी—मेरे ख़याल में सब विदेशी छात्रों में यह प्रथा थी कि वे एक-दूसरे के निजी जीवन को अलग रहने देंगे। इसलिए नहीं कि हम एक-दूसरे की प्राइवेसी का आदर करते थे, बल्कि हमें मालूम था कि हमारे दख़ल देने, न देने से कोई अन्तर नहीं पड़ेगा। हम सिनिक नहीं थे। एक 'सिनिकल' व्यक्ति अकसर अपनी समझ को सबसे ऊपर समझता है और उसमें अपना गौरव मानता है। हममें रखने-देने लायक कोई गौरव नहीं था। हम सिर्फ़ एक-दूसरे को इतनी सीमा तक जानने लगे थे जहाँ यह पता चल जाता है कि तुम दूसरे की मदद नहीं कर सकते। तुम मदद कर सकते हो, लेकिन उतनी नहीं, जितनी दूसरे को ज़रूरत है; और यदि ज़रूरत के मुताबिक़ मदद नहीं कर सको तो चाहे कितनी भी मदद क्यों न करो, उससे बनता कुछ भी नहीं।

यही कारण था कि जब बहुत-से दिन गुज़र जाते और हमें फ्रांज़ के 'स्टूडियो' में मारिया दिखाई नहीं देती थी, तब भी हम फ्रांज़ से उसके बारे में कुछ भी नहीं पूछते थे। हमें कभी-कभी आश्चर्य होता कि मारिया उसके साथ कैसे निभा पाती है। उन दिनों फ्रांज़ टी.टी. के साथ

दिन-रात 'पब' में बैठा रहता। वे परेशानी और भटकाव के दिन होते। फिर 'वीसा' का चक्कर शुरू होता—फ्रांज़ उतावला-सा हो जाता प्राग से कहीं भी बाहर जाने के लिए—वेस्ट जर्मनी, स्वीडन, पोलैंड—कहीं भी जहाँ सिनेमा-स्कूल के अध्यापक इतने जड़बुद्धि, इतने ईडियट नहीं होंगे, जितने प्राग में। यह वह समय होता जब फ्रांज़ का कोई 'आइडिया', अपनी फ़िल्म के बारे में कोई 'थीम' स्कूल के डायरेक्टर द्वारा अस्वीकृत हो जाती। वह मेरे कमरे में आता और हम घंटों एक पब से दूसरे पब में घूमते रहते। फ्रांज़ की माँ पश्चिमी बर्लिन में थीं और हर महीने उसे उनसे कुछ-न-कुछ मिलता रहता था। हम कभी-कभी मज़ाक़ में कहते थे कि फ्रांज़ को दोनों दुनियाओं का आनन्द मिलता है। इसमें वह ज़्यादा सुखी नहीं था। हम सुखी थे, क्योंकि हम कहीं भी नहीं जा सकते थे। फ्रांज़ को हमेशा यह लगा रहता था कि वह किसी भी समय प्राग छोड़कर जा सकता है। मुझे लगता है, जिन लोगों के सामने दूसरा रास्ता खुला रहता है, वे शायद ज़्यादा सुखी नहीं हो पाते।

लेकिन उस दिन मैं सुख के बारे में नहीं सोच रहा था—न फ्रांज़ के, न अपने। मेरा ध्यान बार-बार उस एक चेहरे की ओर भटक जाता था, जो एक संग इतना उज्ज्वल था, उत्सुक और हल्का-सा उदासीन।

पीस-स्क्वायर से एक छोटी सड़क नदी की ओर जाती है। उसके शुरू में ही एक पुराना फ़्लैट था, जिसमें अनेक परिवार रहते थे। फ्रांज़ का 'स्टूडियो' सबसे ऊपरी मंज़िल पर था। नीचे चौड़ी दालान पर गीले कपड़े सूखा करते थे। लिफ़्ट हमेशा ख़राब रहती थी और सीढ़ियाँ चढ़कर ही फ्रांज़ के कमरे में पहुँचा जा सकता था।

मैंने दरवाज़ा खटखटाया।

कुछ देर तक वहीं अँधेरे ज़ीने पर खड़ा रहा। उस समय यह विचार असम्भव लगा कि बाहर इतना उजला और साफ़ दिन फैला है। सबसे ऊपर होने पर भी फ्रांज़ के अपार्टमेंट में सीलन और अँधेरा जमे रहते थे।

कुछ देर बाद दरवाज़ा खुला। मारिया ने खोला था। वह देहरी पर खड़ी थी।

"भीतर आ जाओ," वह दरवाज़ा खोलकर अलग खड़ी हो गई।

"फ्रांज़ भीतर है?"

"वे लोग सुबह से बैठे हैं," उसने कहा।

मैंने अपना ओवरकोट और दस्ताने उतारकर हैंगर पर रख दिये। भीतर से उनकी आवाज़ें सुनाई दे जाती थीं।

"फ्रांज़ के साथ कोई और भी है?" मैंने मारिया की ओर देखा।

"टी.टी. सुबह आया था...तुझे कोई काम मिला है?" उसने मुस्कराकर मेरी ओर देखा।

"कुछ दिनों के लिए," मैंने कहा।

"अब तू भूखा मेरे घर नहीं आएगा," उसने हँसकर कहा। यह पिछली सर्दियों में था। जब हमारे पास कुछ न रहता, हम अकसर मारिया के घर खाने चले जाते थे। वह उन दिनों जर्मन एम्बेसी में काम करती थी और अकेली थी। पता नहीं, कितनी बार रात की अनुचित घड़ियों में हमने कुछ क्राउंस के लिए उसे जगाया था।

"हम कल तेरे होस्टल आए थे," मारिया ने कहा।

"कुछ काम था?" मैंने उसकी ओर देखा।

"फ्रांज़ तुझसे मिलना चाहता था," उसने कहा। उसके स्वर में हल्की-सी विरक्ति थी, जो छिपती नहीं।

"तुम्हारे वीसा का क्या हुआ?"

"अभी कुछ नहीं...मुझे मिलेगा नहीं," उसने कहा। वह मुझे देखकर हँस दी।

"तुझे दुख है?" उसने कहा। "मैं इतनी जल्दी प्राग नहीं छोड़ूँगी।"

मैं चुप रहा। हम दोनों उसकी भाषा में ही बोलते हैं। उसे अंग्रेज़ी आती है, लेकिन उसकी ज़िद है कि मैं चेक में ही बोलूँ। जब हम चेक में बोलते हैं, तब 'तुम' की जगह 'तू' हो जाता है...लेकिन मुझे अभी उसकी आदत नहीं पड़ी और मैं 'तुम' ही कहता हूँ, जो बुरी तरह औपचारिक लगता है।

"नौकरी कैसी है?" उसने हँसकर पूछा।

"अभी वह शुरू भी नहीं हुई," मैंने कहा।

"बहुत दिनों से तू घर नहीं आया?"

"मैं अब जाऊँगा...सुनो, हम इस बार पहाड़ों पर जा सकते हैं। तुमने मुझे स्कींग सिखाने का वादा किया था।"

"फ्रांज़ बर्लिन जा रहा है..." उसने धीरे-से कहा।

"उसने तुमसे कुछ कहा था?"

"नहीं...लेकिन अगर मुझे वीसा नहीं मिला, तब उसे अकेले ही जाना पड़ेगा।"

उसका स्वर बहुत सहज था। मारिया ने कभी अपने लिए किसी से शिकायत की हो, याद नहीं आता। मैं उसे उस दिन से जानता हूँ, जब कन्सर्ट-हॉल के बाहर फ्रांज़ ने उसका परिचय देते हुए कहा था, 'शी इज़ माई गर्ल!' हम कभी यह सोच नहीं पाते थे, हालाँकि वह फ्रांज़ के साथ रहती थी। हम उन दोनों को जितना अलग-अलग जानते थे, उतना साथ जोड़कर नहीं।

"कहाँ जा रही हो?"

"मैं अभी आती हूँ...फ्रांज़ की रसोई ख़ाली पड़ी है।" उसने कोने से प्लास्टिक का थैला उठाकर कन्धे पर लटका लिया। वह बन्द गले और

पूरी बाँहों का स्वेटर पहने थी। उसके नीचे पुरानी घिसी हुई कॉर्डराय की जीन्स थी, जो वह सारी सर्दियों में दिन-रात पहने रहा करती थी। मारिया को कपड़े पहनने का सलीका कब आएगा, हम अकसर सोचा करते थे।

"वहाँ खड़े क्या कर रहे हो?"

भीतर से आवाज़ आई। वह फ्रांज़ का स्वर था। मैं दरवाज़ा खोलकर उसके 'स्टूडियो' में चला आया।

वह छोटा-सा कमरा था और दिन के समय भी वहाँ बत्ती जलती रहती थी। फ्रांज़ गद्दी का सहारा लिये सोफ़ा पर लेटा था। ऊपर ईसा मसीह का बहुत पुराना चित्र लगा था। वह मकान-मालकिन का चित्र था और उसे उतारना मना था। पास ही पियानो की चौकी पर टी.टी. बैठा था। उसने मुझे देखा और गिलास ऊपर उठा दिया...

"फ़ॉर योर ब्लेसिड टूरिस्ट्स!" उसने हँसते हुए कहा।

"क्या लोगे?" फ्रांज़ ने मेरी ओर देखा।

मैं मारिया की कुर्सी पर बैठ गया, जो ख़ाली थी। तिपाई पर गिलास रखे थे, पियानो के नीच बियर की बोतलें थीं। उनका पीला काँच बिजली में चमक रहा था।

"मैं अभी पीकर आ रहा हूँ," मैंने कहा।

"इतनी सुबह कहाँ?" टी.टी. ने पूछा।

"हम स्लाविया गए थे," मैंने कहा।

कमरा गर्म था। फ्रांज़ के कमरे में 'सेंट्रल हीटिंग' नहीं थी, लेकिन अँगीठी में आग सुलगती रहती थी—हमेशा नहीं, सिर्फ़ उन दिनों जब मारिया रहती थी। हम आग को देखकर ही जान जाते थे कि मारिया घर में है।

"कौन लोग हैं ये टूरिस्ट?" फ्रांज़ ने पूछा।

"ऑस्ट्रियन," मैंने कहा। "कुछ तुम्हारे देश के लोग भी हैं...वे स्कींग करने कर्कोनोशे गए हैं।"

"कितने दिन रहेंगे?"

"मैंने पूछा नहीं," मैंने कहा। मुझे आश्चर्य-सा हुआ कि मैंने इसके बारे में उनसे कुछ भी नहीं पूछा।

मारिया का आधा गिलास भरा था। मैंने एक घूँट लिया और सिगरेट सुलगा ली।

"मारिया चली गई?" फ्रांज़ ने पूछा।

"वह खाने का सामान लेने गई है।"

"उसने तुमसे कुछ कहा था?"

"नहीं...क्यों?" मैंने फ्रांज़ की ओर देखा।

वह चुपचाप अपनी पाइप में तम्बाकू भरने लगा। उसके बाल हल्के-से सुर्ख़ थे। हम अकसर उसके बालों को लेकर मज़ाक़ करते थे। 'यह असली 'एरियन' रेस की निशानी है,' टी.टी. कहा करता था। उसे यह अखरता था। मैं कभी-कभी सोचता था कि अगर फ्रांज़ हिटलर के समय में इतना वयस्क होता, जितना आज है, तब अपने को कैसे निभा पाता? वह अपने पिता के बारे में चुप रहा करता था और हम कभी उनके बारे में नहीं पूछते थे। उसकी माँ दूसरा विवाह करने के बाद पश्चिमी बर्लिन में बस गई थी। वर्ष में एक बार क्रिसमस की छुट्टियों में वह उससे मिलने चला जाता था। कभी-कभी वह हमें लड़ाई के बारे में कुछ घटनाएँ सुनाता था, किन्तु कुछ ऐसे तटस्थ भाव से कि हमें निश्चय नहीं हो पाता था कि वह 'लड़ाई' के बारे में बता रहा है, जिसमें उसका बचपन गुज़रा था, या अपने बचपन के बारे में, जिसमें 'उनकी' लड़ाई गुज़री थी।

"तुम्हारी पिक्चर एप्रूव हो गई?" मैंने पूछा।

"मालूम नहीं...मुझे अब फ़िक्र नहीं है," फ्रांज़ ने कहा। वह कुशन पर सिर टिकाए छत की ओर देख रहा था।

"तुम्हारे पास फ़िल्म है?"

"उन्होंने वापिस नहीं की," फ्रांज़ ने कहा।

"वे ऐसी फ़िल्में वापिस नहीं करते," टी.टी. ने कहा।

'अगर होती, तब हम देखते,' मैंने सोचा। फ्रांज़ का अपना प्रोजेक्टर था। हम अकसर उसकी, अपनी और उसके कुछ मित्रों की फ़िल्में बाहर टैरेस पर देखते थे।

"तुम इस बार बर्लिन जा रहे हो?"

"हाँ, सोच रहा हूँ।" फ्रांज़ सोफ़ा पर बैठ गया। "अभी तक मारिया के लिए रुका था...अब कोई फ़ायदा नहीं," उसने कहा।

"वे उसे वीसा क्यों नहीं दे रहे हैं?" टी.टी. ने पूछा।

"मुझे कुछ समझ में नहीं आता," फ्रांज़ ने कहा।

उसके स्वर में एक छोटा-सा खिंचाव चला आया था, जो सिर्फ़ ज़्यादा पीने से ही आता था। लगता था, वे सुबह से पी रहे थे।

"लेकिन तुम वापिस आ रहे हो...शायद अगले साल मुमकिन हो सके," मैंने कहा।

"अगले साल!" फ्रांज़ धीरे-से हँस पड़ा—बहुत अप्रिय ढंग से। "मुझमें अब सब्र नहीं है। वह पिछले दो साल से कोशिश कर रही है," उसने कहा।

हम चुप बैठे रहे। यह शायद वही सीमा थी जिसके आगे कोई किसी की मदद नहीं कर सकता था। लगता था; कोई बाहर का फन्दा है, जिसकी सब गाँठें, सब सिरे, दूसरे के हाथों में हैं...जिन्हें हम देख नहीं सकते।

मारिया दरवाज़ा खोलकर भीतर आ गई। उसने उड़ती निगाह से फ्रांज़ को देखा, फिर थैले को सोफा के एक कोने पर रख दिया। बाहर की धूप में उसका चेहरा लाल हो गया था।

"मेरी बियर पी रहा है!" उसने मेरी ओर देखा।

"क्या है थैले में?" टी.टी. ने उसकी ओर देखा, "मैं भूख से मर रहा हूँ।"

"तुम पीने से मरोगे," मारिया ने उसके हाथ से थैला छीन लिया और उसमें से ब्राउन-ब्रेड, सॉसेज़ और सलामी बाहर निकालकर तिपाई पर रख दी। फिर फ्रांज़ के गिलास से एक घूँट बियर पी।

"बाहर कैसा है?" फ्रांज़ ने पूछा।

"बर्फ़ गिर रही है," उसने हँसते हुए कहा।

"देखते नहीं, कितनी गर्मी है! हमें बाहर चलना चाहिए। लेतना की पहाड़ी पर लोग पिकनिक पर जा रहे हैं। तुमने कभी इतनी गर्मी देखी है, क्रिसमस से पहले?"

"यह टी.टी. की सफ़ेद क्रिसमस है!" फ्रांज़ ने मुस्कराते हुए टी.टी. की ओर देखा।

"तुम देखना...क्रिसमस के दिन ज़रूर बर्फ़ गिरेगी। हर साल ऐसा ही होता है," टी.टी. ने कहा।

"यू ड्रंक बुद्धिस्ट...यू मैड मेंडारिन!"

मारिया ने हँसते हुए टी.टी. के बाल झिंझोड़ दिये। यह हमारा पुराना मज़ाक़ था—टी.टी. को सताने के लिए। वैसे यह बहुत ग़लत नहीं था—बहुत पीने के बाद टी.टी. 'मेंडारिन'-सा लगता था—सचमुच का नहीं, बल्कि हॉलीवुड की फ़िल्म में नक़ली मेंडारिन-जैसा।

"सॉसेज़ ऐसे ही लेगा या ज़रा-सा तल दूँ?" मारिया ने मुझसे पूछा।

"थोड़ा-सा गर्म कर दो," मैंने कहा।

"मैं रोटी काट लेती हूँ...तू जाकर स्टोव जला दे। फ्राइंग-पैन सिंक में रखा है, उसे धो लेना।"

मैं रसोई में चला आया। नल की खुली धार के नीचे फ्राइंग-पैन रख दिया। गैस का स्टोव जलाने से पहले खिड़की खोल दी। पिछवाड़े की तरफ़ एक छोटा-सा मैदान था। बर्फ़ जम गई थी जिस पर बच्चे हॉकी खेल रहे थे। सफ़ेद छतों की चिमनियों से धुआँ उड़ रहा था।

मुझे फ्रांज़ के रसोईघर में बैठना अच्छा लगता था। वह पूरे

अपार्टमेंट से अलग था और वहाँ कोई आवाज़ नहीं आती थी, सिवाय कभी-कभी पियानो की—जब भीतर सब चुप हों।

"क्या हाल है?"

मारिया ने पीछे से आकर मेरे कन्धे पर हाथ रख दिया।

"मैंने आधी बोतल भी नहीं पी," मैंने हँसकर कहा।

"तेरे लिए इतनी ही काफ़ी है," उसने कहा। वह सिंक के सामने एक छोटे-से स्टूल पर बैठ गई। मैंने फ्राइंग-पैन स्टोव पर रख दिया।

कुछ देर तक हम चुपचाप फ्राइंग-पैन पर सॉसेज़ की चिड़चिड़ाहट सुनते रहे, फिर उसने स्टोव बुझा दिया।

"मारिया!" मुझे अपना स्वर कुछ अजीब-सा लगा।

"क्या?" उसने तौलिया से हाथ पोंछते हुए मेरी ओर देखा।

"तुम इस बार फ्रांज़ के साथ क्यों नहीं चली जातीं?"

वह एक नीरव क्षण तक मुझे देखती रही।

"उसे मेरी ज़रूरत नहीं है..." वह धीरे-से हँस दी।

वह हँसी ख़ाली थी। उसमें हल्की-सी लापरवाही भी थी, जैसे फ्रांज़ के जाने से उसे कोई रंज नहीं है। कभी उसने अपना दुख दूसरों को दिखाया हो, याद नहीं आता। उसकी बातों में हमेशा एक 'स्लीपवाकर' की-सी 'निर्भयता' छिपी रहती थी...जो ख़तरे के सामने होते हुए भी उसके पास बढ़ता जाता है—बिना किसी डर के...आख़िरी लमहे तक। कुछ लोग ज़ीने में भी रफ़ ड्राफ्ट रखते हैं...एक सजी-सँवरी 'कॉपी' तैयार रहती है। मारिया में ऐसा कुछ नहीं था। जो कुछ था, वह अन्तिम रूप से 'आख़िरी' था। उसे सही करने की ज़रूरत उसे कभी महसूस नहीं होती थी। कोई इतने सहज ढंग से भी डेस्पेरेट हो सकता है...मारिया को जानने से पहले मैंने कभी नहीं जाना था।

"क्या सोच रहे हो?" उसने मेरा कन्धा हिलाया।

"कुछ नहीं...भीतर नहीं चलोगी?"

"ज़रा ठहर जाओ...मैं कॉफ़ी का पानी रख देती हूँ। तुझे कब जाना है?"

"मुझे जल्दी नहीं है..." मैंने कहा।

उसने पर्कोलेटर में पानी भरकर स्टोव पर रख दिया। फिर वह मेरे सामने रसोई के फ़र्श पर बैठ गई।

"वे लोग हमारा इन्तज़ार कर रहे होंगे।" उसने हँसते हुए मेरी ओर देखा।

"तुम इस बार स्कींग के लिए नहीं जाओगी?"

"इस बार नहीं...सोचती हूँ, कुछ दिनों के लिए अपने गाँव चली जाऊँ," उसने कहा।

"फ्रांज़ कब जा रहा है?"

"उसने मुझसे कुछ नहीं कहा।" वह चुप हो गई। पर्कोलेटर में पानी उबलकर ढक्कन पर जमी कॉफ़ी को भिगो रहा था।

"मुझे कुछ समझ में नहीं आता।" मारिया का स्वर सहसा बहुत धीमा-सा हो आया, "इस बार मुझे उसका व्यवहार अजीब-सा लग रहा है। पहले हमारा ख़याल था कि हम दोनों साथ जाएँगे...लेकिन मुझे वीसा नहीं मिल रहा...मैं इसमें क्या कर सकती हूँ?"

"लेकिन वे वीसा क्यों नहीं दे रहे?"

"तुझे नहीं मालूम?" उसने मेरी ओर हँसते हुए देखा, "यह यहाँ का नियम है...अगर कोई चेक लड़की किसी विदेशी की पत्नी हो, तब वह उसके साथ बाहर जा सकती है...नहीं तो काफ़ी दिक़्क़त पड़ती है।"

हम कुछ देर तक चुपचाप पर्कोलेटर की घुरघुराहट सुनते रहे। मारिया खिड़की के बाहर देख रही थी। रसोईघर एकदम सूना-सा पड़ गया था। बाहर खेलते हुए बच्चों की आवाज़ें सुनाई दे जाती थीं।

कुछ देर बाद हम कमरे में आ गए। खाते समय कोई बात नहीं हुई। खाने के बाद मुझे नींद-सी आने लगी। मैंने फ्रांज़ को काउच से उठा

दिया और स्वयं उस पर लेट गया। मुझे इतनी सुबह बियर भी नहीं पीनी चाहिए थी, मैंने सोचा। लेकिन अब वह मेरे भीतर थी और मैं कुछ भी नहीं कर सकता था। मैं उस कमरे को देखने लगा जिसमें हम चारों बैठे थे। एक छोटा-सा कमरा और उसके बाहर सर्दियों की दोपहर...दोपहर के समय प्राग के ऊपर एक रिक्ति-सी घिर आती। सिर्फ़ ट्राम के पहियों की घड़घड़ाहट सुनाई देती रहती। आज कभी सोचता हूँ तो मुझे वह एक इटैलियन फ़िल्म-सा जान पड़ता है—एक मुकम्मिल नाकामी, जिसके दोनों ओर एक तार लटकी थी। उस पर सूखते फ्रांज़ के अंडरवियर, रूमाल, मोज़े। उनके नीचे हम। पियानो। काउच से उठकर फ्रांज़ पियानो के सामने चौकी पर बैठ गया था। कुछ थोड़ा-सा पीने के बाद उसकी झिझक मिट जाती थी। मैंने कुछ लोगों को देखा है, जो बिना पिए कभी नाच नहीं सकते। फ्रांज़ उनसे अलग नहीं है। जब हम कभी उसे पियानो बजाने के लिए कहते थे तो वह हमेशा हँसकर टाल देता था। लेकिन पीने के बाद उसे हमारी चिन्ता नहीं रहती थी। वह हमेशा कुछ अनिश्चित ढंग से 'की-बोर्ड' को छूता था, जैसे हम बिजली के मीटर को छूते हैं। चाहे उसमें करंट न हो, फिर भी अन्तिम क्षण तक, छूने से पहले तक, एक सन्देह बना रहता है। वह बार्तोक की दोपहर होगी, यह हम पहले नोट से ही जान गए थे। कोई हंगेरियन जिप्सी धुन रही होगी। शुरू होने पर मारिया मेरी ओर देखकर मुस्करा दी। वह सोफ़ा के एक सिरे पर बैठी थी। उसने सिगरेट सुलगा ली थी। फ्रांज़ की पीठ हमारी ओर थी। यह अच्छा था कि वह हमें देख नहीं सकता था। हम सिर्फ़ सुन सकते थे, जैसे हम अँधेरे में अधखुली टोंटी की टप-टप सुनते हैं। एक उलझा हुआ सुख। सुख भी नहीं, उसके पहले का क्षण, जो जिप्सी ट्यून का आवारा, अन्तहीन आतंक है। जो डर नहीं है। डर के परे एक कातरता होती है—पीने और छोड़ने की। एक बच्चे के झूले की तरह जो जब नीचे जाता है, तो दिल बैठने-सा लगता है, ऊपर उठते ही एक चीख़-सी

निकल जाती है—जिसने गिरने के डर को छोड़ दिया है लेकिन उठने के सुख को अभी नहीं पकड़ा है...

फ्रांज़ ने पियानो बन्द कर दिया।

मैंने आँखें खोल दीं। काउच से उठकर खड़ा हुआ और खिड़की के पास चला आया। बाहर ठंडी धूप का उजाला था, फीका और मलिन। निस्पन्द आलोक। उसके परे प्राग की ऊँची-नीची छतें फैली थीं, पिछली रात की बर्फ़ में ढँकी हुईं।

"क्या बात है?"

फ्रांज़ ने पियानो से मुँह मोड़कर मेरी ओर देखा।

"मुझे जाना है," मैंने हैंगर से अपना ओवरकोट उठा लिया।

"कहाँ जाओगे?"

"पहले योरुपा...फिर स्केटिंग-रिंक। मैं अब ड्यूटी पर हूँ," मैंने हँसकर कहा।

मारिया चुपचाप खिड़की के बाहर देख रही थी। मुझे हल्की-सी ख़ुशी हुई कि मैं बाहर जा रहा हूँ।

"तेरी बियर बची है।" मारिया ने बोतल की ओर देखा।

"यह तुम्हारी थी...मैं चुराकर पी रहा था," मैंने उसका हाथ धीरे-से दबा दिया।

"तुम क्रिसमस-ईव पर यहीं रहोगी?" मैंने उसकी ओर देखा।

"अभी पक्का नहीं है...लेकिन उससे पहले हम मिलेंगे," उसने कहा।

फ्रांज़ चुप रहा। पास की कुर्सी पर टी.टी. की गर्म, बोझिल साँसें सुनाई दे रही थीं। वह सो रहा था।

कोट पहनकर मैं बाहर चला आया। तीन-चार सीढ़ियाँ नीचे उतरा था कि पीछे फ्रांज़ की आवाज़ सुनाई दी।

मैं ठिठक गया। वह मेरे पास आकर रुक गया। बाहर की हवा में उसके सुर्ख़, घुँघराले बाल माथे पर उड़ रहे थे।

"मैं रात को ईज़ेरा में रहूँगा," उसने धीरे-से कहा। "तुम आ सकोगे?"

मैंने उसकी ओर देखा। इतने कम समय में कुछ भी पूछना निरर्थक लगा।

"मुझे मालूम नहीं। मैं कब तक ख़ाली हो सकूँगा," मैंने कहा।

"तुम अपने टूरिस्टों के साथ रात-भर नहीं रहोगे," उसने हँसी में कहा, लेकिन उसके चेहरे पर हँसी का एक भी चिह्न नहीं था।

"मैं कोशिश करूँगा," मैंने कहा।

"मैं दस से बारह बजे तक वहीं रहूँगा...तुम किसी भी समय आ सकते हो," उसने कहा और फिर बिना मेरी ओर देखे चुपचाप अपने कमरे में चला गया।

4

जब मैं होटल पहुँचा, दोपहर ढलने लगी थी। लाउंज़ ख़ाली पड़ा था। वह अपने कमरे में ही होगी, मैंने सोचा। इस बार रिसेप्शन-काउंटर पर किसी ने मुझे नहीं रोका और मैं सीधा सीढ़ियाँ चढ़ने लगा।

दिन के समय भी सीढ़ियों पर अँधेरा था। ज़ीने के हर घुमावदार मोड़ पर एक छोटा-सा बल्ब जल रहा था। पहली मंज़िल पर एक छोटा-सा 'बार' दिखाई दिया, जहाँ उन्होंने पर्दे उठा दिये थे। समूचे होटल में वही एकमात्र कोना था, जहाँ दिन का सफ़ेद आलोक चोरी-चुपके भीतर सरक आया था।

दूसरी मंज़िल पर आकर मैं ठिठक गया। दोनों तरफ़ एक लम्बा गलियारा था, आमने-सामने कमरे थे, जो एक लम्बी क़तार में आख़िर तक चले गए थे। हर कमरे के दरवाज़े के ऊपर एक बत्ती टिमटिमा रही थी। चारों ओर एक बासी-सी गन्ध थी—लगता था, बरसों से बाहर की ताज़ी हवा भीतर न आई हो। कभी-कभार नीचे की मंज़िल से

दरवाज़ा खुलने या बन्द होने की आवाज़ सुनाई देती थी...रेडियो की एकाध कटी हुई आवाज़ या पम्प खुलने का दबा-सा स्वर—फिर सब ख़ामोश हो जाता था।

"आपको कौन-सा नम्बर चाहिए?"

मैं तनिक चौंक-सा गया। नीली पोशाक में एक लड़का सामने खड़ा था। हाथ में एक ट्रे थी, जिस पर कुछ बोतल और गिलास रखे थे।

मैंने नम्बर बताया। कमरा गलियारे के सिरे पर था।

"अगर आप चाहें तो मैं आपके साथ आ सकता हूँ?" उसने कहा।

"नहीं, मैं चला जाऊँगा," मैंने उसे धन्यवाद दिया और जिस ओर उसने इशारा किया था, उस ओर चलने लगा।

कमरा मिलने में कठिनाई नहीं हुई। दो दरवाज़े थे। बाहर का आधा खुला था, आधा बन्द। भीतर का पूरा बन्द था, लेकिन 'की-होल' पर ताली लगी थी। वह शायद उसे भीतर ले जाना भूल गई थी। भीतर निपट शान्ति थी। मैंने दस्तक दी और प्रतीक्षा करने लगा। मुझे डर था, वह सो न रही हो। लेकिन इसकी चिन्ता ज़्यादा नहीं थी। मैं बाहर निश्चिन्त था और मुझे जल्दी नहीं थी। 'की-होल' में चाभी देखकर मुझे तसल्ली-सी हो गई थी कि वह कमरे में ही है।...

उसने दरवाज़ा खोला। कुछ देर बाद उसका सिर दरवाज़े की ओट से बाहर आया। पहले क्षण मुझे भ्रम हुआ कि मैंने किसी ग़लत कमरे का दरवाज़ा खटखटा लिया है। उसके चेहरे को मैंने इतनी पास से नहीं देखा था—वह भी गलियारे के पीछे धुँधलके में। या शायद यह भ्रम उसके बालों को लेकर हुआ था। वे अब खुले नहीं थे, जैसा मैंने उन्हें सड़क पर देखा था। चारों तरफ़ क्लिप लगे थे, जिसके कारण पूरा चेहरा अजनबी-सा लगता था।

"आप भीतर आ जाइए," उसने कहा।

दरवाज़ा खुल गया, लेकिन मैं एक क्षण तक अनिश्चित-सा खड़ा रहा।

"आ जाइए," उसने फिर कहा। दरवाज़े के पीछे से मैं भीतर चला आया। कमरे के बीच एक छोटी-सी गोल मेज़ थी, जिस पर कटग्लास की एश-ट्रे रखी थी। एश-ट्रे के किनारे पर एक सिगरेट जल रही थी। पास ही मेज़ पर प्राग का नक़्शा खुला पड़ा था।

"बैठ जाइए, मैं अभी आती हूँ।"

दरवाज़े के दूसरी तरफ़ से उसका स्वर सुनाई दिया। उस समय पहली बार मुझे पता चला कि वह दो कमरों का 'सूएट' था—वह दूसरे कमरे से बोल रही थी। बीच में सिर्फ़ एक पर्दा लटक रहा था।

"आप सो रही थीं?" मैंने पूछा।

"मैं कोशिश कर रही थी।" दूसरे कमरे से उसकी हँसी सुनाई दी, "मुझे डर था आप किसी भी समय आ जाएँगे।"

"मीता कहाँ है?"

"वह स्केटिंग-रिंक में होगा..."

"अकेला गया है?"

"नहीं...साथवाले कमरे में एक चेक परिवार है, उनके बच्चों के संग। वह इतनी जल्दी अपने दोस्त बना लेगा, मुझे उम्मीद नहीं थी।"

पर्दा उठाकर वह भीतर चली आई। उसने बालों से क्लिप उतार दिये थे—ब्लाउज़ पर एक लम्बा सलेटी रंग का कार्डीगन पहना था। सुबह की थकान अब चेहरे पर नहीं थी। कानों में बहुत छोटे 'टॉप्स' थे, जो सुबह मैंने नहीं देखे थे। उसने एश-ट्रे से सिगरेट उठा ली।

"यह आपकी लीपा है," उसने हँसते हुए कहा। "मैं सुबह से यही पी रही हूँ।"

"आप बहुत पीती हैं..." डिब्बी लगभग ख़ाली हो चुकी थी।

"नहीं...ज़्यादा नहीं।" वह अब भी खड़ी थी, "जब घर में होती

हूँ, तब बहुत कम पीती हूँ। लेकिन सफ़र के दौरान मुझसे नहीं रहा जाता...आप कुछ लेंगे?"

"हमें चलना चाहिए..." मैंने कहा।

"क्या स्केटिंग-रिंक यहाँ से बहुत दूर है?"

"तीन-चार किलोमीटर...हम ट्राम से जाएँगे।"

"बाहर बर्फ़ गिर रही है?" उसने पूछा।

"इस वक़्त नहीं," मैंने उसकी ओर देखा, "लेकिन यहाँ का मौसम बदलता रहता है।"

"मैं सोचती हूँ—हम जाने से पहले थोड़ी-सी 'शेरी' ले सकते हैं—मैं वियना से लाई थी। अभी तक वैसी ही पड़ी है।" उसके स्वर में बच्चों का-सा आग्रह था।

कमरे में ही बेसिनी थी। वह दो गिलास धोने लगी। कुछ देर तक कमरे में सिर्फ़ पानी गिरने का स्वर सुनाई देता रहा। उसने अपने स्वेटर की 'स्लीव्स' बाँहों पर उठा दी थीं।

"क्या यह शर्म की बात नहीं है कि हम बियर के शहर में शेरी पी रहे हैं?" उसने बोतल खोलते हुए कहा।

"यहाँ बहुत कम औरतें बियर पीती हैं," मैंने हँसकर कहा।

उसने दोनों गिलासों में शेरी डाल दी, बहुत सधे हाथों से। बाँहें नंगी थीं। हल्के पीले-से रोएँ बिजली में चमक जाते थे। पहली बार उन्हें देखकर मुझे अपने भीतर एक बेमानी-सी बेचैनी महसूस हुई। अजीब-सा भी लगा कि हम दूसरी बार मिल रहे हैं, लेकिन बातचीत में 'नयेपन' का भ्रम ज़रा भी नहीं लग रहा। न पास होने का कौतूहल, न दूर होने का ठंडापन।

"मैं बचपन से ही पी रही हूँ...जब मैं स्कूल में पढ़ती थी, तब से। मेरे पिता हर रोज़ टम्बलर में मुझसे बियर मँगवाते थे...मैं बीच रास्ते में ही एक-दो घूँट ले लिया करती थी...हम सब बच्चे ऐसा ही

किया करते थे।" एक बहुत हल्की-सी मुस्कराहट उसके होंठों पर सिमट आई।

"आप दोपहर-भर क्या करते रहे?" उसने पूछा।

"मैं अपने मित्र से मिलने गया था," मैंने कहा।

"आपके यहाँ बहुत-से मित्र हैं?"

"ज़्यादा नहीं..." मैंने कहा।

"आपको अपने घर की याद नहीं आती?"

मैंने तनिक विस्मय से उसकी ओर देखा, "नहीं...मुझे यहाँ अच्छा लगता है," मैंने कहा। उसकी निगाहें क्षण-भर मेरे चेहरे पर टिकी रहीं। मुझे लगा, पहली बार हम दोनों ने मनचाहे ढंग से एक-दूसरे को देखा है। उसने चुपचाप निगाहें दूसरी तरफ़ फेर लीं...

शेरी ज़्यादा मीठी नहीं थी। मुझे अपने भीतर एक हल्की-सी गरमाई लग रही थी। मैं उसे जल्दी से तोड़ना नहीं चाहता था।

"आपको यहाँ कोई तकलीफ़ तो नहीं है?" मैंने कहा।

"नहीं...मुझे शुरू में कुछ अकेला-सा लगा था।" उसने मेरी ओर देखा, "लेकिन शुरू में शायद हर होटल में ऐसा लगता है।"

"आजकल टूरिस्ट बहुत कम आते हैं," मैंने कहा।

"आपको इंटरप्रेटेशन का यह काम ऊबा नहीं देता?"

"अगर मुझे शेरी मिल सके, तो मुझे बुरा नहीं लगता," मैंने कहा।

वह हँस पड़ी। "लेकिन आपने बहुत कम पी है।" उसने मेरे गिलास को उठाकर देखा।

"हमें अब चलना चाहिए...इन दिनों रिंक जल्दी बन्द हो जाता है," मैंने कहा।

वह उठ खड़ी हुई।

"ज़रा ठहरिए...क्या मुझे कोट पहनना चाहिए?" लेकिन उसने मेरे उत्तर की प्रतीक्षा नहीं की। वह दूसरे कमरे में चली गई थी। कुछ

देर बाद जब वह बाहर आई, मैं एकटक उसे देखता रहा। उसके बाल खुलकर कन्धों पर गिर आए थे। होंठों पर हल्की-सी लिपस्टिक थी, पलकों के ऊपर, जहाँ भौंहें थीं, वहाँ छोटे-छोटे बल पड़ गए थे। उसने मुस्कराकर मेरी ओर देखा।

"चलिए," उसने कहा।

मैं उठ खड़ा हुआ।

हम होटल से बाहर आ गए।

एम्बेंकमेंट पर चलते हुए उसकी निगाहें पानी के परिन्दों पर टिक गईं। नदी के किनारे झाड़ियों पर बर्फ़ जम गई थी। जब वे उड़ते थे, उनकी छाया काले लट्टुओं-सी फड़फड़ाने लगती थी।

"अगर आप गर्मियों में आतीं तो इन्हें अपने हाथ से रोटी खिला सकती थीं...तब ये बिलकुल पास आ जाते हैं," मैंने कहा।

वह एकटक उन्हें देखती रही।

हमें वे पक्षी कार्ल मार्क्स स्ट्रीट पर मिले थे...वह सड़क नदी के पुल पर ख़त्म हो जाती थी। पुल की दीवार और सड़क की रेलिंग के बीच एक छोटा-सा खोखला था...बर्बा की घनी टहनियों से लिपटा हुआ। सफ़ेद बर्फ़ पर वह एक नीले घोंसले-सा लगता था। ट्राम ने हमें नदी के एम्बेंकमेंट पर छोड़ दिया था। यहाँ से स्केटिंग-रिंक ज़्यादा दूर नहीं था। हम वहाँ पैदल जा सकते थे।

सड़क सूनी थी। नेशनल थिएटर के पोर्च के नीचे कुछ लोग टिकटों की प्रतीक्षा में खड़े थे। एम्बेंकमेंट पर लीपा और बर्बा की नंगी शाख़ाएँ बर्फ़ में लिपटी हुई निश्चल थीं। नदी की ओर से जब कभी हवा

का झोंका आता, वे सोई हुई गिलहरियों की तरह अपनी पीठ हिलाकर बर्फ़ का बोझ नीचे फेंक देतीं। पेवमेंट पर छप-सी आवाज़ होती। फिर सब पूर्ववत् शान्त हो जाता।

"आपको सर्दी तो नहीं लग रही?" मैंने मिसेज़ रैमान की ओर देखा।

"नहीं, आज सर्दी नहीं है। वियना में इन दिनों हम बाहर नहीं निकल सकते," उसने कहा। हवा से उसके बाल पीछे से उड़कर चेहरे पर आ जाते थे। आँखों के नीचे एक गर्म-सा गुलाबीपन सिमट आया था।

मुझे उस क्षण वह बहुत छोटी-सी लग रही थी। जब कभी चलते-चलते कोई नई चीज़ सामने पड़ जाती, मैं एक चतुर गाइड की तरह उसे सब-कुछ उसके बारे में समझाने लगता। मैंने उसे लिटिल क्वार्टर के वे छोटे-बड़े मकान दिखाए जो नदी के दूसरे छोर पर थे—शाम की धूप में वे किसी 'ओपन-एयर' कार्नीवाल के तम्बूघर-से दीख रहे थे। उनके परे पहाड़ी पर 'हरादचानी' का शाही महल दिखाई देता था। शहर के सबसे ऊपर। जब शहर की निचली गलियों में अँधेरा घिरने लगता, उस समय भी उसकी लम्बी खिड़कियाँ धूप में चमकती रहती थीं।

कभी-कभी वह मुझे बीच में टोक देती थी, "आपको धीरे-धीरे बोलना चाहिए...मैं इतनी जल्दी में आपकी अँगरेज़ी नहीं समझ सकती।"

मैं चुप हो जाता। जब तुम्हें कोई बीच में टोककर धीरे बोलने के लिए कहे, तब तुम कुछ भी नहीं बोल सकते।

"मैंने आपसे चुप रहने के लिए नहीं कहा।" उसने हँसते हुए मेरी ओर देखा। उसने अपना हाथ मेरे डफल-कोट की जेब में डाल दिया था। ठंड से उसकी अँगुलियाँ सिकुड़ गई थीं।

"आपको दस्ताने पहन लेने चाहिए," मैंने कहा। "आज सर्दी नहीं है। इतनी सर्दी में तो कोट पहनना भी शर्म की बात है।" लेकिन यह सच नहीं था। जब कभी मैं रूमाल निकालने के लिए अपना हाथ जेब में डालता, तब उसकी अँगुलियों को छूकर एक झुरझुरी-सी फैल

जाती। वे बिलकुल ठंडी थीं। कभी-कभी वह सहसा ठिठक जाती—उसके लिए प्राग में बहुत-सी चीज़ें अजनबी थीं...किसी रेस्तराँ का उजड़ा हुआ टैरेस...वल्तावा के एक कोने में बर्फ़ से ढँका हुआ बोट हाउस, प्राग के पुल। मेरे लिए सब जाना-पहचाना था। लेकिन मुझे लगता कि मैं स्वयं उसके साथ कई चीज़ों को पहली बार देख रहा हूँ...या वैसा ही कौतूहल महसूस कर रहा हूँ, जो कभी-कभी अपने शहर को दूसरे की अजनबी आँखों से देखने पर महसूस होता है।

हम टापू के पास जाकर रुक गए। "आपको यहाँ बहुत सँभलकर चलना होगा," मैंने कहा। वहाँ एक छोटा-सा सँकरा लकड़ी का पुल था जो सड़क को स्केटिंग-रिंक से जोड़ता था। मैंने उसका हाथ अपनी जेब से बाहर निकालकर पकड़ लिया।

"मैं इस तरह नहीं चल सकती—यह हिल रहा है।" उसने अपनी भयभीत आँखें मुझ पर डाल दीं। मैं हँसी नहीं रोक सका।

"आप सीधी चलिए और बात न कीजिए और नीचे बिलकुल न देखिए," मैंने कहा।

नीचे नदी की एक छोटी शाख़ा टापू को काटकर चली आई थी। ऊपर बर्फ़ थी और पानी नहीं दीखता था। पुल हिल रहा था और नीचे देखते ही चक्कर-सा आने लगता था। हम लोगों की आवाज़ें सुन सकते थे। टापू पर मेला-सा लगा था। दूर से ही रिंक के पवेलियन की हरी छत दिखाई दे जाती थी। उसके ऊपर 'स्पोर्ट टीम्ज़' के झंडे लगे थे और वे रह-रहकर हवा में फड़फड़ा जाते थे।

"आप मीता को देख सकते हैं?"

"वह रिंक में होगा...हम वहीं जा रहे हैं।"

"यह भी कोई जगह है!" उसने झुँझलाकर कहा। हमने पुल पार कर लिया था। अब कोई डर की बात नहीं थी, लेकिन उसने अब भी मेरा हाथ कसकर पकड़ रखा था।

टापू के इर्द-गिर्द झाड़ियाँ थीं, जो नीचे ढलान तक चली गई थीं। जो लोग स्केटिंग नहीं कर रहे थे, वे इन्हीं झाड़ियों के पास कुर्सियों पर बैठे थे। एक छोटी-सी बक्सानुमा दुकान थी, जहाँ काग़ज़ के गिलासों में बियर और गर्म तली हुई सॉसेज़ बिक रही थीं। लेकिन सबसे ज़्यादा भीड़ रिंक के भीतर थी। वहाँ क्या हो रहा है, कुछ भी दिखाई नहीं देता था। जब कभी कोई स्केटिंग करता हुआ भीड़ से बाहर निकल आता, तब भीतर के घेरे में नाचते हुए जोड़ों की एकाध झलक मिल जाती थी। रिंक के अन्तिम छोर पर लाल और हरे तख़्तों का पवेलियन था। गर्मियों में लोग जब तैरने आते थे, तब यहीं अपना सामान और कपड़े छोड़ जाते थे। लेकिन क्रिसमस के दिनों में डांस-बैंड के लिए यहाँ लम्बी बेंच लगा दी जाती थी...जगह चारों तरफ़ से बहुत खुली थी। रात के समय, जब भीड़ का शोर कुछ कम हो जाता, बैंड का सोया-सा स्वर टापू के सुदूर कोने तक सुनाई देता था।

"वे नाच रहे हैं," उसने कहा। उसके स्वर में हल्का-सा विस्मय था।

"आप यहीं ठहरें, मैं मीता को देख आता हूँ।"

"आपको जाने की ज़रूरत नहीं है, वह अपने दोस्तों के साथ होगा।"

हम रिंक के सामने खड़े थे। लोग हमें धक्का देकर आगे निकल जाते थे। हम वहाँ ज़्यादा देर तक नहीं खड़े रह सकते थे।

"आप स्केटिंग करेंगी?" मैंने उसकी ओर देखा।

"क्या इस वक़्त स्केट मिल सकेंगे?" उसने तनिक उत्सुक होकर पूछा।

"आप ज़रा यहाँ ठहरिए, मैं कोशिश करता हूँ," मैंने कहा।

मैं पवेलियन की उस खिड़की के पास चला आया, जहाँ स्केट्स किराए पर दिये जाते थे। वहाँ लड़के-लड़कियों की लम्बी 'क्यू' लगी थी...सब स्केट्स की प्रतीक्षा में खड़े थे। रिंक की झाड़ियों पर स्केटिंग

करने के लिए बच्चों ने ओवरकोट, बरसातियाँ और बस्ते रख दिये थे। एक कोने में यूनिवर्सिटी के कुछ छात्र बियर पी रहे थे। जब कभी कोई लड़की स्केटिंग करती हुई उनके सामने से गुज़रती, वे अपनी बियर उसके सामने फेंक देते या सीटी बजाकर उसे एकदम डरा देते। लड़की डरने का बहाना करती, एक हल्की-सी चीख़ हँसी के ठहाकों के बीच डूब जाती...फिर कोई एकोर्डियन बजाने लगता। कोई उसे सुनता नहीं था। किसी को इतनी फ़ुर्सत नहीं थी।

उस समय सहसा मेरी आँख मीता पर पड़ी थी। दो लम्बे लड़के और एक छोटी-सी गोल-मटोल लड़की उसके साथ थे। उन सबके पैरों में स्केट्स थे। मैंने आवाज़ दी। भीड़ के कोलाहल के बावजूद उसने मुझे देख लिया। अपने साथियों को पीछे छोड़कर वह रिंक के जंगले के पास चला आया। वह हाँफ रहा था और उसकी नीली आँखें चमक रही थीं। मैंने धीरे-से उसके बालों को झिंझोड़ दिया।

"माँ कहाँ हैं?" उसने मुझे देखते ही पूछा।

"हम तुम्हें ढूँढ़ रहे थे," मैंने कहा।

"वह आई हैं?"

"वह तुम्हारी राह देख रही हैं," मैंने कहा। मुझे अपने झूठ पर बुरा नहीं लगा। हम साथ चलने लगे। वह रिंक के भीतर था, और स्केट्स पर। मैं काफ़ी पीछे रह गया। जब मैं मिसेज़ रैमान के पास आया, वे दोनों बातों में मग्न थे। वे जर्मन में बात कर रहे थे। मैं रिंक में भीड़ को देखने लगा। एक बार किसी लड़की की पीठ को देख मुझे भ्रम हुआ था कि वह मारिया है। वैसे ही बाल और कुछ नीचे दबे हुए कन्धे। मारिया अकसर स्केटिंग के लिए आती थी। लेकिन जब वह पीछे मुड़ी, तो वह मारिया नहीं थी। मैं दूसरी ओर देखने लगा।

मैंने देखा कि मीता दुबारा स्केटिंग-रिंक की तरफ़ जा रहा है।

"वह हमारे साथ नहीं आएगा?" मैंने मिसेज़ रैमान की ओर देखा।

"अभी नहीं...वह अपने दोस्तों के साथ होटल जाएगा। आप स्केट्स नहीं लाए?"

"लम्बी क्यू लगी है...शायद रात तक बारी नहीं आएगी।"

कुछ देर तक हम रिंक के जँगले से सटकर खड़े रहे। शाम झुक आई थी। रिंक के चारों ओर बत्तियाँ जलने लगी थीं। बहुत-से लोग रिंक छोड़कर पवेलियन के पास जमा हो गए थे। ऑरकेस्ट्रा की बेंचें आदमियों के झुंड के पीछे छिप गई थीं...लेकिन उसका स्वर अब भी सुनाई देता था। लगता था, वह पवेलियन से नहीं, टापू के नीले झुरमुट से बाहर निकल रहा है...

"क्या हर साल यहाँ ऐसा होता है?" उसने पूछा।

"सिर्फ़ क्रिसमस के दिनों में," मैंने कहा।

वह हवा में हिलती बत्तियों को देखती रही।

"इट इज़ लाइक ड्रीम-लैंड!" उसने कहा।

नाचते हुए जोड़े हमारे पास से गुज़र जाते थे।

हल्की-सी धुंध में उनकी छायाएँ बिलकुल छुईमुई-सी जान पड़ती थीं। ऑरकेस्ट्रा के रेशों में हिलती, हाँफती देहें, जो अँधेरे का फ़ायदा उठाकर एक-दूसरे से सट जाती थीं।

"तुम यहाँ से नदी देख सकते हो?" उसने पूछा।

"वह पेड़ों के पीछे छिपी है...पवेलियन के पीछे," मैंने कहा। "आप वहाँ चलेंगी?" मैंने उसकी ओर देखा।

"क्या वह बहुत दूर है?"

"हाँ...लेकिन हम ज़्यादा दूर नहीं जाएँगे," मैंने कहा।

हम जंगले के साथ-साथ चलने लगे। हवा तेज़ हो गई थी। उसने कोट की जेब से स्कार्फ़ निकालकर बालों पर बाँध लिया। कभी-कभी उसकी स्कर्ट का निचला हिस्सा हवा में गुब्बारे-सा फूल जाता...वह दोनों हाथों से बार-बार उसे समेट लेती।

"आप किसी काम के नहीं।" उसने हँसकर मेरी ओर देखा।

"क्या हुआ?" मैंने तनिक आश्चर्य से उसकी ओर देखा।

"आप स्केट्स भी नहीं ला सके। मैं आज बेहद चाहती थी।"

"हम कल जल्दी आ सकते हैं," मैंने कहा।

"कल नहीं। मैं आज करना चाहती थी," उसने कहा।

उसने फिर अपना हाथ मेरे डफल-कोट की जेब में डाल दिया था। हम उस छोटी-सी पगडंडी पर आ गए थे जो पवेलियन से नदी की ओर उतरती थी।

"आप थक तो नहीं गईं?" मैंने उसकी ओर देखा।

स्कार्फ़ के नीचे कुछ बाल छितरकर कन्धों पर झुक आए थे। चेहरे पर एक हल्का-सा क्लान्त पीलापन था...उसने मुस्कराकर मेरी ओर देखा।

"क्या हम कुछ देर के लिए यहाँ बैठ सकते हैं?"

हम आगे नहीं गए। वह 'डेंजर' की काली तख़्ती के पास एक चौड़े पत्थर पर बैठ गई। उसने अपने सैंडिल उतार दिये। और उन्हें उलटा करके उनके भीतर से बर्फ़ निकालने लगी। मैं कुछ देर तक उसकी नीचे झुकी सफ़ेद गर्दन को देखता रहा। फिर मैं उसके पास बैठ गया। धुंध बहुत पतली थी। उसमें सब-कुछ अवास्तविक-सा लगता था। हम चुपचाप पवेलियन की ओर से डांस-बैंड की ट्यून को सुनते रहे।

उसने अपना मुँह मेरी ओर मोड़ दिया। उसके होंठ थोड़ा-सा खुल गए थे। हवा में बार-बार उसका स्कार्फ़ फड़फड़ा जाता था।

"आप अजीब गाइड हैं," उसने कहा।

"क्यों?" मैंने उसकी ओर देखा।

"कोई गाइड इतना चुप नहीं रहता।"

"सर्दी बहुत है," मैंने कहा। "मैं सर्दी में ज़्यादा नहीं बोल सकता।"

वह हँस पड़ी। "हमने ग़लती की...हमें अपने साथ कुछ कोन्याक ले आनी चाहिए थी," उसने कहा।

"आपको कोन्याक अच्छी लगती है?"

"इन दिनों जब हम कभी वियना से बाहर जाते थे, अपने साथ कुछ बोतलें रख लेते थे...जाक उसके बिना कहीं बाहर नहीं जा सकता।"

"जाक कौन?" मैंने उसकी ओर देखा।

वह सामने देख रही थी। पल-भर एक गहरी-सी नीरवता रही। उसकी नियमित साँसों के बाहर कुछ भी नहीं था—सिवाय उन झाड़ियों के, जिनकी सरसराहट दूर से सुनाई दे जाती थी।

"वह मेरे पति हैं..." उसने कहा।

"वह आपके साथ प्राग नहीं आए?"

"हम साथ नहीं रहते।" उसका स्वर बहुत धीमा था। कुछ देर बाद उसने कहा, "हम अलग हो गए हैं। उसे शायद यह भी नहीं मालूम कि मैं मीता के संग प्राग आई हूँ।" उसका स्वर सहज और शान्त था। उसमें भयावह कुछ भी नहीं था।

"मीता आपके पास ही रहता है?"

"हमेशा नहीं। हम उसे बाँट लेते हैं।" वह धीरे-से हँस पड़ी, "पिछले साल छुट्टियों में वह जाक के संग था। उसी के साथ यूगोस्लाविया गया था। अब पिछले कुछ महीनों से मेरे साथ रह रहा है...हम अभी तक कोई निश्चय नहीं कर पाए हैं।"

"कैसा निश्चय?"

"आख़िर कभी-न-कभी उसे हममें से एक के साथ रहना होगा।"

"आप वियना में अकेली रहती हैं?"

"मैं वहाँ ज़्यादा अर्से नहीं रहती। गर्मियों में मैं साल्सबुर्ग चली जाती हूँ...मेरे पिता वहाँ रहते हैं। सर्दियों में अकसर 'स्कींग' के लिए मैं पहाड़ों पर चली जाती हूँ...लेकिन इस बार मैंने अचानक ऑस्ट्रिया से

बाहर आने का निश्चय कर लिया। प्राग सबसे पास था..."

"लेकिन प्राग आप आ चुकी हैं?"

"इसीलिए मैं दुबारा आना चाहती थी।" उसने हँसकर मेरी ओर देखा, "मुझे बिलकुल नये शहरों में पहली बार जाना काफ़ी बुरा लगता है..." उसने कहा।

हम कुछ देर तक चुप बैठे रहे। शाम की छाया में बर्फ़ का रंग हल्का बैंगनी-सा हो आया था। टापू के पीछे जब कभी कोई ट्राम गुज़रती, उसकी रोशनी के चमकीले छल्ले झाड़ियों पर फिसलते हुए पेड़ों के झुरमुट में खो जाते थे।

"ज़रा इन्हें पकड़ो..." उसने अपने बालों से क्लिप निकालकर मुझे दे दिये। अपने पर्स से एक कंघी निकाल ली और माथे पर बिखरे बालों को पीछे समेटने लगी।

"मैं बिलकुल जंगली लग रही हूँ...नहीं?"

"ज़्यादा नहीं...उतना ही जितना होना चाहिए," मैंने हँसकर कहा। उसने मेरे हाथ से क्लिप ले लिये। हवा तेज़ थी और क्लिपों के बावजूद बाल ठहर नहीं पाते थे। सर्दी अचानक चुभने लगी।

"हमें अब चलना चाहिए," मैंने अपने डफल-कोट का हुड कानों पर उतार लिया। वह हँसने लगी। "तुम बिलकुल एस्किमो लग रहे हो—इस हुड के साथ," उसने कहा। वह अपलक मेरी ओर देख रही थी।

स्केटिंग-रिंक के लाउड-स्पीकर से एक लड़की का स्वर सुनाई दिया। वह चेक में बोल रही थी। मैं अनमना-सा सुनता रहा।

"क्या कह रही है?" उसने उत्सुकता से मेरी बाँह पकड़ ली।

"आख़िरी डांस के बारे में। दस मिनट बाद रिंक बन्द हो जाएगा," मैंने कहा।

आवाज़ बन्द हो गई। हम पवेलियन के नीचे थे। एक क्षण के लिए बोझिल-सी नीरवता चारों ओर फैल गई। लेकिन दूसरे ही क्षण

लाउड-स्पीकर से बैंड की अलसाई-सी ट्यून, ऊपर उठ आई...वॉल्स की धुन। वह हवा में तिरती हुई हमारे पास भटक आती थी।

मैंने उसकी ओर देखा। वह टाँगों पर हाथ रखकर चुपचाप बैठी थी।

"शैल वी डांस?" मैंने कहा।

उसकी आँखें मुझ पर उठ आईं।

"यहाँ बर्फ़ पर?"

"आप गिरेंगी नहीं। मैं आपको पकड़े रहूँगा।"

"सचमुच!" उसने हँसते हुए मेरे कोट का हुड नीचे गिरा दिया। हम उठ खड़े हुए।

बैंड का स्वर धीमा और हवा की सरसराहट में दब जाता था। हम कभी-कभी उसे सुन नहीं पाते थे, लेकिन उससे कोई अन्तर नहीं पड़ता था।

"डर तो नहीं लग रहा?" मैंने पूछा।

"कैसा डर?" उसने अपना चेहरा ऊपर उठाया। पहली बार मुझे लगा, उसका चेहरा मेरे कन्धों से ऊपर नहीं जाता। उसका सिर बार-बार मेरे मफ़लर से छू जाता था। उसने मेरे कन्धों को बच्चों की तरह भींच रखा था। कोई हमें देखता—ओवरकोट, दस्ताने और मफ़लर लादकर नाचते हुए—तो ज़रूर पागल समझ लेता। किन्तु वहाँ देखनेवाला कोई नहीं था।

"मैं बहुत दिनों बाद नाच रही हूँ," उसने कहा।

"आपको अच्छा नहीं लगता?"

"अच्छा लगता है...लेकिन अकेले नहीं," उसने कहा।

उसके होंठों पर मुस्कराहट बहुत अनिश्चित थी, जिसका उदासी से कोई सम्बन्ध नहीं था, लेकिन जिसे देखकर ख़ुशी नहीं होती। उसकी आँखें अजीब-सी उज्ज्वल हो आई थीं...जब कभी मैं उन्हें देखता तो घबरा-सा जाता। किसी लड़की की आँखों को सह पाना...जब वे बिलकुल

तुम्हारे चेहरे के सामने हों—और जो इतनी उज्ज्वल हों, जैसी उस समय उसकी थीं—मेरे लिए हमेशा असम्भव रहा है।

"आप यहाँ कब तक रहेंगे?" उसने पूछा।

"कुछ देर में वे रिंक बन्द कर देंगे," मैंने कहा।

"रिंक में नहीं।" वह हँस पड़ी, "मेरा मतलब प्राग में था," उसने कहा।

"आपने सुबह तो पूछा था," मैंने कहा।

"सुबह? मुझे याद नहीं—हम सुबह ही मिले थे?" उसके स्वर में हल्का-सा विस्मय था।

वह विस्मय मेरे लिए भी नया था। पूरे दिन कुछ नहीं हुआ था जिसे हम 'घटना' कह सकें। वह महज़ समय था—अपने में ख़ाली और घटनाहीन—लेकिन एक बिन्दु पर आकर वह ख़ुद-ब-ख़ुद एक 'होने के सुख' में बदल गया था। हम धीमी गति से घूम रहे थे और हमारे साथ एक-एक चीज़ घूम रही थी—अँधेरे पर सरकते हुए सिनेमा-स्लाइड्स की मानिन्द—टापू पर नीला झुरमुट, पवेलियन की छत, पुल पर जलते लैम्पपोस्ट...वे अलग थे, अपने में तटस्थ। सिर्फ़ एक चीज़ उनमें तटस्थ नहीं थी—वह अदृश्य थी और हमसे बँधी हुई...एक वॉल्स ट्यून।

उसने अपना सिर उठाया। भूरे बाल और एक छोटा-सा सिर, जो एक फूल की तरह उसकी देह पर टिका था।

"हमें चलना चाहिए..." कुछ देर बाद उसने कहा, "मीता होटल में अकेला होगा।" उसका स्वर बहुत धूमिल था। सब भावों से निचुड़कर जो बाक़ी रह जाता था, उतना ही ख़ाली।

हम ठहर गए। अँधेरे में बर्फ़ की पत्तियाँ सरसरा जाती थीं। सब-कुछ इतना नीरव हो गया था कि लगता था, जैसे हम टापू के नीचे नदी का स्वर सुन सकते हैं...उस स्वर पर खड़े हैं।

"मिसेज़ रैमान...हमें कल का प्रोग्राम बना लेना चाहिए।"

"सुनो...तुम मुझे सिर्फ़ रायना नहीं कह सकते?" उसने मेरी ओर देखा।

उसका चेहरा एक पानी के धब्बे-सा धुल आया था—सिर्फ़ उसकी गर्म साँस मेरे गालों को छू जाती थी।

ऑरकेस्ट्रा चुप हो गया। रिंक की बत्तियाँ एक बार बुझकर फिर जलने लगीं। यह बन्द होने का संकेत था।

हम रिंक से बाहर चले आए। बीच सड़क पर। ट्राम ने हमें वैन्सलैस स्क्वायर पर छोड़ दिया। दुकानें बन्द हो गई थीं, लेकिन शो-विंडोज़ के आगे लोगों की भीड़ जमा थी। गीली सड़कों पर लैम्प-पोस्ट के पीले दायरे एक-दूसरे के पास सरक आए थे। छोटे चमकीले द्वीपों-सी उनकी छाया फ़ुटपाथ पर उभर आई थी। हवा चलने से वे हिल जाती थीं और मैले पानी के चहबच्चे अचानक जाग जाते थे।

"तुम्हें भूख तो नहीं लगी?" मैंने पूछा।

"नहीं," उसने सिर हिला दिया, "मैं सिर्फ़ सोना चाहती हूँ," उसने कहा।

"तुम बहुत थक गई हो।"

"मुझे इस तरह की थकान बरसों से नहीं हुई..."

उसने मेरी ओर देखा, "सिर्फ़ लड़ाई के दिनों में होती थी, लेकिन तब सोने का मन नहीं करता था।"

"तब तुम वियना में ही थीं?"

"कब?"

"लड़ाई के दिनों में।"

"नहीं..." वह सहसा चुप हो गई। मैंने उसकी ओर देखा। वह अपना कोट ऊँचा करके पानी के गड्ढों से बच-बचकर चल रही थी।

"तुम क्या सोचते हो?" वह खड़ी हो गई।

"किसके बारे में?"

"कल बर्फ़ गिरेगी?" उसने आकाश की ओर देखा। पहली बार लैम्प-पोस्ट की छाया में उसका चेहरा मुझे बहुत पीला-सा लगा। होंठों के दोनों ओर दो सख़्त-सी लकीरें उभर आई थीं। मैंने ऊपर देखा। दो-चार तारे टिमक रहे थे, दिसम्बर की अवसन्न रिक्तता में ठिठुरते हुए। कुछ भी कहना मुश्किल था।

हम फिर होटल की तरफ़ चलने लगे। वैन्सलैस स्क्वायर के बीच कुछ लोग ट्राम की प्रतीक्षा में खड़े थे। चौराहे पर सॉसेज़ बेचनेवाले ठेले के सामने लम्बी क्यू लगी थी। भुनती हुई सॉसेज़ की गन्ध चारों ओर हवा में फैल गई थी। नाइट-शिफ़्ट के मज़दूरों के लिए यह दुकान रात-भर खुली रहती थी।

मुझे लगा, वह मेरे साथ नहीं है। मैं आगे बढ़ आया था। मुझे पता नहीं चला कि वह मेरे साथ नहीं है। वह हाथ हिलाते हुए मुझे बुला रही थी।

मैं वापिस मुड़कर उसके पास चला आया। वह खिलौनों की एक दुकान के आगे ठिठक गई थी। शो-विंडो का आलोक उसके चेहरे पर गिर रहा था। "मैं मीता के लिए कुछ ख़रीदना चाहती थी..." उसने मुस्कराते हुए मेरी ओर देखा, "तुम्हें क्या पसन्द है?" मैंने भीतर झाँका। शो-विंडो के पीछे एक छोटा-सा सिनेमा-स्क्रीन लगा था, जिस पर रंग-बिरंगे बल्ब चमचमा रहे थे। दोनों तरफ़ गुड्डे थे—सफ़ेद बर्फ़-सी रूई में फूले हुए। उनके हाथ—छोटे-छोटे हाथ—क्रिसमस के उपहारों से लदे थे।

"तुम्हें ये कैसे लगते हैं?" मैंने उनकी ओर इशारा किया।

"मुझे बहुत प्यारे लगते हैं, लेकिन मीता को नहीं।" वह अपलक

उन सफ़ेद रूई के गुड्डों को देखती रही, "देखो, कैसा अजीब है—जब हम बड़े हो जाते हैं, तो हमें बच्चों की वही चीज़ें सबसे ज़्यादा पसन्द आती हैं, जिन्हें वे बिलकुल नहीं चाहते। और जिन चीज़ों को वे चाहते हैं, उनसे मुझे नफ़रत है..."

"कौन-सी चीज़ें?" मैंने कौतूहल से उसकी ओर देखा।

"जैसे...बन्दूकें।" उसने हँसकर मेरी ओर देखा, "मैं उन्हें सह नहीं सकती।"

दुकान बन्द थी, इसलिए हम चुपचाप आगे बढ़ गए। सामने नेशनल म्यूज़ियम की इमारत थी, समूचे स्क्वायर के ऊपर। अँधेरे में एक जगमगाते जहाज़ की तरह स्थिर और निश्चल। क्रिसमस के दिनों में हर रात उस पर बत्तियाँ चमकती रहती थीं। म्यूज़ियम देखकर मुझे हमेशा गर्मियों के दिन याद हो आते थे। उन दिनों वहाँ आधी रात तक टूरिस्टों का जमघट लगा रहता था। अब वह निर्जन और उजाड़ था। सिर्फ़ सीढ़ियों या टैरेस के अँधेरे कोनों में इक्के-दुक्के साहसी प्रेमियों के जोड़े दिखाई दे जाते थे—होटल के गेट के सामने आकर हम ठहर गए।

उसने अपना हाथ कोट की जेब से बाहर निकाल लिया।

कुछ देर तक हम चुप खड़े रहे। ऊपरी मंज़िल की दीवार पर 'योरुपा होटल' के हरे अक्षर नियॉन-आलोक में जल जाते थे, बुझ जाते थे, फिर जल जाते थे। मैंने घड़ी देखी। फ्रांज़ के आने में अभी पन्द्रह मिनट बाक़ी थे।

"क्या तुम्हें बहुत जल्दी है?" मैंने पूछा।

"क्यों?"

"हम कोन्याक पी सकते थे।"

उसने अपनी आँखें ऊपर उठा दीं...उनमें अब दिन-भर का परिचय था—और थोड़ा-सा सन्देह भी।

"मीता अकेला होगा," उसने धीरे-से कहा। "कल...कल तुम ख़ाली होगे?"

"कल?" मैंने अँधेरे में देखा...एक क्षण के लिए विश्वास नहीं हो सका कि हम दोनों के बीच पूरी रात पड़ी है—आज के दिन को अलग करती हुई...

"तुम होटल में ही रहोगी?" मैंने उसकी ओर देखा।

"और कहाँ जाऊँगी?" उसने मुस्कराते हुए कहा, "कल हम सारा शहर घूमेंगे।"

लेकिन मैं कल के बारे में नहीं सोच रहा था। उसका जाना मुझको असम्भव-सा लग रहा था।

"मैं एक छोटी-सी 'बार' जानता हूँ। वह ज़्यादा दूर नहीं है...हम वहाँ जा सकते हैं।"

"उसके बाद?" उसने मेरी ओर देखा। वह बहुत गम्भीर दीख रही थी।

"उसके बाद...हम 'बुदापेस्ट' जाएँगे...वहाँ वे तोकाई देते हैं और हंगेरियन पापरिका!" मैंने कहा।

"उसके बाद?"

"उसके बाद...जैसा तुम चाहो।"

"उसके बाद?" उसने हँसते हुए मेरा कोट पकड़ लिया, "आई विल डाई!" पहली बार मुझे लगा, जैसे उसकी हँसी में 'अपनापन' है, जो दिन-भर नहीं था। कुछ ऐसा, जिसे हम शुरू कहते हैं...

मेरी निगाहें बरबस उसके चेहरे पर उठ आईं...वह होटल के गेट के सामने खड़ी थी।

पोर्च के मद्धिम आलोक में स्कार्फ़ में बँधा उसका सिर बार-बार हिल जाता था। एक अजीब-सी आकांक्षा ने मुझे पकड़ लिया। सिर्फ़ एक पल के लिए। मैंने उसे पहले नहीं देखा था—उस पगली आकांक्षा को।

वह एक विस्मयकारी डर से जुड़कर ऊपर उठी थी, मैंने उसे वहीं गिर जाने दिया—उस आदमी की तरह, जो ज़रा-सा खटका होते ही चुराई हुई चीज़ को नीचे गिरा देता है...यह दिखाने के लिए कि वह उसकी नहीं है। इस आशा में कि ख़तरा टलते ही वह उसे फिर उठा लेगा...

"देखो...उधर!" उसने मेरे हाथ को झिंझोड़ते हुए कहा, "पोर्च के बाहर..." एक अजीब-सा डर उसकी आँखों में सिमट आया था।

कुछ भी नहीं था। सिर्फ़ बर्फ़ गिर रही थी। लैम्प-पोस्ट के दायरे में रूई के गालों-सी—सफ़ेद और ख़ामोश।

"मैं चलती हूँ..." उसने मेरी ओर देखा। "कल..." उसने कहा।

उसने होटल का दरवाज़ा खोला...अपना स्कार्फ़ और दस्ताने उतार दिये...फिर भागते हुए सीढ़ियाँ चढ़ने लगी।

मैं निश्चिन्त हो गया। उसका भय वहीं गिर गया था, जहाँ मेरी आकांक्षा थी। दोनों उस रात वहीं पड़े रहे—एक-दूसरे से बेख़बर।

5

ब्लानीक सिनेमा से नीचे उतरकर 'ईज़ेरा' आता था। ऊपर सेल्फ़ सर्विस का कैफ़ेटेरिया था। वह नौ बजे बन्द हो जाता था। वह अब ख़ाली था। एक लम्बी लड़की 'सिंक' के नलके में प्लेटें धो रही थी। काउंटर के पीछे एक बूढ़ी स्त्री बैठी थी...दिन-भर का जोड़-हिसाब करने में मग्न। उसके होंठ पैसों की गिनती में धीरे-से फड़फड़ा उठते थे। दूर से लगता था, जैसे वह कैश-बॉक्स पर सिर झुकाए प्रार्थना कर रही हो!

ईज़ेरा बार नीचे बेसमेंट में था। वहाँ जाने के लिए कैफ़ेटेरिया की सीढ़ियों से उतरना पड़ता था।

मैं नीचे आया। चारों आरे देखा...दो-तीन मेज़ों के अलावा सब मेज़ ख़ाली पड़े थे। अकसर वहाँ विदेशी छात्र या दूतावास के लोग आते थे। क्रिसमस के दिनों में वे पहाड़ों पर चले जाते थे और वह उजाड़-सा हो जाता था। फ्रांज़ कहीं भी न था। उसे शायद आशा नहीं थी कि मैं समय पर पहुँच जाऊँगा। मुझे तसल्ली हुई कि वह नहीं है। उससे मिलने की उत्सुकता सहसा मर गई थी।

"एक कोन्याक," मैंने कहा। बार के काउंटर के सामने मैं ऊँचे स्टूल पर बैठ गया।

"प्राग में ही थे?" बारमैन ने मेरी ओर देखा।

मैंने सिर हिलाया।

उसने अलमारी से बोतल निकालकर काउंटर पर रख दी, फिर गिलास धोने लगा।

"बाहर बर्फ़ गिर रही है?"

"बहुत हल्की," मैंने कहा।

"अकेले हो?"

"नहीं—फ्रांज़ आएगा।"

मैंने एक लम्बा घूँट लिया। कोन्याक अद्‌भुत चीज़ है। और चीज़ें प्यास बुझाती हैं, कोन्याक उससे खेलती है—और वह खलती नहीं, वह खोलती है...दिन-भर के जमा किये हुए शब्दों को। "आई विल डाई...!"

बारमैन ने उड़ती हुई निगाहों से मुझे देखा और फिर अपने काम में जुट गया। वह स्लोवाक था...अब तक वह शायद सब विदेशी छात्रों से परिचित हो चुका था, जो यहाँ आते थे। लेकिन वह किसी को देखकर मुस्कराता नहीं था। व्यावसायिक मुस्कराहट उसके आत्मगौरव के नीचे थी। उसकी निगाह में सिर्फ़ एक पहचान होती थी, हमारे लिए यही काफ़ी थी।

"फ्रांज़ कैसा है?" उसने आँखें उठाईं।

"मज़े में," मैंने कहा।

उसने संजीदा ढंग से सिर हिलाया, जैसे उसे मेरी बात पर विश्वास न हो।

वह फ्रांज़ को बहुत पहले से जानता था...मैं यहाँ पहली बार टी.टी. और फ्रांज़ के साथ आया था—पिछले साल। वे गर्मियों के दिन थे। जब दूसरे सब बियर-पब बन्द हो जाते थे, हम यहाँ आते थे। यहाँ

ठंडक थी और अँधेरा था। सौभाग्यवश यहाँ न कोई ऑरकेस्ट्रा था, न कोई नाचने आता था। दिन के समय भी एक उनींदा-सा अलगाव रेंगता रहता था। लगता था, जैसे लड़ाई के दिनों में हवाई हमलों से बचने के लिए इसे बनाया गया हो। बेसमेंट में बैठकर लगता था, जैसे सारा शहर हमारे ऊपर है। बर्फ़ और हवा और पुल...

कन्धे पर एक मुलायम-सा दबाव पड़ा। मैंने मुड़कर देखा—फ्रांज़ खड़ा था। अपने ओवरकोट में। काले कॉलर पर बर्फ़ के टुकड़े चिपके थे।

"कब आए?" उसने पूछा।

"अभी...क्या लोगे?"

"यहाँ नहीं..." उसने कोने में मेज़ की ओर इशारा किया, "वहाँ आराम से बैठेंगे," उसने कहा।

मैं काउंटर से उठ खड़ा हुआ।

"एक वोद्का!" फ्रांज़ ने कहा, "तुम और कोन्याक पियोगे?" उसने मेरी ओर देखा।

"अभी नहीं...मेरे पास है," मैंने कहा। मैं कोन्याक का गिलास उठाकर मेज़ की ओर चलने लगा।

वे जर्मन में बोल रहे थे...फ्रांज़ और स्लोवाक। स्लोवाक जर्मनी में था—लड़ाई के दिनों में। वहीं उसने जर्मन सीखी थी। जब फ्रांज़ आता था तब वह हमेशा उसके साथ जर्मन में बातचीत करता था।

मैं कोनेवाली मेज़ पर बैठ गया। बीच में अँधेरा था। सिर्फ़ 'बार' की बत्ती जल रही थी; बोतलों और गिलासों के काँच झिलमिला जाते थे। मैंने आँखें मोड़ लीं। मैं पीने के बाद काँच पर रोशनी नहीं देख सकता। शायद कोई बचपन का डर रहा होगा। मुझे अचानक गहरी-सी थकान महसूस हुई...सिर्फ़ टाँगों में। जैसे वह दिन-भर जमती गई हो और अब पिघल रही हो। मेरे संग अकसर ऐसा होता है। कभी-कभी समूची देह ताज़ी होती है, सिर्फ़ टाँगें मरने लगती हैं।

"तुम सो रहे हो?" फ्रांज़ ने कहा।

मैंने गिलास से आँखें ऊपर उठाईं...उसके एक हाथ में वोद्का का गिलास था, दूसरे में सादा पानी। मुझे आज तक समझ में नहीं आता कि वह वोद्का के साथ पानी क्यों पीता था।

वह मेरे सामने बैठ गया। कुछ देर तक हम चुपचाप पीते रहे।

"दिन-भर क्या करते रहे?" उसने पूछा।

"स्केटिंग-रिंक गए थे," मैंने कहा। "तुमने कभी बर्फ़ पर डांस किया है?"

"क्या तुमने बर्फ़ पर डांस किया था?" उसने पूछा।

"हमें स्केट नहीं मिल सके," मैंने कहा।

"तुम कभी वियना गए हो?"

"ए डैड सिटी!" उसने कहा, "तुम कुछ खाओगे?"

"अभी नहीं," मैंने कहा। "तुम चाहो तो कुछ मँगवा लो।"

"मैं खाकर आ रहा हूँ—मारिया और टी.टी. के संग।"

"वे कहाँ हैं?"

"टी.टी. पिक्चर गया है...मारिया सो रही है...वह बियर नहीं सँभाल सकती," उसने कहा। उसने सिगरेट बुझा दी। वोद्का का एक घूँट लिया, फिर पानी का। दीवार पर बत्ती लैम्प-शेड से ढँकी थी। उसकी छाया फ्रांज़ के उजले बालों पर गिर रही थी। वह वोद्का के गिलास से खेलने लगा।

"मैं बर्लिन जा रहा हूँ।" उसके हाथ ठिठक गए।

"मुझे मालूम है," मैंने कहा।

"किसने कहा?" उसने आँखें ऊपर उठा दीं।

"दोपहर को मारिया ने कहा था।"

"मारिया को मालूम है।" उसने माचिस की एक तीली निकाली और उसे जला दिया। लौ सरकने लगी...एक चमकते कीड़े की तरह।

उसकी अँगुलियाँ स्थिर थीं। जब वे जलने लगीं, उसने उसे बुझा दिया।

"मारिया को मालूम है," उसने दुबारा कहा, लेकिन इस बार वे शब्द नहीं थे। सिर्फ़ एक स्वर था—उस तीली की तरह जो जल गई थी लेकिन फिर भी थी। उसने उसे ऐश-ट्रे में डाल दिया।

"कब जाओगे?" मैंने पूछा।

"क्रिसमस के बाद," उसने कहा।

मुझे विस्मय हुआ। वे लोग जो घर जाते हैं, क्रिसमस के बाद नहीं जाते।

"अभी दो दिन बाक़ी हैं...तुम चाहो तो पहले जा सकते हो," मैंने कहा।

"कोई फ़र्क़ नहीं पड़ता," उसने कहा।

उसने अपने बालों को पीछे समेट लिया। उसके हाथ अब भी माचिस से खेल रहे थे।

"मैं निश्चित नहीं हूँ कि मैं वापिस प्राग आ सकूँगा," उसने कहा।

मैं समझा नहीं। उसकी ओर देखा। वह पी रहा था। माथे पर पसीने की बूँदें चमक रही थीं।

"इन सर्दियों में?" मैंने कहा।

"मुझे शायद प्राग छोड़ना पड़े," उसका स्वर बहुत धीमा था।

"तुम्हारा कोर्स अभी बाक़ी है," मैंने कहा।

"तुम समझते हो, मैं उसे पूरा कर सकूँगा?"

"बर्लिन में क्या करोगे?"

"मालूम नहीं। लेकिन मैं यहाँ नहीं रह सकता। इस किंडरगार्टन में! तुम मेरी उम्र जानते हो?" उसने मेरी ओर देखा...एक दयनीय-सी मुस्कराहट उसके होंठों पर सिमट आई।

"अट्ठाईस वर्ष...फ़िल्म स्कूल में पाँच साल और फिर!" उसने रूमाल से माथा पोंछा। उसका चेहरा सहसा सिकुड़ आया था। "जानते

हो, पिछले एक साल में मैंने एक भी फ़िल्म नहीं बनाई...एक पन्द्रह मिनट की फ़िल्म भी नहीं, जिसे मैं अपना कह सकूँ। जब तक वे तुम्हारी थीम को मान न लें, तुम कैमरा छू नहीं सकते। वे कहते हैं, मेरी कोई थीम स्वस्थ नहीं होती...सुनो, मैं अट्ठाईस पार कर चुका हूँ। फ़िल्म स्कूल में मैं सेहत खोजने नहीं आया था। उसके लिए बर्लिन में सैनीटोरियम है। मैं वहाँ रह सकता हूँ।"

उसने गिलास ख़ाली कर दिया। हम चुप बैठे रहे। मैं मारिया के बारे में सोचने लगा। फ्रांज़ के बर्लिन जाने के बाद वह कितनी अकेली रह जाएगी, इसकी कल्पना भी दूभर लगी।

"शायद वे ठीक हैं—मुझे नहीं मालूम!" उसने कहा।

"ठीक किस बारे में?"

"सेहत के बारे में।" एक रूखी-सी मुस्कराहट उसकी आँखों से झाँकने लगी, "तुम्हें अपना बचपन लड़ाई में नहीं गुज़ारना चाहिए...वह जिन्दगी-भर पीछा नहीं छोड़ती।"

उसने वेटर को बुलाया।

"क्या लोगे?" उसने मेरी ओर देखा।

"अभी नहीं," मैंने कहा।

उसने शायद नहीं सुना। "एक कोन्याक...एक वोद्का!" उसने वेटर से कहा। वह हमारे ख़ाली गिलास उठाकर ले गया।

"जानते हो, मैंने तुम्हें क्यों बुलाया था?"

"क्यों?"

"अरसा हुआ—हमने साथ नहीं पी।" उसने हँसते हुए मेरी ओर देखा। दो गुलाबी-से धब्बे उसकी आँखों के नीचे बैठ गए थे।

"क्या मारिया जानती है?" मैंने कहा।

"किस बारे में?"

"तुम वापिस नहीं आओगे।"

"उसे मालूम है, मैं यहाँ नहीं रह सकता।"

"उसे मालूम है, तुम वापिस नहीं आओगे?" मैंने दोबारा पूछा।

मुझे अपने स्वर से घृणा हुई। वह उखड़ आया था...नंगा-सा।

"हमने कोशिश की थी," उसने कहा। "उसे वीसा नहीं मिलसकता।"

"तुम चाहो, तो मिल सकता है," मैंने कहा।

उसने आँखें ऊपर उठाईं—एक अजाना-सा विस्मय उनमें भरा था।

"मेरे चाहने से? तुम सोचते हो, वह वीसा के लिए मुझसे विवाह करेगी?"

"तुम साथ रहते हो," मैंने कहा।

"हम सिर्फ़ साथ रहते हैं," उसने कहा।

मैं हँसने लगा।

"क्या बात है?" उसने पूछा।

"तुम ठीक हो!" मैंने कहा।

"क्या ठीक है?" उसने पूछा।

"लीव इट!" मैंने कहा।

"यू थिंक आई एम ए कैड?"

"मैंने यह नहीं कहा।"

"यू थिंक आई एम ए कैड टु लीव हर!" उसने मेरा हाथ पकड़ लिया। मैंने धीरे-से अपने को छुड़ा लिया।

"हमें अब चलना चाहिए।" मैं उठ खड़ा हुआ, लेकिन वह बैठा रहा। मैं इस तरह नहीं जा सकता था। मैं फिर बैठ गया और दूसरी तरफ़ देखने लगा। तीन अफ़्रीकी लड़के भीतर आकर सामने के टेबुल पर बैठ गए। वे शायद बाहर की सर्दी से बचने के लिए आए थे। उनके काले घुँघराले बालों पर बर्फ़ रूई के फुन्दों-सी चिपक आई थी। वेटर दो गिलास हमारे सामने रख गया।

"चियर्स इंडी!" उसने गिलास उठाया।

वह बहुत पी लेने के बाद यही नाम लेता था। मैंने मुस्कराकर उसकी ओर देखा। उसकी आँखें सहसा बहुत अपरिचित-सी लग रही थीं।

"मारिया होती, तो हम वल्तावा जा सकते थे।"

"इस समय?" मैंने हँसते हुए उसकी ओर देखा।

"जब बर्फ़ गिर रही हो, तब उसे हमेशा एम्बेंकमेंट पर चलना अच्छा लगता है। वह पागल है।"

मैंने कुछ नहीं कहा।

मुझे यह सोचकर अजीब-सा लगा कि कुछ दिनों बाद वह प्राग में नहीं होगा। उन दिनों मुझे बहुत-सी चीज़ें असम्भव लगती थीं। मुझे यह असम्भव-सा लगा कि किसी ऐसे शहर में फ्रांज़ रह सकता है, जो प्राग नहीं है, जहाँ हम नहीं हैं...ऐसा हमेशा होता है। तुम कुछ लोगों को कुछ शहरों से जोड़ लेते हो। तुम आख़िर तक निर्णय नहीं कर सकते कि किस एक को अलग करने से दूसरा ख़ाली हो जाएगा...

"हमें चलना चाहिए।" मैं उठ खड़ा हुआ।

कोट पहनते समय मेरा सिर बहुत धीमे-धीमे घूमने लगा था। फ्रांज़ पर कभी असर नहीं होता था। वह पी लेता था और लगता था, जैसे वह सोकर उठा हो! बेसमेंट की सीढ़ियाँ चढ़ते हुए उसने मुझे कन्धे से पकड़ लिया। उसकी ज़रूरत नहीं थी। लेकिन फ्रांज़ को यह बड़प्पन अच्छा लगता था।

"तुम ठीक से पहुँच जाओगे?" उसने पूछा।

"मैं ठीक हूँ," मैंने उसके कन्धे पर सिर रख दिया और हँसने लगा।

आई विल डाई...वह उसका स्वर था...। वह मेरे पास रह गया था। मुझे यह अजीब-सा लगा कि वह होटल के कमरे में अकेली होगी और सो रही होगी।

"क्या बात है?" उसने पूछा।

"फ्रांज़!" मैंने कहा। "मैं बहुत सुखी हूँ।"

उसने मेरा सिर उठाया। "तुमने बहुत पी ली है," उसने कहा।

हम बाहर फ़ुटपाथ पर आ गए। बर्फ़ अब नहीं गिर रही थी। सड़क सफ़ेद थी—अँधेरे में पारे-सी चमकती हुई। म्यूज़ियम के आगे ट्रैफ़िक-लाइट जल-बुझ रही थी—जब लाल की बारी आती, बर्फ़ पर उसकी छाया ख़ून के धब्बे सी गिर जाती थी।

हमने हाथ मिलाया।

"कल मिलोगे?"

"कल नहीं," मैंने कहा।

"क्रिसमस-ईव पर तो आओगे...?" उसने कहा।

"ज़रूर," मैंने कहा। "इस साल हम सब साथ रहेंगे—मैं, मारिया, टी.टी...और फ्रांज़!"

"इन्दी!" उसने कहा।

मैंने उसकी ओर देखा। वह निश्चल खड़ा था। उस रात के सफ़ेद अँधेरे में उसका चेहरा भूल नहीं पाता—जैसे कभी-कभी गिरजे के स्टेन-ग्लास पर किसी सन्त की छाया उभर जाती है।

"तुम मारिया से कुछ न कहना," उसने धीरे-से कहा।

फिर उसने मेरा हाथ छोड़ दिया। जब मेरी ट्राम आई, मैं उस पर चढ़ गया। वह ख़ाली थी। एक कोने में बैठकर मैंने टिकट लिया। कंडक्टर एक अधेड़ स्त्री थी। उसने मेरी ओर देखा और मेरे बालों की ओर। "कहाँ से?" उसने चेक में पूछा। कोई और दिन होता तो मैं न समझने का बहाना करता।

"कहाँ से आए हो?" उसने दुबारा पूछा।

"इंडिया से।"

"बहुत दूर है!" उसने एक लम्बी साँस ली। मैं ऊँघने लगा। मैं जानता था, वह यही कहेगी।

6

"रूम नं. 13—टेलीफ़ोन!"

कोई देर से दरवाज़ा खटखटा रहा था।

मैंने बहुत बाद में सुना। सूने गलियारे में वह बार-बार चीख़ उठता था, जैसे कोई बच्चा अचानक अकेला पड़ गया हो। एक सुबकती-सी चीख़—फिर वही साँय-साँय। मुझे लगा, यह सपना है। नींद के अन्तिम सिरे पर लटकी हुई पहली स्मृति...रात और दिन के बीच एक चिथड़े-सी डोलती हुई।

आज सोचता हूँ तो वह सुनहरा-सा धब्बा सामने सरक आता है। छत के नीचे आसिकल पर टिमकता हुआ...एक सफ़ेद तितली की तरह। फिर वह फैलने लगी थी...बर्फ़ से उजले पंखों में ढँकी हुई धूप। कमरे की सिंक पर, जहाँ रात के जूठे बर्तन रखे थे। बियर की ख़ाली बोतलों पर...एक खुले दिन की सफ़ेदी। यह आहट थी। एक इतवार का उनींदा आलोक, जो समूचे शहर को...उसके कोलाहल को—दरवाज़े के पास जमा कर जाता है।

वे दिन

शायद हर शहर का अपना अलग इतवार होता है...अपनी अलग आवाज़ें, और नीरवता। तुम आँखें मूँदकर भी जान लेते हो।...ये ट्राम के पहिए हैं...यह उबलती कॉफ़ी की गन्ध। बाहर बर्फ़ पर खेलते हुए बच्चों की चीख़ें...उनके परे गिरजों के बाग़ में बूढ़ी औरतों की फुसफुसाहट। होस्टल में जब पुरानी लिफ़्ट ऊपर चढ़ती है...ख़ाली कमरे हिलने लगते हैं। फिर वह ठहर जाती है...चौथी मंज़िल पर...जहाँ टी.टी. का कमरा है, उसके ऊपर होस्टल की छत है। जहाँ हर इतवार को प्राग के गिरजों की घंटियाँ तिरती आती हैं...तुम सोते हुए भी उन्हें सुन सकते हो। तुम उन्हें सूँघ सकते हो। उनमें चिमनियों का धुआँ है, पतझर के सड़ते पत्तों की मृत्यु...नदी के बहते पानी की सरसराहट! दूसरे दिन दूसरे शहरों में होते हैं...इतवार अपना-सा होता है...पराये शहर में भी।

मैं सुनता हूँ।

किसी ने दरवाज़ा खटखटाया था, "रूम नं. 13...?"

कॉरीडोर पर चप्पल घिसटने की आवाज़ दरवाज़े के सामने ठिठक गई। यह मेरे कमरे का दरवाज़ा था।

"कोई भीतर है?"

कुर्सी पर रखी पैंट चढ़ाकर मैंने दरवाज़ा खोला। एक नीग्रो छात्र खड़ा था...अपनी नीली बंडी में। वह धीरे-से मुस्कराया।

"यू हैव टेलीफ़ोन!"

"कौन है?" मैंने उसकी ओर देखा।

"एक लड़की!" उसने अंग्रेज़ी में मज़ाक़ करने की कोशिश की। मैंने उसकी ओर देखा भी नहीं और कॉरीडोर में चला आया।

दिन के समय भी वहाँ बासी-सा अँधेरा जमा था...छोटी रोशनियों के जालों में चिपका हुआ। आधी नींद में मुझे गलियारे की बत्तियाँ डबडबाई-सी जान पड़ीं...लगा, जैसे मैं सोते हुए चल रहा हूँ! उसमें अजीब कुछ भी न था। वह बहुत पुरानी इमारत थी। सर्दी के दिनों में

वहाँ दिन-रात बत्तियाँ जलती रहती थीं। मैंने रिसीवर उठाया।

"यह तुम हो?"

"मिसेज़ रैमान?"

"मैं सिर्फ़ रायना हूँ—तुम सो रहे थे? मैं सुबह से दो बार फ़ोन कर चुकी हूँ...सुनो...यह तुम हो?"

"तुम कहाँ हो?" मैंने ऊँची आवाज़ में कहा।

"यहाँ पर...होटल के रेस्तराँ में। तुम सो रहे थे?"

"सुनो...मैं अभी आता हूँ।"

"मैं पोर्च में रहूँगी...तुम जल्दी करो।"

"रायना..."

लेकिन उसने नहीं सुना...हवा का एक असीम शून्य हमारे बीच चला आया था।

मैंने रिसीवर रख दिया।

"ए न्यू डेट।"

मैंने पीछे मुड़कर देखा...वही नीग्रो मेरे पीछे खड़ा था। रोशनी में उसके सफ़ेद दाँत चमचमा रहे थे। वह सीटी बजाता हुआ किचन की तरफ़ चलने लगा। घबराकर मैंने रिसीवर फिर उठाया। वहाँ कुछ भी नहीं था। एक ख़ाली, दिशाहीन आवाज़ की भर्राई-सी ज़ू-ज़ू-ज़ू...एक क्षण के लिए मुझे विश्वास न हो सका कि उसके पीछे उसका स्वर था—साफ़, कोमल, धुली-धुली सी आवाज़!

कुछ देर तक मैं वहीं खड़ा रहा। मैं जागने लगा था...ऊपर दूसरी मंज़िल थी। युगोस्लाव मिलन्कोविच के कमरे से गिटार की हाँफती-सी धुन सुनाई दे जाती थी...गलियारे के ठंडे, सीलन-भरे धुँधलके में रेंगती हुई। सीढ़ियों के पास अरब और सिप्रस के कुछ विद्यार्थी दूध की बोतलें और ब्राउन रोटी हाथ में लिये आपस में बातें कर रहे थे। जब कभी होटल की लिफ़्ट गड़गड़ाती हुई ऊपर चढ़ती, उनकी आवाज़ें एक बोझिल-सी

थरथराहट में डूब जातीं...दीवारें हिलने लगतीं और फिर अचानक ठहर जातीं, जैसे स्वयं अपने से डर गई हों! फिर एक पल सन्नाटा खिंच आता। सिर्फ़ एक हल्की-सी रिरियाहट सुनाई देती...किचन में जलती गैस की गन्ध। पास के गुसलख़ाने में किसी ने नहाने के बाद गर्म पानी का शॉवर खुला छोड़ दिया था। उसका पानी बाहर निकलकर छोटे-छोटे चहबच्चों में जमा हो गया था—पानी के साथ बह आए थे टॉयलेट पेपर, प्याज़ और अंडों के छिलके, लम्बे लिसलिसे कॉन्ट्रासेप्टिव्ज़ जो उन दिनों कॉरीडोर में इधर-उधर बिखरे रहते थे।

यह हमारे होस्टल की दोपहर थी। सर्दी की दोपहर, जो हर होस्टल में एक जैसी ही होती है—जब क्रिसमस के दिन इतने पास हों। मुझे कुछ भी पता नहीं चला था। मैं सोता रहा था...शायद सारी सुबह उसने मेरे आने की प्रतीक्षा की होगी। एक उम्र में यह विचार ही बहुत रुआँसा लगता है कि कोई ख़ाली-ख़ाली-सा होकर तुम्हारी प्रतीक्षा कर रहा हो... एक संग बहुत सुख-सा भी होता है—बाद में। बाद में लगता है, तुम सबसे अलग हो। तुम एकदम बड़े हो गए हो...और यह असम्भव-सा लगता है कि जिस घड़ी तुम सो रहे हो, उस घड़ी कोई तुम्हारी बाट जोह रहा हो...तुम्हें अचानक पहली बार अपनी अनिवार्यता का पता चलता है। और उस कातर-से डर का...जिसमें पहली बार तुम्हारे माँ-बाप साझा नहीं करते...तुम्हारे मित्र भी नहीं। वह डर कुछ वैसा ही विस्मयकारी है, जब पहली बार तुम किसी हवाई कम्पनी के पैम्फलेट में ये शब्द देखते हो—Once in the sky, you are on your own!

मैं कमरे में लौट आया। सब कपड़े उतार डाले। सिर्फ़ एक अंडरवियर और तौलिया लेकर गुसलख़ाने की तरफ़ चलने लगा।

मुझे सिर्फ़ कुछ मिनट लगे होंगे। जब मैं गुसलख़ाने से वापिस आया, टी.टी. मेरे पलंग पर बैठा था। हीटर पर पर्कोलेटर में पानी रखा था।

"मैं तुम्हारे पास आनेवाला था," मैंने कहा और बेसिनी पर अपना गीला अंडरवियर और तौलिया रख दिया।

"कहीं जा रहे हो?" उसने आँखें ऊपर उठाईं। मुझे लगा, मैं टी.टी. को सब-कुछ कह दूँ। फिर मुझे लगा, मेरे पास कहने को कुछ नहीं है।

"मैं होटल जा रहा हूँ," मैंने कहा।

बेसिनी के ऊपर आईने में मेरा चेहरा झाँक रहा था। मैं तौलिए से बालों को रगड़ने लगा।

"फ्रांज़ से मिले थे?" उसने पूछा। मैं एक क्षण के लिए झिझका। टी.टी. कितना-कुछ जानता है? लेकिन मुझे उत्सुकता नहीं हुई। हर चीज़ बहुत दूर-सी लगी...जैसे फ्रांज़ का जाना एक स्वाभाविक घटना हो, जिसे सब जानते हैं।

हम कल रात ईज़ेरा में थे। मैंने अलमारी से दो प्याले बाहर निकाल लिये। कॉफ़ी का पानी उबल रहा था।

"फ्रांज़ ने मुझसे नहीं कहा..."

मैं टेबुल-लैम्प बुझाना भूल गया था। दिन के फीके आलोक में उसकी रोशनी एक मैले धब्बे-सी मेरे बिस्तर पर गिर रही थी। मैंने हीटर बन्द कर दिया। अपनी कुर्सी उसके पास खिसका ली। वह बहुत अकेला-सा लग रहा था।

"मुझे जल्दी जाना है," मैंने धीरे-से कहा।

"शाम को क्या करोगे?"

"हम शायद आज 'कासल' जाएँगे...तुम चाहो, तो हमारे साथ आ सकते हो।"

"मारिया ने मुझे बुलाया था..." उसने कहा। मैंने विस्मय से उसकी ओर देखा।

"फ्रांज़ भी होगा?"

"पता नहीं...फ्रांज़ ने तुमसे कुछ कहा था?"

मैंने उसकी ओर देखा...वह दीवार से सिर टिकाकर लेटा था।

"वह बर्लिन जा रहा है," मैंने कहा।

"मुझे मालूम है...उसने मारिया से क्यों नहीं कहा?"

"मारिया जानती है," मैंने कहा।

"तुम्हें कैसे मालूम?" उसने कहा।

मुझे उसका स्वर विचित्र-सा लगा। एक दबा-सा गुश्स्सा मेरे भीतर चला आया। वह असंगत-सा लगा। मैंने उसे दबा रहने दिया। हम एक ऐसी स्थिति में थे, जो हमारी नहीं थी। फिर भी जैसे हम एक अज्ञात नियति से बँधे हों।

"तुम क्या सोचते हो?" टी.टी. ने मेरी ओर देखा।

"किसके बारे में?" कुछ देर बाद मैंने कहा।

"लीव इट!" उसने कहा। वह बैठकर खिड़की के बाहर देखने लगा।

"किसके बारे में?" मैंने आग्रह किया। मुझे अजीब-सी ज़िद ने पकड़ लिया था।

"मैं फ्रांज़ को नहीं समझता। मैं उसे चाहता हूँ...लेकिन वह अलग बात है," उसने कहा।

"उसे सब चाहते हैं," मैंने कहा। हम चुपचाप कॉफ़ी पीने लगे। कितने लोग उसे समझते हैं? फिर भी हम निर्णय देते हैं...बिना विश्वास किये। फ्रांज़ ने जब से अपने रास्ते को चुना है, वह हमसे मुक्त हो गया है। हम शायद उसे कभी क्षमा नहीं कर सकेंगे।

"तुम मारिया से मिलोगे?"

मैं कपड़े बदल रहा था। मेरे हाथ रुक गए।

"क्यों?" मैंने उसकी ओर देखा।

"उसे अच्छा लगेगा," उसने कहा।

मैंने डफल-कोट की जेबों में दस्ताने और रूमाल ठूँस दिये।

टी.टी. बहुत छोटा है...उम्र में। उसे हमेशा लगता है कि

तुम बच सकते हो। मैंने उसके बाल झिंझोड़ दिये। वह पलंग पर लेटा रहा।

"मैं चलता हूँ," मैंने कहा। "तुम चाहो तो यहीं लेट सकते हो।"

"सुनो!" उसने मेरी ओर देखा, "माँ की चिट्ठी आई है।" उसने जेब से लिफ़ाफ़ा निकाला।

"क्या लिखा है?" मैंने पूछा।

"वह विवाह करना चाहती है।" उसने लिफ़ाफ़े को मेज़ पर रख दिया। उसका स्वर बहुत सहज था।

"वह जानना चाहती हैं, मुझे कैसा लगेगा?"

"तुम पहले से जानते थे?"

"नहीं...इस बारे में नहीं," उसने कहा। "मैं सिर्फ़ यह जानता था कि वह बहुत अकेली हैं।"

मैंने खिड़की खोल दी। होस्टल के चौड़े दालान में बर्फ़ अब भी जमी थी। सूरज वहाँ नहीं पहुँचता था। चारों ओर लम्बी दीवारों के बीच यह किसी जेलख़ाने का 'यार्ड'-सा दिखाई देता था।

"तुम्हारे पास स्लीबोवित्से बचा है?" उसने धीरे-से कहा।

"तुम्हें इतनी जल्दी नहीं पीनी चाहिए।"

"डरो नहीं..." उसने हँसकर कहा, "मैं अपनी माँ के विवाह की ख़ुशी में अकेला नहीं पिऊँगा।"

उसके अजीब बोझिल-से स्वर ने मुझे चौंका दिया। मैंने उसकी ओर देखा...वह आँखें मूँदे लेटा था। मैंने अलमारी से स्लिब की बोतल निकालकर मेज़ पर रख दी।

"चाभी तकिए के नीचे है," मैंने कहा।

उसने आँखें खोल दीं।

"गुड लक!" उसने धीरे-से कहा।

मैं एक क्षण देहरी पर खड़ा रहा। मुझे यह विचार भयावह-सा

लगा कि मैं उसे पीछे छोड़े जा रहा हूँ। अगर उसकी जगह फ्रांज़ होता, तो मुझे कुछ भी न लगता। लेकिन टी.टी. में कहीं बहुत गहरी अधीरता है...वह कभी गिनता नहीं। वह उन लोगों में से है, जिन्हें पीछे अकेला छोड़ते समय हमेशा एक भय जकड़ लेता है। लगता है, जैसे तुम किसी घायल को दुश्मन की लाइन में छोड़कर भाग रहे हो। तुम न भाग सकते हो, न अपने साथ ले जा सकते हो।

"हो सका तो मैं शाम को मिलूँगा," मैंने उसकी ओर देखा।

वह धीरे-से मुस्करा दिया। उसे मालूम है, मैं झूठ कह रहा हूँ... फिर भी वह कृतज्ञ-सा हो आया।

"इन्दी, यू आर इन लव!" उसने चेक में कहा।

मैंने विस्मय से उसकी ओर देखा।

उसने हँसते हुए कहा, "गुड लक!"

हल्की-सी बारिश हुई थी। ज़्यादा नहीं। उतनी ही, जिसके होने से शहर की छतें हवा में खुलने लगती हैं। बादल उठ जाते हैं—सिर्फ़ एक भीगा-सा उजलापन रह जाता है।

वैंसलेस स्क्वायर की दुकानें बन्द थीं...सिर्फ़ खाने की चीज़ों के स्टोर खुले थे। सुबह से ही उनके आगे लम्बी 'क्यू' लग जाती थी। बूढ़ी औरतें, बच्चे और विदेशी छात्र...कभी-कभार रात की शिफ़्टवाले मज़दूर, जो थैले में बियर की बोतलें खटखटाते हुए गुज़र जाते थे। क्रिसमस-सेल की रंग-बिरंगी तख़्तियाँ दुकानों की शो-विंडोज़ पर टँगी थीं—जब हवा चलती, वे फड़फड़ाने लगतीं। समूचे शहर में एक हल्की-सी सरासराहट गूँज जाती—एक छोर से दूसरे छोर तक। नदी के परे...पुलों पर। पुलों

के परे...एम्बेंकमेंट पर। एक आवाज़ दूसरी आवाज़ को पकड़ लेती और फिर भागने लगती...अगले मौन के चौराहे तक। आग की तरह।

ट्राम से उतरकर मैं म्यूज़ियम की ढलान पर चलने लगा। दोनों तरफ़ तोपोल और लीपा के पेड़ थे, जिनकी टहनियाँ दुकानों पर झुक आई थीं। वह एक शान्त दोपहर थी—ऐसी दोपहर, जब रात की बर्फ़ के बाद एक नीला, ठंडा-सा आलोक सारे शहर पर घिर आता है।

शुरू के क्षण...उसने मुझे देखा नहीं। उसकी पीठ मेरी ओर थी... वहाँ एक छोटी-सी भीड़ जमा हो गई थी। होटल से सटी एक दुकान के आगे। वह दुकान भी नहीं थी। पोलिश-कल्चरल सेंटर की इमारत के सामने, जहाँ शो-विंडो पर तसवीरें चिपकी रहा करती थीं। राह चलते लोग एक क्षण तसवीरों पर नज़र डालकर आगे बढ़ जाते थे। लेकिन छुट्टी के दिन वे काफ़ी देर तक खड़े रहते थे। जब भीड़ का एक रेला बह जाता, उसकी जगह नई भीड़ जमा हो जाती। शो-विंडो के बीचोंबीच गोमुल्का का एक बड़ा-सा चित्र था। इर्द-गिर्द पोलिश गुड़ियाएँ थीं—रंग-बिरंगे लहँगों में ढकी हुई...

मैं सोचता हूँ—अगर मैं कोशिश करूँ—तो याद कर सकता हूँ। सब-कुछ। नहीं...सब-कुछ नहीं। उसका चेहरा नहीं, क्योंकि वह मैं नहीं देख सकता था। उसकी गर्दन तनिक नीचे की ओर झुक गई थी, जिससे स्कार्फ़ ऊपर खिंच आया था। उसके दोनों हाथ आगे स्कर्ट की ओर मुड़ गए थे...वह उसे पकड़े थी...हवा से रोकने के लिए। उस स्कर्ट को उसने पहली बार पहना था। पहना कई बार होगा, लेकिन मैंने उसे पहली बार पहने देखा था...गहरे काले रंग की। ब्लाउज़ अलग नहीं था, स्कर्ट से ही जुड़ा था—लम्बी स्लीववाले पुलोवर की तरह...कुछ-कुछ वैसी ही, जैसी प्राग के आर्ट स्कूल की छात्राएँ उन दिनों पहनती थीं। कन्धे पर बैग लटका था, जिसमें उसका कोट और पर्स रखा था। मुझे लगा, वह कल से अलग है। उस पोशाक में एक ठंडा-सा परायापन था, जो

टूरिस्टों में होता है। एक क्षण के लिए मुझे असम्भव-सा लगा कि वह सिर्फ़ टूरिस्ट हो सकती है—हालाँकि इसमें असम्भव कुछ भी न था।

तब मैं चौंक गया। किसी ने पीछे से मेरे कोट को हल्के-से खींचा था...मैंने पीछे मुड़कर देखा। मीता मुझे देखकर मुस्करा रहा था। "माँ उधर है।" उसने शो-विंडो की ओर इशारा किया।

"तुम कहाँ थे?" मैंने झुककर उसके दोनों कन्धे पकड़ लिये।

"पोर्च में। माँ ने कहा था, आप वहाँ आएँगे..." उसने अटकते हुए कहा। भूरे रेशमी बालों के नीचे उसकी नीली आँखें मुझे निहार रही थीं। उसने चमड़े की जैकेट पहन रखी थी...ऊपर के कुछ बटन खुल गए थे। एक छोटी-सी पीली टाई हवा से उड़कर कन्धे पर आ टिकी थी। मैंने उसे जैकेट के बीच दबा दिया।

उसने मेरा हाथ छोड़ दिया। भीड़ के लोगों को धकेलता हुआ वह उस शो-विंडो के पास चला आया, जहाँ वह खड़ी थी। उसने उसका हाथ अपने हाथ में पकड़ लिया।

मैं उनके पास चला आया।

पीछे मुड़कर उसने हम दोनों को देखा...उसका चेहरा एकदम सफ़ेद हो गया था। एक क्षण के लिए मुझे लगा, जैसे हमने उसे किसी जगह से अचानक घसीट लिया हो।

मीता ने उससे कुछ कहा...जर्मन में। उसकी आँखें सिकुड़ गईं। पहली बार उसने मुझे देखा।

"कब आए?"

मैंने उसके कन्धे पर हाथ रख दिया।

"तुम क्या देख रही थीं?"

"हमें चलना चाहिए।" उसने मेरा हाथ धीरे-से दबाकर कन्धे से हटा दिया।

मुझे उस क्षण इतना भी साहस नहीं हो सका कि शो-विंडो पर

वह जगह दुबारा देख सकूँ, जहाँ उसकी आँखें टिकी थीं।

"इतनी देर कैसे हो गई?" उसका स्वर पहले से कहीं अधिक कोमल था।

मैंने उसकी ओर देखा। "मैं सीधा होस्टल से आ रहा हूँ।"

"जब मैंने फ़ोन किया था, तुम सो रहे थे...नहीं?"

"तुम्हें कैसे मालूम?"

"तुम्हारी आवाज़ से...तुमने एक बार पूछा—कौन, रायना? मैंने कहा—मैं रायना हूँ। मैंने तीन बार कहा।" वह झूठ बोल रही थी। मैं हँसने लगा।

"मैंने सोचा...तुम सुबह आओगे।"

"कल रात मुझे देर हो गई," मैंने कहा।

"तुम अपने मित्र से मिले थे?"

"तुम्हारे जाने के बाद," मैंने कहा। "हम ईज़ेरा में बैठे थे।"

"अगर मुझे मालूम होता...तो मैं वहाँ चली आती," उसने कहा।

मैंने आश्चर्य से उसकी ओर देखा।

"लेकिन तुम होटल में चली गई थीं..."

"हाँ...फिर मैं वापिस आ गई। मैंने सोचा, तुम शायद अब भी वहाँ खड़े हो। तुम वहाँ नहीं थे...फिर मैं होटल के कमरे में वापिस नहीं गई...जानते हो, मीता सो रहा था और मुझे नींद नहीं आ रही थी। मैंने सोचा, मैं कुछ देर के लिए घूम सकती हूँ।" एक छोटी-सी मुस्कान उसके चेहरे पर झिलमिलाने लगी।

"तुम अकेली थीं?" मुझे लगा, वह फिर हँसी में झूठ कह रही है। लेकिन उसके चेहरे पर एक सूखी उत्तप्त-सी उत्तेजना सिमट आई थी।

"हाँ...लेकिन डर की बात नहीं थी। रास्ते में सिर्फ़ इक्के-दुक्के शराबी मिल जाते थे। मैं उनसे डरती नहीं...अगर उन्होंने सचमुच शराब

पी रखी हो और बहाना न कर रहे हों। तब वे ख़तरनाक नहीं होते। मैं उनकी आदी हूँ।"

"तुम कहाँ गई थीं?"

एक पल के लिए वह मुझे देखती रही, जैसे मेरी उत्सुकता नाप रही हो।

"म्यूज़ियम तक। सीढ़ियाँ चढ़कर मैं टैरेस पर चली आई। वहाँ से सारा स्क्वायर दिखाई देता था, और रोशनियाँ। तुमने मुझसे उसके बारे में कुछ नहीं कहा...यू सी आई डिस्कवर्ड इट माईसेल्फ।" उसने हँसते हुए मेरा हाथ पकड़ लिया, "मैं वहाँ देर तक खड़ी रही...फिर बर्फ़ गिरने लगी और मैं नीचे उतर आई। तुमने वह टेलीफ़ोन-बूथ देखा है... जो म्यूज़ियम के नीचे है? मैंने सोचा, तुम होस्टल में होगे। जानते हो, मैंने क्या किया...नहीं, मैं मज़ाक़ नहीं कर रही, तुम अपने गेट-कीपर से पूछ लेना। मैं बूथ में चली आई और खड़ी रही। बूथ के शीशे के बाहर बर्फ़ गिर रही थी। मैं कुछ देर तक उसे देखती रही। मैंने रिसीवर उठाया...एंड आई रैंग यू...येस, येस, आई रैंग यू...सिर्फ़ यह जानने के लिए कि तुम क्या कर रहे होगे?"

"मैं वहाँ नहीं था।"

"मुझे मालूम है...मैंने पहले तुम्हारा नाम बताया, तुम्हारे कमरे का नम्बर मुझे मालूम नहीं था। उसने मुझसे कहा कि वह तुम्हें जानता है, लेकिन तुम अपने कमरे में नहीं हो। फिर मैं बाहर आ गई। मुझे अचानक डर-सा लगा...पहली बार। मुझे डर था कि कहीं उन्होंने होटल का गेट बन्द न कर दिया हो...लेकिन जब मैं वहाँ गई, वह खुला था। बाद में पता चला, वह रात-भर खुला रहता है।"

"तुम्हें दुख है, तुम रात-भर नहीं घूम सकीं?" मैंने कहा।

"नहीं।" उसने मुस्कराकर मेरी ओर देखा, "उसके बाद मैं बहुत थक गई थी। बिस्तर पर लेटते ही सो गई।"

लोग हमारी ओर देखने लगे थे। हम भीड़ से बाहर आ गए और ट्राम-स्टेशन की ओर चलने लगे। मैंने उसका डफल बैग अपने कन्धे पर लटका लिया। उसने उसमें से अपना कोट निकालकर पहन लिया था...वह कोट भी नहीं था। पीले रंग की एक लम्बी ऊनी जैकेट थी जो शुरू गर्मियों में पहनी जाती थी। उसे देखकर लगता था, जैसे वे गर्मियों के दिन हों। उसने स्कार्फ़ उतार दिया था और उसके भूरे बाल कन्धों पर गिर आए थे।

"सुनो..." वह ठहर गई।

मैंने उसकी ओर देखा।

"क्या तुम्हें बुरा लगा?"

"किसलिए?"

"मैंने तुम्हें फ़ोन किया था..." वह बीच में रुक गई।

मैंने कुछ नहीं कहा, सिर्फ़ उसका हाथ अपने कोट की जेब में डाल दिया। वह आश्वस्त-सी हो गई। जब ट्राम आई, मैंने मीता को गोद में लेकर ऊपर चढ़ा दिया। रायना और वह भीतर चले गए। मैं टिकट लेने के लिए कम्पार्टमेंट के बाहर खड़ा रहा।

बाहर सर्दियों का मलिन आलोक था। स्क्वायर के परे एक छोटा-सा चर्च दिखाई दिया। इस तरफ़ से गुज़रते हुए वह हमेशा दिखाई देता था। उसकी बुर्ज़ियाँ बहुत छोटी थीं...सिर्फ़ ट्राम में खड़े होकर उसकी एक उड़ती हुई झलक मिल जाती थी। टिकट लेकर मैं भीतर चला आया। वे खिड़की के बाहर पुलों को देख रहे थे। ट्राम नदी के साथ-साथ एम्बेंकमेंट पर चल रही थी। नदी पर अब भी कहीं-कहीं बर्फ़ जमी थी। उसकी सतह नीले काँच-सी धूप में चमक रही थी।

मैंने उन्हें वह टापू दिखाया, जहाँ हम कल स्केटिंग के लिए गए थे। वह अब वीरान था। दूर से सिर्फ़ लाल-नीली झंडियाँ हवा में उड़ती हुई दिखाई दे जाती थीं।

"हम कहाँ जा रहे हैं?" उसने मेरी ओर देखा।

"तुम सब देख लोगी," मैंने कहा।

"क्या वह दूर है?"

"कौन-सी जगह?"

"सेंट लॉरेन्तो...मैं वहाँ दुबारा जाना चाहती थी।" उसका स्वर पहियों की गड़गड़ाहट में डूब-सा गया।

"वह कासल के पास है। हम वहीं जा रहे हैं।"

वह चुप रही और खिड़की के बाहर देखती रही। मुझे याद आया, उसने कल उसके बारे में कहा था। बरसों पहले वह अपने पति के साथ यहाँ आई होगी। तब मैं यहाँ नहीं था। वह यहाँ दूसरी बार आई है, यह मैं अकसर भूल जाता था। जब याद आता था, तो यह असम्भव-सा लगता था। बुरा भी लगता था। मैं चाहता था कि उसे हर चीज़ पहली बार दिखाई दे...लेकिन वह सिर्फ़ उन चीज़ों को ही देखने के लिए आतुर-सी दिखाई देती थी, जो वह पहले देख चुकी है। यह अकसर होता है। जब तुम कुछ लोगों से मिलते हो, लगता है, तुम बहुत बाद में मिले हो। पहली बार का विस्मय तुम्हारे लिए होता है—और सुख भी। उनके लिए नहीं होता। उन्हें जब हुआ था, तब तुम नहीं थे।

"क्या सोच रहे हो?" उसने अपना हाथ मेरे कन्धे पर रख लिया।

"कुछ नहीं," मैंने कहा। "देखो...हम ऊपर जा रहे हैं"...मैंने खिड़की के बाहर लेतना पहाड़ी की ओर इशारा किया। मीता ट्राम की बेंच पर खड़ा हो गया था, ताकि उसे बार-बार सिर न उठाना पड़े। चढ़ाई पर वीपिंग विलोज़ की छाया फैली थी। शहर नीचे आ रहा था, नदी भी, प्राग के पुल और स्क्वायर...सब। हमें लग रहा था, जैसे हम तीनों 'मेरी-गो-एराउंड' के डिब्बे में बैठे हैं, जो धीरे-धीरे हवा में ऊपर उठ रहा था। मीता हँसता हुआ चीख़ने लगता था और ट्राम में बैठे लोग कौतूहल से उसकी ओर देखने लगते थे। उसे उनका ख़याल नहीं था।

वह बार-बार रायना से जर्मन में कुछ पूछता था...किसी महल के टूटे-फूटे टैरेस या टॉवर के बारे में या रास्ते में दीखनेवाले पुराने खँडहरों के बारे में...रायना उसके प्रश्न का अनुवाद अंग्रेज़ी में कर देती और जब मैं उसे समझाने लगता, तब तक वह चीज़ पीछे छूट जाती और उसका ध्यान दूसरी चीज़ों में भटक जाता।

ऐसा भी होता कि जब मैं किसी इमारत या चर्च के बारे में समझा रहा होता, वह मेरी ओर देख लेती—सिर्फ़ एक छोटे-से लमहे के लिए। न वह कुछ कहती, न यह भ्रम देती कि वह सुन रही है। मैं सिटपिटा-सा जाता और मुझे अपने शब्दों पर सन्देह-सा होने लगता। उसकी आँखें शान्त रहतीं, मैं बोलता रहता—यह जानकर भी, कि वह सुन नहीं रही। वह सुन नहीं रही, इससे मुझे तसल्ली मिलती। पूरी नहीं, लेकिन एक तरह से मैं निश्चिन्त-सा हो जाता। वह अपना हाथ मेरे कन्धे से उठाकर नीचे बेंच पर रख देती। वह हिलता रहता। बहुत सफ़ेद और साफ़। उसमें वह कुछ नहीं था, जिसे हम 'सेंशुअस' कहते हैं। तब यह भी लगता, वह मुझसे बड़ी है। हाथ देखकर दूसरे का बड़प्पन इतनी जल्दी पता चल जाता है, मैंने इससे पहले नहीं सोचा था। मैं निगाहें हटा लेता और बाहर देखने लगता।

पहाड़ी के अन्तिम छोर पर आकर ट्राम रुक गई। इसके आगे वह नहीं जाती थी। हम वहीं उतर गए। वहाँ एक छोटा-सा स्क्वायर था... पहाड़ी पर खुली हथेली-सा। थोड़ी दूर पर मॉनेस्टरी थी और उससे सटा हुआ 'होली-ट्रिंटी' का एक चर्च। कुछ दुकानें थीं...एक पब और ड्रग-स्टोर। लगता था, वह कोई उजाड़ क़स्बा हो...शहर के ऊपर। मीता को धैर्य नहीं था। ट्राम से उतरते ही उसने हमारा साथ छोड़ दिया और उस पगडंडी पर चलने लगा, जो मॉनेस्टरी की तरफ़ उतरती थी।

"तुम्हें भूख तो नहीं लगी?" उसने पूछा।

"नहीं...तुम कुछ खाओगी?"

"कहीं बैठकर," उसने कहा, "मैं होटल से कुछ सैंडविचेज़ ले आई थी।"

हम चलने लगे। हवा अस्थिर थी। कभी अचानक उठ जाती थी और हम काँपने लगते थे। फिर वह एकदम मर जाती। सिर्फ़ ऊपर टेलीग्राफ़ तारों की साँय-साँय सुनाई देती रहती। लगता था, जैसे इतनी ऊपर आकर हर आवाज़ तीख़ी और चमकीली हो गई है...एक चाकू की धार की तरह। हवा को काटती हुई। अपने पैरों की आहट भी परायी-सी लगती। लगता, हमारे पीछे कोई आ रहा है। पीछे देखते, तो कोई भी न होता। सिर्फ़ पत्तों के, जो बहुत अर्सा पहले झरे थे और अब सड़ने लगे थे।

"तुम यहाँ अकसर आते हो?" उसने पूछा।

"जब मैं पहली बार प्राग आया था, तब यहाँ आता था..."

"यह शहर से बहुत अलग लगता है..."

"यह काफ़ी अलग है...पहले यहाँ मॉनेस्टरी के अलावा कुछ भी न था। सिर्फ़ दूसरे शहरों के यात्री यहाँ आते थे..."

"मैं यहाँ नहीं आई," उसने कहा। "हम कासल आकर वापिस लौट गए थे।"

मैंने उसकी ओर देखा, उसका चेहरा चलने से सुर्ख़-सा हो आया था। उसने अपने दोनों हाथ जैकेट की जेबों में डाल दिये थे।

"हम यहाँ बैठ सकते हैं।"

"मीता कहाँ है?"

वह सामने देखने लगी। मॉनेस्टरी की सीढ़ियों पर टूटी हुई डालें झूल रही थीं। मैंने रूमाल से उन्हें बुहार दिया। डफल बैग उतारकर ऊपरवाली सीढ़ी पर रख दिया। सामने पत्थर की बेंच थी—सफ़ेद, पाले में भरी घास के बीच। न जाने कितनी बार उस पर बर्फ़ जमी थी, पिघल गई थी और फिर जम गई थी।

हम वहीं बैठ गए। हमारे इर्द-गिर्द एक बासी, ठहरी-ठहरी-सी गरमाई

सिमट आई थी। हवा वहाँ नहीं थी। हम सिर्फ़ उसका शोर सुन पाते थे। कभी-कभी मीता हमें देखने चला आता था। जब वह आश्वस्त हो जाता कि हम वहीं बैठे हैं, तो वह दुबारा मैदान की तरफ़ चला जाता था।

"तुम थक गई हो?" मैंने पूछा।

"नहीं...तुम्हारे पास सिगरेट है?"

मैंने उसे सिगरेट दी और सुलगा दी। वह सीढ़ियों के पीछे दीवार का सहारा लेकर बैठ गई।

"वियना में ऐसी जगहें बहुत कम हैं...शहर के इतने पास," उसने कहा।

"अगर तुम गर्मियों में आतीं, तुम्हें यह जगह ज़्यादा अच्छी लगती... नीचे की पहाड़ी बिलकुल नीली हो जाती है।"

"अगर तुम न होते, तो शायद मैं यह सब न देख पाती," उसने धीरे-से कहा। उसका स्वर इतना सहज था कि मुझसे कोई विरोध न किया गया।

"मौसम बहुत अच्छा रहा है...वर्ना तुम होटल के कमरे में ही बैठी रहतीं," मैंने कहा।

"मुझे होटल के कमरों में रहना बुरा नहीं लगता। एक बार मैं एमस्टर्डम गई थी—वहाँ मैं दिन-भर अपने कमरे में बैठी रहा करती थी।"

"तुम अकेली थीं।"

"मैं अकेली ही जाती हूँ। सिर्फ़ जाक के संग पहली बार प्राग आई थी, लेकिन वह बहुत अर्सा पहले की बात है।"

"तुम्हें अकेला नहीं लगता? मेरा मतलब है, इस तरह पराये शहरों में घूमते हुए मुझे कभी-कभी कुछ अकेलापन-सा लगता है।"

"नहीं...अगर तुम बार-बार ट्रेन बदलते रहो, तब इतना नहीं लगता। इसीलिए मुझे सर्दियों में बाहर जाना अच्छा लगता है। तब टूरिस्ट नहीं होते और मुझे लगता है, जैसे मैं अपने शहर में ही घूम रही हूँ।" उसने

हँसकर मेरी ओर देखा। हम कुछ देर तक चुप बैठे रहे।

"जब मैं पहली बार यहाँ आया था, मुझे यह असम्भव लगा था कि मुझे यहाँ चार-पाँच साल रहना होगा," मैंने कहा।

"अब तुम्हें कैसा लगता है?" उसने पूछा।

"अब मैं सोचता नहीं। मेरा मतलब है, अब कोई फ़र्क़ नहीं पड़ता।"

"लेकिन तुम किसी भी समय घर वापिस जा सकते हो।"

"मैं घर के बारे में नहीं सोचता। मैं सोचता हूँ, एक उम्र के बाद तुम घर वापिस नहीं जा सकते। तुम उसी घर मैं वापिस नहीं जा सकते, जैसे जब तुमने उसे छोड़ा था।" वह चुप रही। हम दोनों मॉनेस्टरी की दीवार पर झूलती टहनी को देखते रहे। फिर उसका धीमा-सा स्वर सुनाई दिया।

"कल रात जब तुम चले गए, मैं काफ़ी देर तक वियना के बारे में सोचती रही। यह अजीब है, क्योंकि इस बार जब मैं प्राग आई थी, मुझे लगा था कि मैं सब-कुछ पीछे छोड़ आई हूँ। तुम्हें हल्का-सा नहीं लगता?"

"कैसे हल्का-सा?" मैंने कौतूहल से उसकी ओर देखा।

"मेरा मतलब है...जब तुम कहीं बाहर जाते हो। मुझे लगता है, यह एक शुरुआत है—मैं इसे समझा नहीं सकती।"

"मैं जानता हूँ..." मैंने कहा। "जैसे हम किसी चीज़ को ख़ाली कर देते हैं...वह रहती है, लेकिन वह अब हमसे बाहर है। हम बरी-से हो जाते हैं..."

"हमेशा नहीं।" उसने सिगरेट बुझाकर बाहर फेंक दी।

"तुम उसके बारे में नहीं सोचते, जो तुम पीछे छोड़ आए हो। तुम उसके बारे में सोचने लगते हो, जो तुम्हारे साथ है लेकिन अपने शहर में तुम उसके बारे में नहीं सोचते..." एक क्षण चुप रहकर उसने धीरे-से मुस्कराकर कहा, "कल शाम जब हम स्केटिंग-रिंक में थे, तब मुझे बहुत पहले के दिन याद हो आए थे—लड़ाई के पहले के दिन। उन

दिनों स्कींग के लिए हम साल्सबुर्ग जाते थे। तब मैं बहुत छोटी थी..."

"तुम अब भी बहुत छोटी लगती हो," मैंने हँसने की कोशिश की। मैंने सोचा था, वह उन लड़कियों की तरह विरोध करेगी जो उम्र में बड़ी हो जाती हैं, लेकिन बच्चों की तरह विरोध करती हैं। किन्तु उसने ऐसा कुछ नहीं किया। वह गम्भीर आँखों से मुझे देखती रही।

"हाँ, मैं सचमुच काफ़ी छोटी हूँ...अगर तुम लड़ाई के साल बीच में से निकाल दो। और वे सब साल, जो बाद में आए थे।" उसने हँसकर कहा, "तब...तब कुछ भी नहीं रह जाएगा।"

"तुम उन दिनों वियना में ही थीं?"

"शुरू में। बाद में उन्होंने हमें कोलोन भेज दिया।"

"कोलोन में?" मैंने उसकी ओर देखा, "वह जर्मनी में था?"

"था।" वह हँसने लगी, "वह अब भी वहाँ है...हमें वहाँ फ़ैक्टरी में काम करना पड़ता था। वह एक टेक्सटाइल फ़ैक्टरी थी...जर्मन सिपाहियों की यूनिफ़ार्म बनाने के लिए...मैं जाक से पहली बार वहाँ मिली थी।"

वह चुप हो गई। बाहर रोशनी सूखने लगी थी। मॉनेस्टरी की टूटी दीवार पर नंगी टहनियों की छाया झुक आई थी। मेन रोड पर कभी-कभी ट्राम की घंटियों का स्वर सुनाई दे जाता था।

"रायना..."

"क्या है?"

"तुम अलग क्यों हो गईं?"

उसने मेरी ओर देखा।

"मैं तुम्हारा मतलब नहीं समझी...।"

"तुमने कल कहा था कि तुम अलग रहती हो।"

"मैंने यह कहा था?" वह हँसने लगी, "यह बिलकुल ही सच नहीं है। हम अकसर मिलते हैं...शनिवार की शाम को...या कभी सड़क पर चलते हुए। एक शहर में रहने का यह फ़ायदा है। तुम अलग रहते

हो और प्रतीक्षा करते हो। किसी ख़ास चीज़ की नहीं, क्योंकि तुम किसी भी चीज़ को पूरी तरह खो नहीं सकते। वह फिर शुरू हो सकती है...जैसे शुरू में हुई थी। मुझे यह चमत्कार-सा लगता है...तुम ऐसा नहीं सोचते?"

"शुरू होने की बात?" मैंने पूछा।

"नहीं...हाँ, एक तरह से। मुझे पक्का नहीं मालूम। जैसे बरसों बाद उस शहर में आना, जहाँ तुम पहले आ चुके हो। मैं कल रात जब होटल से बाहर आई, तब यही सोच रही थी।" एक हल्का-सा विषाद उसके स्वर में भर आया था। कुछ ऐसा जो हमसे बाहर है...लेकिन इतना बाहर नहीं कि हमें अकेला छोड़ सके।

एक मद्धिम-सी आवाज़ हुई और हम चुप हो गए। परिन्दों का एक झुंड सामने पेड़ की डाल से ऊपर उड़ा था और उसके झटके से बर्फ़ का एक लोंदा दीवार पर छप-से आ गिरा था। मीता भागता हुआ हमारे पास चला आया।

"क्या हुआ?" उसने पूछा।

"कुछ नहीं। बर्फ़ गिरी थी।" रायना ने कहा।

फिर उसने ऊपर की सीढ़ी से डफल बैग उठाया और उसके भीतर से एक चौड़ा-सा डिब्बा बाहर निकाल लिया।

"बैठ जाओ!" उसने मीता से कहा और अख़बार का काग़ज़ बीच की ख़ाली सीढ़ी पर बिछा दिया। मीता मेरे पास बैठ गया था। उसने मुझे और मीता को एक-एक सैंडविच दी। काग़ज़ पर सलामी के टुकड़े रख दिये।

"तुम बहुत-सी चीज़ें ले आईं।"

"बाहर आकर मुझे बहुत भूख लगती है," उसने कहा। हम चुपचाप खाने लगे। कुछ देर बाद मीता ने उससे कुछ जर्मन में पूछा। रायना ने मेरी ओर देखा और हँसने लगी।

"वह क्या पूछ रहा है?"

"वह तुम्हारे बालों के बारे में जानना चाहता है।"

"मेरे बालों के बारे में?"

मैंने कौतूहल से मीता की ओर देखा। वह ग़ुस्से में रायना की स्कर्ट खींच रहा था। रायना ने हँसते हुए उसका हाथ पकड़ लिया।

"वह जानना चाहता है, वे इतने काले क्यों हैं?"

"वे हमेशा से ही ऐसे हैं," मैंने मीता की ओर देखा। उसका चेहरा लाल हो गया था।

"वे हमेशा से ही ऐसे हैं।" रायना ने जर्मन में अनुवाद कर दिया। किन्तु मीता ने उसे सुना नहीं। सैंडविच हाथ में लेकर वह तेज़ी से बाहर चला गया।

"उसे बुरा लग गया है..." मैंने तनिक खिसियाए-से स्वर में कहा।

उसने मेरी ओर देखा, जैसे पहली बार देख रही हो! "वे सचमुच काले हैं।" उसके स्वर में अजीब-सा विस्मय था।

हवा चल रही थी। बादल सरकते हुए सूरज पर इकट्ठा हो गए थे। सफ़ेद, भूरी घास पर हल्के-से बल पड़ जाते थे...वह झुक जाती थी और लगता था, वह मरी नहीं है।

"यहाँ कोई रेस्तराँ नहीं है...मुझे बेहद प्यास लगी है," उसने कहा।

"नीचे एक छोटा-सा 'पब' है, हम वहीं जा रहे हैं," मैंने कहा।

हम मॉनेस्टरी के पीछेवाले मैदान पर चल रहे थे। शाम हो चली थी। दूर लेतना की पहाड़ी पर बर्फ़ का रंग बैंगनी-सा हो आया था...

मीता ने हमें बाहर आते देख लिया था। उसने मैदान के छोर पर—ढलान के पास—ढेर-से पत्थर जमा कर लिये थे। वह अपने जूतों

से पत्थरों को नीचे लुढ़का देता था। एक मद्धिम-सी गड़गड़ाहट होती थी, जैसे नीचे पेड़ों के झुरमुट में कुछ बह रहा हो। फिर सब शान्त हो जाता था।

मुझे एक दबी-सी उत्सुकता हुई। मैं चाहता था, वह घटना अचानक हो। मैं उसके बारे में उसे पहले नहीं बताना चाहता था।

"ज़रा आगे आओ," मैंने कहा।

"वहाँ क्या है?" उसने मेरी ओर देखा।

"कुछ नहीं...तुम कुछ देखोगी।"

वह मैदान के छोर तक चली आई। हवा का एक रेला आया और हमारी आँखें अनायास मुँद गईं। उसने कसकर मेरा कन्धा पकड़ लिया। कुछ देर तक हम कुछ नहीं देख सके। एक सफ़ेद-सा पर्दा आर-पार डोल जाता था। लगता था, जैसे बहुत-सी सीटियाँ एक साथ चारों ओर गूँज रही हैं।

एक क्षण के लिए ही, हवा ठहर गई। आँखें खुलीं। हम शहर के सबसे ऊपरी बिन्दु पर खड़े थे।

नीचे...हमारे पैरों के नीचे...प्राग फैला था।

मुझे एक दबी-सी सिसकी सुनाई दी—हवा में खिंचती हुई—जैसे कोई बच्चा अचानक डर जाता है और तसल्ली होने पर रुकी हुई साँस छोड़ देता है।

वह अपलक नीचे देख रही थी।

नीचे समूचा शहर था, दिसम्बर के नीरव आलोक में सिमटा हुआ। धूप में चमकती हुई ऊँची-नीची छतें, पुल, गिरजों की सुईनुमा मीनारें... और एक स्तब्ध-सा कोलाहल, जो एक ऊँचाई पर पहुँचकर तटस्थ-सा हो जाता है...हम चुप खड़े रहे। लगा, जैसे एक शब्द भी उस मायावी जादू को तोड़ देगा जो हवा, धूप और गिरजों की मीनारों ने अपने आस-पास बुन लिया है। एक निर्वाक्-सा सम्मोहन...

“वह लॉरेन्तो चर्च है,” कुछ देर बाद मैंने कहा।

“किधर?”

“तुम कासल देख सकती हो?” मैंने उस लम्बी सफ़ेद इमारत की ओर संकेत किया, जिसकी खिड़कियों पर शाम की धूप गिर रही थी।

“उससे ज़रा ऊपर।”

वह मेरी अँगुली की ओर देख रही थी...उसके परे पेड़ों का काला झुरमुट था। बीच में लॉरेन्तो का गोथिक टॉवर सिर उठाए खड़ा था।

“तुम पहचान सकती हो?”

वह चुपचाप देखती रही...मुझे हल्का-सा भ्रम हुआ कि वह कुछ भी देख नहीं रही।

“इतनी दूर से मैंने नहीं देखा था,” उसने कहा।

“वह ज़्यादा दूर नहीं है...यहाँ से दूर लगता है,” मैंने कहा। हमें चीख़कर बोलना पड़ता था। हवा शब्दों को बहा ले जाती थी। उसका स्कार्फ़ बार-बार फड़फड़ाने लगता था।

“मेरा सिर चकरा रहा है।” उसने मेरी ओर देखा।

“नीचे न देखो...” मैंने कहा। हाथ पकड़कर मैंने उसे ढलान से पीछे की तरफ़ कर दिया।

“सुनो...वह जगह कहाँ है, जहाँ हम कल गए थे?” उसने धीरे-से कहा। ठंड से उसके होंठ अधखुले-से रह गए थे।

“वह पुल के नीचे है...यहाँ से दिखाई नहीं देती।”

मैंने उस ओर इशारा किया, जहाँ ‘कॉंदे’ का टापू था। स्केटिंग-रिंक कहीं भी दिखाई नहीं देता था। अब वहाँ सिर्फ़ बर्फ़ की सफ़ेदी थी, जैसे शहर के बीच एक छोटा-सा बादल लेटा हो। उसके इर्द-गिर्द एक झीनी-सी धुंध घिर आई थी।

“तुम कुछ सुन सकती हो?” मैंने उसकी ओर देखा।

वह कुछ देर तक नीचे फैले शहर को देखती रही...चारों ओर

एक बोझिल-सा सन्नाटा आ घिरा था।

"नहीं...कुछ भी नहीं।"

"ज़रा ध्यान से सुनो..." मैंने कहा। "वह बहुत पास है।"

उसका सिर नीचे झुक आया, जैसे सुनने की बजाय वह किसी चीज़ को देखने की कोशिश कर रही है...

"हवा तो नहीं है?" उसने पूछा।

"यह नदी की आवाज़ है," मैंने कहा। "वह हवा से बिलकुल अलग है।" हम कुछ देर तक उसे चुपचाप सुनते रहे। इतनी ऊँचाई से उसका स्वर एक धीमी-सी थपथपाहट-सा लगता था। कभी वह एकदम बुझ जाता था। तब हवा बीच में आ जाती थी...उनके और उस स्वर के बीच...एक सफ़ेद-सा सूनापन। फिर वह उठता था, अपने-आप, एक कमज़ोर आग्रह की तरह, जैसे वह अपने को हवा से मुक्त करने के लिए छटपटा रहा हो।

"तुम्हें कैसे मालूम...यह वही है?" उसने मेरी ओर देखा।

"तुम हमेशा पहचान सकते हो," मैंने कहा।

"क्रेजी," उसने हँसते हुए कहा।

"तुम हमेशा नदी की आवाज़ पहचान सकती हो," मैंने आग्रह किया।

"मैं पहचान नहीं सकती," उसने कहा।

"अगर तुम सुनो...तब पहचान लोगी। इट इज़ समथिंग—डार्क एंड डीप।"

"डार्क एंड डीप!" उसने मेरी आवाज़ की नक़ल करते हुए कहा...लेकिन अब वह हँस नहीं रही थी। मुझे तब बहुत सूखा-सा लगा—हल्का-सा भी लगा। उसने मेरा हाथ पकड़ लिया। उसका सिर ऊपर उठ आया था।

"क्या बात है?" मैंने उसकी ओर देखा। हवा से उसकी पलकें आँखों के ऊपर फड़फड़ा जाती थीं।

"हमें चलना चाहिए।" उसका स्वर बहुत धीमा था।

मुझे तब पहली बार उसका चेहरा इतना पास लगा—सर्दी की सूखी धूप में सुर्ख़, बड़ा और बदला-सा। "तुम थक गई हो?" मैंने पूछा। "नहीं, मैं ठीक हूँ," उसने कहा। हवा से उसका स्कार्फ़ बार-बार फड़फड़ा जाता था। उसके बाहर कुछ भूरी लटें माथे पर छितर आई थीं—धूप में चमकती हुई। "पास आ जाओ, वर्ना तुम हवा में उड़ जाओगी," मैंने हँसते हुए कहा। वह बिलकुल मुझसे सट गई। मुझे लगा, वह ठिठुर रही है। मैंने अपना मफ़लर उतारकर उसके गले में लपेट दिया। उसने कुछ कहने के लिए मुँह उठाया। उसे मालूम नहीं था, मेरा चेहरा उसके सिर पर है...तब अचानक मेरे होंठ उसके मुँह पर घिसटते गए...फिर वे ठहर गए, कनपटियों के नीचे कुछ भूरे बालों पर..."सुनो..." उसने कहा। किन्तु इस बार मैंने कुछ नहीं सुना। मेरे होंठ इस बार उसके मुँह पर आए आधे वाक्य पर जम गए। उसका उठा मुँह निर्वाक्-सा उठा रहा। कुछ देर तक मैं साँस नहीं ले सका। हवा बहुत थी, लेकिन हम उसके नीचे थे। हम बार-बार साँस लेने के लिए ऊपर आते थे...हाँफते हुए एक-दूसरे की ओर देखते थे...दीखता कुछ भी न था—अधखुले होंठ, ओवरकोट के कॉलर का एक हिस्सा, हम दोनों पर फड़फड़ाता हुआ बेचैन-सा स्कार्फ़...

उसकी देह धीरे-से हिली, फिर ठहर गई।

"मीता आता होगा..." उसने कहा। उसने अपने चेहरे को बहुत धीमे-से मेरे मुँह से अलग कर दिया। मुझे लगा, मैं वापिस लौट आया हूँ, लेकिन उसी जगह नहीं, जो चन्द लमहे पहले छूट गई थी...मुझे वह भयावह-सी लगी—वह अ-पहचान, जो हम दोनों के बीच चुपचाप चली आई थी।

"रायना..." मैंने अपने हाथ उसके चेहरे पर रख दिये...उसके होंठों पर, उसके गालों पर...जैसे महज़ उसे छूने-भर से मैं उस पुरानी

पहचान को वापिस खींच लाऊँगा।

उसने आँखें खोल दीं। "हमें चलना चाहिए," उसने कहा।

मैं उस समय उसकी ओर नहीं देख सका...मुझे उसका सहज स्वर अत्यन्त कोरा-सा जान पड़ा। उसके स्वर में यदि ज़रा-सा भी आरोप, मेरे प्रति थोड़ी-सी भी अवहेलना होती, तब मैं सह लेता। किन्तु वह ख़ाली था, सिर्फ़ एक हल्की-सी हैरानी उसकी आँखों में सिमट आई थी।

यह बाद में जाना...उस दोपहर नहीं। उस दोपहर इतनी ऊँचाई पर मैंने प्राग को उसके साथ देखा था...उसके गले में मेरा मफ़लर लिपटा था, जिसे वह भूल-सी गई थी...नीचे शहर के मकानों की सूनी साँय-साँय हमें सुनाई दे जाती थी और उनके ऊपर धुल रहा था...दिसम्बर का मलिन, अवसन्न आलोक।

हम नीचे उतरने लगे।

"कहाँ जा रहे हो?" उसने पूछा।

"स्क्वायर में...वहाँ मीता होगा," मैंने कहा।

"सुनो...तुम्हारा पब कहाँ है?...मेरा गला सूख रहा है।"

"हम वहीं जाएँगे...वह दूर नहीं है।"

उसने मेरी ओर देखा और सहसा ठिठक गई।

"तुम सुनते नहीं?" उसने उत्सुकता से मेरा हाथ पकड़ लिया।

"क्या है, रायना?"

"सुनो...अब मैं पहचान सकती हूँ।" उसकी आँखें चमक रही थीं।

"रायना..." मैंने तनिक आतंकित होकर उसकी ओर देखा...हवा की सूनी सनसनाहट के बाहर कुछ भी न था।

"वह वहाँ है..." एक शरारत-भरी हँसी उसकी आँखों से बाहर झाँक रही थी।

"कौन?" मैंने पूछा।

"डार्क एंड डीप!"

एक चमकीली-सी मुस्कान उसके चेहरे पर फैल गई थी और तब अचानक मुझे उसकी आँखों में वही 'पहचान' दिखाई दी, जिसे कुछ क्षण पहले मैंने खो दिया था...उसी तरह नहीं, जिसे पहली बार देखा था, बल्कि एक 'निशान' की तरह जिसे हम सतह पर छोड़ जाते हैं और कुछ दूर ऊपर जाकर दुबारा देखते हैं...

मैंने आँखें मोड़ लीं। एक असीम-सा उल्लास मुझे मथने लगा था। हम चुपचाप नीचे उतर रहे थे, लेकिन मुझे उस क्षण लगा था, जैसे एक बार किसी ऊँचाई पर पहुँचकर दुबारा, उतरना कभी सम्भव नहीं होता।

"रायना..." मैंने धीरे-से उसका हाथ पकड़ लिया।

"बोलो नहीं।" उसने हाथ छुड़ा लिया, "मैं मर रही हूँ।"

मैंने तनिक सन्त्रस्त भाव से उसकी ओर देखा।

"प्यास..." उसने कहा, "ईश्वर के लिए तुम्हारा वह पब किधर है?"

"तुमने मुझे डरा दिया," मैंने कहा। "हम वहीं जा रहे हैं। वह ज़्यादा दूर नहीं है।"

मीता उस जगह खड़ा था, जहाँ कुछ देर पहले हम उसे छोड़ गए थे। वह अपने पाँव से एक-एक पत्थर को नीचे—पहाड़ी की ढलान पर लुढ़का देता था...एक बोझिल-सी गड़गड़ाहट होती थी, जिसे वह तन्मय होकर सुनता रहता, जब तक वह सुनाई देती रहती। तब उसने हमें देखा तो हड़बड़ाहट में उसने ही ठोकर से समूचे ढेर को नीचे लुढ़का दिया।

उसके पीछे मॉनेस्टरी की टूटी दीवार पर शाम का आलोक सिमट आया था, धूप सिमट चली थी...लेकिन जैसा अकसर सर्दी के चमकीले

दिनों में होता है, उसके मिटने पर पीलापन शहर के ऊपर देर तक रेंगता रहता था। लेकिन उस दिन वह ज़्यादा देर नहीं टिक सका। हवा ने बादलों को सारे शहर पर धकेल दिया था...साँवली-सी छाँह में 'लिटिल क्वार्टर' की ऊँची-नीची छतें सिकुड़ आई थीं। सर्दी अचानक बढ़ गई थी। डफल बैग से दस्ताने और कनटोप निकालकर रायना ने मीता को पहना दिये। उसके होंठ इतनी ऊँचाई पर नीले पड़ गए थे। हवा दुबारा उठी थी—इस बार बिलकुल ठंडी और करकराती-सी। मीता बीच में था और हम दोनों ने उसका हाथ पकड़ लिया था।

हम पब में अधिक देर नहीं बैठे...वह 'पब' भी नहीं थी—मॉनेस्टरी से ज़रा नीचे उतरकर मुद्दत पहले किसी ने वहाँ 'सराय' बनाई थी जिसे चेक लोग 'होस्तिनेस' कहते हैं। वहाँ तिल रखने को भी जगह नहीं थी। हमने अपने कोट भी नहीं उतारे...कुर्सियों और लोगों के बीच रास्ता बनाते हुए हम काउंटर के सामने आ खड़े हुए। हमने मीता को 'ग्रॉक' का एक गिलास ज़बर्दस्ती पिला दिया। उसे सर्दी लग रही थी और हमें अभी काफ़ी नीचे उतरना था। मैंने वोद्का पी। रायना ने सिर्फ़ बियर का एक छोटा-सा गिलास लिया। वह उसे एक साँस में ही पी गई। उसे सचमुच ही प्यास लग रही थी। जब उसने दूसरा गिलास पीने की इच्छा प्रकट की, तब मुझे इसका अहसास हुआ। किन्तु वह दूसरा गिलास पूरा नहीं पी सकी। बची हुई बियर मैंने ख़त्म की, हालाँकि वह बराबर मना करती रही। मुझे बियर फेंकनी हमेशा अखरती है, चाहे वह कितनी ही कम क्यों न हो।

"क्या इतने लोग रोज़ आते हैं?" बाहर आकर रायना ने पूछा। उसके माथे पर पसीने की बूँदें छलक आई थीं।

"आजकल छुट्टियाँ हैं," मैंने कहा। "इन दिनों कोई भी पब ख़ाली नहीं रहता।"

बाहर की हवा हमें इस बार बहुत अच्छी लगी। हमें लग रहा था,

जैसे हम किसी भट्ठी से बाहर निकल आए हों। पास ही लेतना पहाड़ी के झुरमुटों से पेड़ों की गन्ध हवा में ठहर गई थी। सड़क के आर-पार एक फीका, म्लान-सा आलोक फैल गया था।

"हमारे यहाँ होस्तिनेस नहीं होते...लेकिन इन दिनों शराबघर भरे रहते हैं," उसने कहा।

वोद्का पीकर मुझे अपनी देह हल्की-सी लग रही थी। मुझे एक क्षण के लिए यह अजीब-सा लगा कि रायना का शहर प्राग नहीं है।

"जानते हो, इन दिनों वहाँ कुछ शराबघरों के आगे पेड़ों की टहनियाँ लगी रहती हैं...?"

"तुम्हारा मतलब क्रिसमस के पेड़ों से है?" मैंने उसकी ओर देखा। वह खिलखिलाकर हँस पड़ी।

"तुम पागल हो..." उसने मेरे बाल झिंझोड़ दिये।

"क्रिसमस के पेड़ कोई दीवार पर लगते हैं?" ये पेड़ सिर्फ़ निशानी हैं...जिन शराबघरों के आगे वे लगाए जाते हैं, वहाँ सीज़न की नई शराब पिलाई जाती है। हम अकसर इन दिनों एक शराबघर से दूसरे शराबघर का चक्कर लगाया करते थे।"

मैं सुनता रहा। बियर का डेढ़ गिलास पीने के बाद रायना इतने खुले, सहज भाव से बोलने लगेगी, मैंने नहीं सोचा था।...उसके चेहरे पर एक हौसला-सा आ गया था। दोपहर का बँधा-बँधा-सा सूनापन अब वहाँ नहीं था।

"आज मैंने पूरे दिन नहीं सोचा," उसने हँसते हुए कहा, "ऐसा बहुत कम होता है।"

"किसके बारे में?"

"वियना के..." उसने कहा, "यह बहुत अजीब है...मेरे संग ऐसा पहले कभी नहीं हुआ। सुनो, कभी-कभी तुम्हारे साथ चलते हुए मुझे लगता है...यह मैं नहीं हूँ। जैसे लड़ाई कभी नहीं हुई, जैसे..." वह ठिठक गई।

फिर अपनी आँखें मुझ पर उठा दीं, "जैसे मेरे पीछे वियना...नहीं है..."

उसके स्वर ने मुझे चौंका-सा दिया। मैंने उसकी ओर देखा। शाम की बुझती रोशनी में उसका चेहरा बहुत उज्ज्वल-सा हो आया था। आँखों में एक दूरी थी, जो अपनी होती है, जिसमें किसी दूसरे का साझा नहीं होता। पीली जैकेट के ऊपर उसकी गर्दन इतनी पतली और सहमी-सी लगती थी, मानो ज़रा-सा झटका लगते ही समूचे धड़ से अलग हो जाएगी। पहली बार मुझे लगा, जैसे उम्र को छोड़कर उसकी हर चीज़ बहुत कम है। छोटी नहीं, लेकिन कम...जैसे उम्र उन्हें बिना छुए बढ़ गई है।

पब से बाईं ओर नीचे उतरते ही हमें सेंट लॉरेन्तो का टॉवर दिखाई दिया था। ऊँची बुर्ज़ी पर घड़ी की डायल शाम की छाँह में छिप गई थी, लेकिन टॉवर की चोटी अब भी धूप में चमक रही थी।

वह फाटक के आगे ठिठक गई। मैं जानता था, वह उसे देखते ही पहचान जाएगी, इसीलिए मैंने उसे पहले नहीं बताया था। मैंने सोचा था, अचानक उसे दुबारा देखकर वह आश्चर्य में पड़ जाएगी। मुझे याद था, वह एक बार पहले यहाँ आ चुकी है। स्केटिंग-रिंक के सामने उसने मुझे बताया था और तब पहली बार मैंने जाक का नाम सुना था। बहुत साल पहले वे यहाँ आए होंगे। वे लड़ाई के ख़त्म होने के बाद के वर्ष रहे होंगे, मैंने सोचा।

वह कुछ देर अनिश्चित-सी फाटक के सामने खड़ी रही।

"तुम भीतर जाना चाहोगी?" मैंने पूछा।

"और तुम?" उसने मेरी ओर देखा।

"मैं यहीं खड़ा रहूँगा..." मैंने कहा। मैं जान गया था कि वह अकेली रहना चाहती है।

"हम अभी लौट आएँगे।" उसने कहा। उसकी आँखों में एक हल्की-सी कृतज्ञता छलक आई थी। किसके लिए...? मैं कुछ भी निर्णय नहीं कर सका।

फाटक खुला था। वह मीता का हाथ पकड़कर भीतर चली गई। शाम के पीले धुँधलके में दोनों की छाया चर्च के 'फसाद' पर लम्बी होती गई थी...।

मैंने सिगरेट सुलगा ली, फिर मुझे कुछ अकेला-सा लगा। नीचे 'कासल' के गेट पर दो बड़ी बत्तियाँ जलने लगी थीं। उसके पीछे सेंट वाइटस चर्च की लम्बी बुर्ज़ियाँ धुंध में निस्तब्ध—आकाश में अधर दिखाई देती थीं। चाँद निकल आया था, लेकिन यहाँ से वह बहुत नीचे दिखाई देता था। जब कभी 'पब' का दरवाज़ा खुलता, कुछ अनर्गल-सी आवाज़ें सुनाई दे जाती थीं—पीनेवालों की अजीब-सी चीख़ें, जो डूबते आलोक में मुझे हमेशा भयावह लगती थीं। दरवाज़ा बन्द होने पर वे कट जातीं, लेकिन उनकी जगह वह 'भय' रेंगता रहता था। मुझे लगा, वह सिर्फ़ ख़ुशी है जो अकसर भयभीत कर देती है, अगर तुम उस पर अँगुली न रख सको। "रायना!" मैंने धीरे-से फुसफुसाकर कहा—अपने से ही—मानो सिर्फ़ नाम लेने से ही मैं अँधेरे में उस पर अँगुली रख सकूँगा, जो बहुत बाहर है और बहुत भीतर भी। मुझे हल्की-सी सान्त्वना हुई कि मेरी आवाज़ कोई नहीं सुन सकता। भय और ख़ुशी के बीच तुम ज़्यादा देर नहीं रह सकते...सिर चकराने लगता है, जैसे तुम हवा में टँगी रस्सी पर चल रहे हो। यह शायद भ्रम है...है कुछ भी नहीं, मैंने सोचा। विदेश में यदि तुम लम्बा अर्सा रहो, तो अकसर ऐसा हो जाता है...तुम सड़क के कोने में खड़े हो, या ट्राम की प्रतीक्षा कर रहे हो, या सिर्फ़ सड़क पार कर रहे हो...तब अचानक—बिना किसी चेतावनी के—एक कोई बहुत पुरानी ख़ुशी लौट आती है, जिसके बारे में तुमने बरसों नहीं सोचा था।

उस शाम सेंट लॉरेन्तो के सामने प्रतीक्षा करते समय मुझे ऐसा ही 'अनुभव' हुआ था। उसे अनुभव भी कहना ग़लत है। वह कुछ ऐसा था जिससे सिर्फ़ 'विस्मय' होता है। तुम बहुत-से दरवाज़ों को खटखटाते

हो, खोलते हो—और उनके परे कुछ नहीं होता—ज़िन्दगी-भर। फिर अकस्मात् कोई तुम्हारा हाथ खींच लेता है...उस दरवाज़े के भीतर... जिसे तुमने नहीं खटखटाया था। वह तुम्हें पकड़ लेता है और तुम उसे छोड़ नहीं सकते।

एक हल्की-सी झुरझुरी मेरी पीठ पर रेंगने लगी।

सर्दी से बचने के लिए मैंने अपने हाथ डफल-कोट की जेब में डाल दिये। अचानक मुझे लगा जैसे रूमाल के संग जेब में कोई दूसरी चीज़ है—सख़्त-सी, जिसे पहले नहीं देखा था। बाहर निकालकर देखा तो पता चला कि वह रायना का दस्ताना था। वह शायद कल से मेरी जेब में पड़ा था...जब हम स्केटिंग-रिंक से लौट रहे थे। वह उसके बारे में भूल गई थी। दूसरा दस्ताना बहुत ढूँढ़ने पर भी नहीं मिला।

कुछ देर बाद मुझे उसके क़दमों की आहट सुनाई दी थी। किन्तु फाटक खुलने की धीमी-सी चरमराहट के बाद सब-कुछ शान्त हो गया। मुझे लगा, जैसे वे कहीं बीच रास्ते में रुक गए हैं। चाँदनी फैलने से पहले जो पीले धुएँ-सा अँधेरा घिर आता है, उसमें उनकी धूमिल छायाएँ स्तब्ध-सी ठिठकी रह गई थीं।

तब उस क्षण मैंने वह आवाज़ सुनी थी...वह धीरे-से ऊपर उठी थी, फिर मानो सहसा अँधेरे में ही भिंचकर टूट गई थी।

"रायना...!" मैंने धीरे-से उसका कन्धा झिंझोड़ा। वह अपलक मेरी ओर देख रही थी, जैसे मुझे पहचान न पाई हो।

"मीता कहाँ है?" मैंने पूछा।

उसने चुपचाप नीचे सड़क की ओर इशारा किया।

सिसकने का स्वर अँधेरे में अजीब-सा भयावह लगता है, अगर तुम सिर्फ़ आवाज़ सुनो और चेहरा न देख सको। उसके पास आकर मैं ठहर गया। उसकी छोटी-सी देह रह-रहकर हिल उठती थी। सिर का कनटोप बालों के पीछे खिसक आया था। मैंने उसका हाथ अपने हाथ

में ले लिया। एक क्षण के लिए उसने अपना सिर ऊपर उठाया—किसी बच्चे के चेहरे पर इतना करुण विषाद हो सकता है, मैंने पहले कभी नहीं देखा था। गालों पर आँसुओं की लकीर खिंच गई थी...और होंठ खुले रह गए थे।

उसने हाथ छुड़ाकर अपना चेहरा बाँह के नीचे छिपा लिया।

"वह रो रहा है," मैंने रायना की ओर देखा। मुझे अपने शब्द निरर्थक-से लगे।

वह चुपचाप अँधेरे में खड़ी रही।

"रायना...! क्या बात है?"

"कुछ नहीं..." उसने मेरी ओर देखा।

"तुमने उसे बताया था?"

"क्या?"

"तुम यहाँ पहले आ चुकी हो?"

"वह जानता है।" उसका स्वर बहुत धीमा-सा हो आया। मुझसे कुछ और नहीं पूछा गया। पहली बार उस शाम मुझे आभास हुआ मानो हम तीनों के अलावा कोई और व्यक्ति है, जो हमेशा हमारे बीच में है। उसे हम देख नहीं सकते, किन्तु वह हमसे अलग नहीं हो सकता...वह नहीं है, इसलिए वह शायद हम सबसे अधिक है।

हम उस क्षण निस्तब्ध-से लॉरेन्तो की छाया में खड़े रहे। 'कासल' के ऊपर चाँद निकल आया था—धुंध में लिपटा हुआ। मीता की सिसकियाँ बहुत पहले शान्त हो चुकी थीं। कभी-कभी एक बोझिल-सी साँस कुएँ की रस्सी की तरह नीचे जाती थी, और आँसुओं को खींचे बिना—सूखी-की-सूखी ऊपर लौट आती थी।

तब सहसा वह दबाव टूट गया।

पहले धीमे हिचकते हुए, फिर अनवरत—एक-एक करके लॉरेन्तो चर्च की घंटियाँ बजने लगीं। एक ही लय में—गुँथी हुई, जैसे कोई अँधेरी

पगडंडी पर चढ़ रहा हो। आकाशोन्मुख...

मीता की आँखों में एक उजली-सी मुस्कान उतर आई। गोद में उठाकर मैंने उसे टॉवर के बीच का वह सूराख़ दिखाया, जहाँ रस्सी के दोनों ओर वह घंटी एक पहिए की तरह घूम रही थी। हवा में उसके आँसू सूख चले थे, हालाँकि आँखें अब भी गीली थीं।

लॉरेन्तो और 'कासल' के बीच चाँद सिमट आया था। हम दुबारा मॉनेस्टरीवाली सड़क पर चलने लगे। रायना चुप थी। सड़क पर मुड़ने से पहले उसने लॉरेन्तो पर एक आख़िरी-सी निगाह डाली। मैं ठहर गया। इतनी दूर से चर्च का 'फसाद' नीले अँधेरे में छिप गया था, लेकिन उसकी 'गोथिक' बुर्ज़ियाँ सफ़ेद धुंध पर टँगी रह गई थीं—किसी परिन्दे के सफ़ेद पंखों की तरह, जो बीच हवा में उड़ता हुआ क्षण-भर के लिए ठिठक गया हो।

"हमें चलना चाहिए," मैंने कहा।

"क्या?" उसने चौंककर मेरी ओर देखा।

"हमें चलना चाहिए," मैंने कहा। मीता उसकी स्कर्ट से सटा खड़ा था। चर्च की घंटियाँ अब भी बज रही थीं, किन्तु उनका स्वर अब इतना आग्रहपूर्ण नहीं था; सिर्फ़ एक थकी-सी लय अपने को बार-बार दुहरा देती थी।

बाद के आनेवाले दिनों में मैं बहुत-सी चीज़ों के बारे में सोचता रहा हूँ...लेकिन उस छोटी-सी घड़ी के बारे में सबसे अधिक, जो हमने नीचे उतरने में गुज़ार दी थी। वह सच थी, जो अब स्वप्न-सी लगती है। सूरज डूबने लगा था—पेत्रशिन की चोटी गुलाबी-सी हो आई थी... तब सचमुच एक पल के लिए भ्रम हुआ, जैसे यह गर्मी की शाम है। मेन रोड छोड़कर हम पहाड़ी की पगडंडी से नीचे उतरे थे...वह सीधे लिटिल क्वार्टर के स्क्वायर पर उतरती थी। हम बातें करने लगे थे। जो दबाव लॉरेन्तो के सामने उठा था, वह बह गया था। मीता हमें छोड़कर

आगे-आगे चल रहा था...कभी-कभी वह किसी बेंच पर खड़ा होकर नंगे पेड़ों की शाख़ें हिला देता। बर्फ़ के लोंदे सफ़ेद गिलहरियों-से पगडंडी पर गिर पड़ते। हमें इस तरह अचानक चौंकाकर वह फिर आगे भाग जाता। रास्ता खोजना मुश्किल नहीं था। बादल छितरा गए थे और मॉनेस्टरी से लेकर स्क्वायर तक, सारी पहाड़ी पर चाँदनी पीली रेत-सी बिछ गई थी। सब-कुछ साफ़ दिखाई देता था—हँगरवॉल पर झुके पेड़, झाड़ियाँ, दूर टेलीविज़न की लाल बत्तियोंवाला टॉवर...धुंध चारों तरफ़ थी, लेकिन चाँदनी में घुलकर वह गीले पेंट के धब्बों-सी बिखर गई थी।

"तुम्हें सर्दी तो नहीं लग रही?" मैंने पूछा।

"नहीं, यहाँ कम है। ऊपर बहुत थी," उसने कहा।

"तुम डफल बैग मुझे दे दो," मैंने कहा।

"यह बहुत हल्का है।" उसने हँसकर मेरी ओर देखा, "मैं तुम्हारा मफ़लर पहने हूँ...वह कहीं ज़्यादा भारी है।"

"तुम अपने दस्ताने भूल गईं..." मैंने कहा।

उसने विस्मय से मेरी ओर देखा।

"तुम्हारे पास हैं?"

"सिर्फ़ एक बचा है," मैंने कहा।

"दूसरा मेरे पास है।" उसने हँसकर मेरे कोट की जेब में हाथ डाल दिया। उसकी अँगुलियाँ ठंडी थीं। मैंने उन्हें अपने हाथ से ढँक दिया। सन्नाटे में हमें अपनी आवाज़ फुसफुसाहट-सी जान पड़ती थी...सिर्फ़ उसकी सेंडिल की टक-टक के अलावा कुछ सुनाई नहीं देता था।

"हम यहाँ से नहीं आए थे।"

"यह पेत्रशिन-हिल का किनारा है। यह दीवार देखती हो?"

मैंने उसे 'हँगरवॉल' दिखाई जो पेड़ों के झुरमुट को काटती हुई एक 'पेटी' की तरह समूची पहाड़ी को बाँधे थी। बीच-बीच में पत्थर

गिर गए थे और खोखलों में घास के तिनके सिर निकाले हमें छू लेते थे।

"हँगरवॉल...कैसा अजीब नाम है!" वह ठिठक गई और कुछ फ़ासले पर दीवार के 'वाच-टॉवर' को देखने लगी। नीली धुंध में वह लाइटहाउस-सा दीखता था। धुर ऊपर पेत्रशिन का टॉवर था—समूचे शहर पर लाल सितारे-सा टँगा हुआ।

"मुझे बियर नहीं पीनी चाहिए थी," उसने कहा।

"तुमने बहुत कम पी थी," मैंने कहा।

"हाँ, लेकिन दिन-भर घूमने के बाद वह कम भी बहुत ज़्यादा है।"

उसने अपना सिर मेरे कन्धे पर रख दिया।

"तुम यहाँ पहले भी आए हो?" उसने धीरे-से पूछा।

"पिछली गर्मियों में...उन दिनों यहाँ बहुत-से लोग पिकनिक के लिए आते थे," मैंने कहा।

"तुम हमेशा गर्मियों की बात करते हो।"

उसने अपना सिर उठा दिया। हम 'हँगरवॉल' के साथ सटकर चल रहे थे। जब कभी हम किसी खुली जगह पर आ जाते, तब मीता हमारे साथ चलने लगता, किन्तु उसे धैर्य नहीं था। हमारी धीमी चाल उसे ऊबा देती और वह एक वाच-टॉवर से दूसरे वाच-टॉवर तक भागता चला जाता।

"तुम कुछ देर के लिए बैठोगी?"

"कहाँ?"

मैंने झाड़ियों के झुरमुट में एक बेंच की ओर इशारा किया। वह ख़ाली थी। गर्मियों के दिनों में यहाँ प्रेमियों के जोड़े बैठे रहा करते थे—झाड़ियों की ओट में। अब वे ख़ाली थीं। वह सुस्ताने के लिए दीवार के सहारे खड़ी हो गई थी। कभी-कभार दूब या लीपा के पेड़ से कोई पक्षी फड़फड़ाता हुआ उड़ता था...हवा में एक थरथराहट-सी होती, फिर

वह नीरव हो जाता। तब लगता, जैसे कोई बोझिल-सी गन्ध ऊपर उठी हो...एक उसाँस...और तब भ्रम होता मानो बर्फ़ के नीचे महीनों से दबी धरती ने करवट ली हो।

"कुछ देर बैठ जाओ," मैंने आग्रह किया। वह बहुत थकी-सी लगती थी।

"नहीं, यहाँ ठीक है। एक बार बैठूँगी, तब लेटने को जी चाहेगा," उसने कहा।

"तुम्हारे पास सिगरेट है?"

मैंने लीपा की डिब्बी जेब से निकाल ली। उसने देखा।

"तुम्हें याद है, पहले दिन तुमने यह सिगरेट दी थी?"

उसके चेहरे पर मुस्कराहट आ गई।

"लिंडन ट्री..." मुझे याद आया।

वह पहला दिन था—अब वह बहुत दूर लगता था। मैं और मीता वैंसलैस स्क्वायर में उसे ढूँढ़ रहे थे। वह सिगरेट आटोमेट के सामने खड़ी थी...धूप में।

"मैं बिलकुल डर गई थी।"

"कब?" मैंने उसकी ओर देखा।

"पहले दिन...जब तुम अचानक मेरे पीछे आकर खड़े हो गए थे।"

"तुम खो गई थीं...मैं बिलकुल घबरा-सा गया था।"

"सुनो...पहले दिन तुम मुझे काफ़ी ख़तरनाक-से लगे थे।"

"किस तरह? ख़तरनाक कैसे?"

"तुम्हारा डफल-कोट..." उसने मेरे कोट की फिरकनियों को छूते हुए कहा।

"तुम्हारे बाल..." मैं हँसने लगा।

"अगर तुम मुझे वियना की सड़क पर मिलते, तब मैं तुम्हें जिप्सी हुलीगन समझ लेती...यह सच है।" उसने कहा।

"तुम अब तो नहीं डरतीं।"

"नहीं, अब मैं आदी हो गई हूँ।" फिर कुछ देर चुप रहने के बाद उसने मेरी ओर देखा।

"तुम मुझसे इतने छोटे हो कि कभी-कभी मुझे अपने-आप पर डर लगने लगता है।"

हवा और धुंध के पीछे उसका सिर दीवार पर टिका था। कभी-कभार मीता के क़दमों की आहट सुनाई दे जाती थी। उसने पैकेट से सिगरेट निकालकर मुँह में रख ली। माचिस की तीली जलाकर मैं सिगरेट के पास ले गया। उसने सिगरेट जलाकर उसे फूँक मारकर बुझा दिया। मैं हँसने लगा।

"क्या बात है?" उसने आश्चर्य से मेरी ओर देखा।

"कुछ नहीं।"

"तुम हँसे क्यों?"

मैंने विवशता में अपने कन्धे सिकोड़ लिये।

"मुझे अब तुम्हें चूमना होगा," मैंने कहा।

"क्यों?" उसने कौतूहल से मेरी ओर देखा।

"यहाँ यही प्रथा है। अगर कोई लड़की अपनी इच्छा से जलती हुई तीली बुझा दे, तब उसका मतलब यही होता है।"

"मेरा मतलब वह नहीं था," उसने हँसकर कहा।

"उससे कोई अन्तर नहीं पड़ता।"

"तुम बहुत अभ्यस्त जान पड़ते हो।"

"फिर?" मैंने उसकी ओर देखा।

उसने मुँह से सिगरेट निकाल ली...मैं उसके पास चला आया। मैं एकटक उसका चेहरा देखता रहा। चाँदनी में वह पीला-सा हो आया था। लिपस्टिक पर होंठों की सलवटें खिंच आई थीं। पहली बार मुझे लगा, पास से देखने पर चेहरा कितना बदल जाता है—धड़ से अलग

एक भरे-भरे बादल-सा बहुत ही निरीह—मानो हाथ लगाते ही वह हवा में घुल जाएगा।

मैंने मुँह से होंठ छूकर उठा दिये...

"बस?" उसने मेरी ओर देखा।

वह एकटक मेरी ओर देखती रही, फिर उसने मेरे सिर को अपने पास खींच लिया। मैंने अपनी आँखें उसके बालों के भूरे, गर्म अँधेरे में मूँद लीं। उसकी देह की कम्पन मेरे कोट को छीलती हुई नंगे बदन को टटोलने लगती थी। उसके हाथ की सिगरेट मेरी गर्दन पर सुलग रही थी। मैंने उसे उसकी अँगुलियों से निकालकर फेंक दिया।

उसने अपना सिर ऊपर उठाया। उसके हाथ नीले पड़ गए थे। हम दोनों कुछ देर तक चुप साँस लेते रहे। हवा में। अँधेरे में।

"तुम्हें सर्दी तो नहीं लग रही?"

वह चुप रही। वह अजीब-सी थरथराहट थी, जो ठंडी देह पर गर्म पारे-सी दौड़ जाती थी।

मफ़लर ढीला पड़ गया था। मैंने उसे ठीक से तहाकर उसकी गर्दन और कानों तक लपेट दिया। वह अब भी दीवार से सटी खड़ी थी... जब उसने सिर उठाया, मेरी आँखें सहसा उन ठंडे पत्थरों पर ठिठक गईं, जहाँ कुछ क्षण पहले उसका सिर टिका था। छोटे, टेढ़े-मेढ़े शब्द दीवार पर खुदे थे।

"तुमने इन्हें देखा था?" मैंने कौतूहल से उसे देखा।

"किसे देखा था?"

"दीवार पर...वे तुम्हारे सिर के नीचे दबे थे।"

उसने सिर मोड़कर दीवार की ओर देखा। पिछली गर्मियों में जो लोग यहाँ आए थे, वे दीवार पर अपनी 'स्मृति' एकाध वाक्यों में अंकित कर गए थे। दीवार के गीले पत्थरों पर, चाँदनी में चमकते हुए निरीह-से शब्द :

'रूदा केम हियर टु सी प्राग।'

चेक में लिखा था, मैंने अंग्रेज़ी में कह दिया। वह दीवार पर उन शब्दों को देखती रही।

"देखो...यहाँ भी कुछ लिखा है!"

उसने बच्चों की-सी उत्सुकता में एक दूसरे पत्थर पर अँगुली रख दी। मैं धीरे-धीरे पढ़ने लगा :

'When I was in the army, I came here with Ivena.'

नीचे नाम लिखा था—कारेल और पाँच साल पहले की डेट थी, जिसके अंक मिट चले थे।

कुछ देर तक हम पत्थरों में खुदे उन शब्दों को देखते रहे।

फिर मेरी आँखें दीवार के बाएँ कोने पर पड़ गईं।

किसी ने मोटे अक्षरों में लिखा था :

'दीवार पर लिखना मना है...पास ही पिक्चर-पोस्टकार्ड मिल सकते हैं।'

मैंने सोचा, रायना इसका तर्जुमा सुनकर हँस पड़ेगी...कहने के लिए उसकी ओर देखा। तब लगा, जैसे उसकी आँखें भीगी हैं। वह एकटक उन्हीं शब्दों को देख रही थी, जो उसके सिर तले दबे थे : 'रूदा केम हियर टु सी प्राग!'

मैंने कुछ नहीं कहा। हवा अचानक उठी...पास की झाड़ियाँ धीरे-से खड़खड़ा उठीं। मीता हमारे पास आकर खड़ा हो गया, हमें पता नहीं चल सका था। वह रायना की स्कर्ट पकड़े था। चाँदनी में उसके लम्बे, भूरे बाल चमक रहे थे।

"क्या सोच रही हो?"

"...मुझे कुछ याद आ गया था।"

उसका स्वर बहुत निश्चल था—इतना शान्त और नीरव कि सहसा मैं भयभीत-सा हो आया।

"वे इसी तरह दीवारों पर लिखते थे...तुमने कभी कैम्प देखे हैं? मेरा मतलब है...जहाँ वे थे। उनकी साइट..."

"कैसे कैम्प?"

"लड़ाई के दिनों में...वे हर जगह थे। मरने से पहले वे दीवारों पर लिखा करते थे।" एक ठंडी-सी झुरझुरी मेरी देह में दौड़ गई। हल्का-सा कौतूहल भी।

"तुम कभी ऐसे आदमी से मिली हो...मेरा मतलब है, जो वहाँ रहता था...और मरा नहीं?" मैंने पूछा।

वह एक लम्बे क्षण तक अपलक मुझे देखती रही। "जाक वहीं था, शुरू के सालों में। बाद में उसे हमारी फ़ैक्टरी में भेज दिया गया था," उसने कहा।

एक क्षण के लिए मैं कुछ भी नहीं बोल सका। उस नीरव चाँदनी रात में यह सोचना भी असम्भव लगा कि कहीं कैम्प थे, वहाँ लोग रहते थे। उनके नाम हैं। वे जीवित हैं...

"एक बार मैं वहाँ गई थी...अब वे ख़ाली हैं। सिर्फ़ दीवारों पर कुछ नाम लिखे हैं...तुम उन्हें देख सकते हो।"

"तुमने मुझे कभी नहीं बताया।"

"किसके बारे में?"

"इन सबके...जाक के..."

"दो दिन में तुम क्या सब-कुछ जान सकते हो?" फिर कुछ देर बाद हँसकर उसने मेरी ओर देखा, "यह अजीब है।" उसने कहा, "हम एक-दूसरे के बारे में कितना कम जानते हैं!"

"मैंने कभी सोचा नहीं..."

"मैंने भी नहीं..." उसने मेरे कन्धे पर हाथ रख दिया, "इससे पहले मुझे यह ख़याल भी नहीं आया था।"

"तुम्हें यह बुरा लगता है...इतना कम जानना...!"

"नहीं..." उसने कहा, "मुझे यह कम भी ज़्यादा लगता है..." वह मीता के बालों से खेलने लगी थी।

"हम उतना ही जानते हैं, जितना ठीक है।" कुछ देर बाद उसने कहा।

"मैं यह नहीं मानता।"

"यह सच है..." उसने कहा, "तुम अभी नहीं मानोगे...पहले हम नहीं सोचते...बाद में, इट इज़ जस्ट मिज़री..."

उसका स्वर भर्रा-सा आया। मैंने उसकी ओर नहीं देखा। मिज़री... मुझे लगा, जैसे यह शब्द मैंने पहली बार सुना है।

"तुम विश्वास करते हो?"

"विश्वास...किस पर?" मैंने तनिक विस्मय से उसकी ओर देखा।

"वे सब चीज़ें...जो नहीं हैं।"

"मैं समझा नहीं।"

वह हँसने लगी।

"वे सब चीज़ें जो हैं...लेकिन जिनसे हमें आशा नहीं रखनी चाहिए..."

उसका स्वर इतना धीमा था कि मुझे लगा, जैसे वह अपने-आप से कुछ कह रही है...मैं वहाँ नहीं हूँ।

धुंध उड़ रही थी। हवा से नंगी टहनियाँ बार-बार सिहर उठती थीं। कहीं दूर नदी पर बर्फ़ टूट जाती थी और बहते पानी का उनींदा-सा स्वर जाग उठता था।

"तुमने कभी उन्हें देखा है...कैम्पों को?"

उसने अचानक मेरी ओर देखा।

"नहीं...सिर्फ़ फ़िल्मों में एक-दो बार देखा था।"

"फ़िल्मों में..." वह सहसा हँस पड़ी।

धुंध और पीली चाँदनी में मुझे उसकी हँसी विचित्र-सी लगी। वह

उसके चेहरे और उसकी आँखों से बिलकुल अलग थी।

"रायना, हमें चलना चाहिए," मैंने उसका हाथ पकड़ लिया। उसने झटके-से उसे छुड़ा दिया।

"दे शो दैम ऑन द स्क्रीन..." उसने हँसते हुए मेरी ओर देखा।

उसका चेहरा मेरे सामने था—उम्र से लदा हुआ। सफ़ेद...

मीता ने अपना सिर उसकी स्कर्ट से सटा लिया था। एक बीहड़-सी नीरवता में हम खड़े रहे। तुम जानते हो? मैं कुछ भी नहीं जानता था। पहली बार मुझे अपने और उसके बीच अलंघ्य-सी दूरी लगी थी। एक गड़हे-सा मौन...जिसे शब्दों से ढँका नहीं जा सकता। वह हमेशा खुला रहता है—ख़ाली। वह शायद उम्र का अन्तर नहीं था...वह उसके अपने अतीत से जुड़ा था, जिसे मैं देख नहीं सकता था। कुछ घर होते हैं, जिनके भीतर आकर भी लगता है कि हम बाहर खड़े हैं। दरवाज़े का खुला रहना कोई भी मानी नहीं रखता।

"क्या सोच रहे हो?" उसने हल्के-से मेरे कन्धे को छुआ।

"कुछ नहीं। हमें देर हो रही है," मैंने उसकी ओर देखा। वह अब शान्त थी।

"तुमने बुरा मान लिया?"

"हाँ," मैं हँसने लगा।

मुझे याद आया, उसका शब्द...मिज़री! वह सामने थी और हम कुछ भी नहीं कर सकते थे।

"इधर देखो..." उसने कहा।

मेरी आँखें उस पर उठ गईं।

वह मुस्करा रही थी।

"अब तुम मुझसे डरते हो?"

मैंने उसका हाथ अपनी जेब में डाल लिया। दूसरा हाथ मीता ने पकड़ रखा था। जाने से पहले मेरी निगाह अनायास उस भीगी दीवार पर

पड़ गई, जिससे सटकर हम खड़े रहे थे। बुझती हुई चाँदनी के कोमल आलोक में अब भी वे शब्द चमक रहे थे।

हम तीनों चुपचाप नीचे उतरने लगे।

मुझे तब लगा था, जैसे हम एक ऊँचाई को छूकर नीचे उतर रहे हैं...वह अब नहीं थी, लेकिन उसकी चकराहट बाक़ी थी...पगडंडी के अगले मोड़ पर पहुँचकर पहाड़ी खुल गई थी...और तब सहसा समूचा प्राग हमारे पैरों के नीचे चला आया था—हज़ारों रोशनियों में झिलमिलाता हुआ। वल्तावा के पुल धुंध और चाँदनी में घुल रहे थे। सेंट निकलस का हरा गुम्बद बीच में एक जगमगाता द्वीप-सा जान पड़ता था। दूर परे फैली थीं बर्फ़ से ढँकी प्राग की सफ़ेद, ऊँची-नीची छतें। इन्हीं छतों में किसी छत के नीचे मारिया सो रही होगी, मैंने सोचा, टी.टी. किसी पब में बैठा होगा...और फ्रांज़...उस क्षण यह सोचना भी असम्भव लगा कि यह वही शहर है, जिसे वह छोड़ रहा है।

"क्या देख रहे हो?" यह उसका स्वर था। मैंने उसका हाथ पकड़ लिया। हम दोनों चुपचाप ट्राम स्टैंड की ओर उतरने लगे।

होटल तक पहुँचते हुए बादल घिर आए थे। मीता ट्राम में सोने लगा था। वैंसलैस स्क्वायर के बीच उतरते समय हमें कई बार उसे जगाना पड़ा था...

उसने मफ़लर उतारकर मुझे दे दिया। हम होटल के पोर्च में खड़े हो गए थे।

"तुम अब सीधे होस्टल जाओगे?" उसने पूछा।

"हम कुछ पी सकते हैं," मैंने कहा।

"मैं सोऊँगी," उसने कहा।

"तुम कुछ खाओगी नहीं?"

"ऊपर बहुत-सा सामान रखा है..."

"मैं कल आऊँगा," मैंने कहा।

"कल सुबह नहीं...मैं देर तक सोती रहूँगी।"

मीता ने जमुहाई ली। वह ऊब रहा था। मैंने उससे हाथ मिलाया। उसने अधमुँदी आँखों से मुझे देखा, फिर रायना का हाथ पकड़ लिया।

"अच्छा..." उसने कहा।

"हम कुछ पी सकते हैं," मैंने दुबारा कहा।

"तुम कल भी यही कह रहे थे।" उसने हँसते हुए मेरी ओर देखा।

"तुम फिर मुझे ढूँढ़ोगी?" मैंने कहा।

"आज नहीं...आज मैं सोऊँगी।" फिर कुछ देर बाद ठहरकर कहा, "अगर नींद नहीं आई, तब मैं फ़ोन करूँगी।"

एक टूरिस्ट-बस होटल के सामने आकर खड़ी हो गई। कुछ लोग बाहर निकले। सब धुत थे। एक-दूसरे के गले में हाथ डालकर वे लड़खड़ाते हुए चल रहे थे। औरतें हँस रही थीं।

"अच्छा, मैं चलती हूँ। तुम कल शाम आओगे?"

इससे पहले कि मैं कुछ कहता, भीड़ से बचने के लिए वह हड़बड़ाहट में होटल के दरवाज़े की ओर मुड़ गई। इतने लोगों के बीच हम अलग हो गए। उसने एक बार मेरी ओर देखा और फिर दरवाज़ा बन्द हो गया। आधे खुले दरवाज़े की रोशनी में मैंने उसकी पीली जैकेट को देखा था। उसके भूरे बाल स्कार्फ़ से निकलकर कन्धों पर गिर गए थे। इतने लोगों के बीच मुझे उसका सिर पराया-सा लगा। मुझे लगा, अब उसके चेहरे को सब देख सकते हैं। कुछ घड़ियों पहले वे मेरे थे—उसके बाल, पीला तिकोना चेहरा, जैकेट में उसकी देह की गन्ध... लेकिन उस क्षण होटल के तीखे आलोक में, इतने लोगों के बीच, वे

सहसा दूसरों के बन गए थे। उसमें मेरा कहीं भी कुछ भी, साझा न था।

उस रात मैं सीधा होस्टल नहीं जा सका। नेशनल म्यूज़ियम के दाईं ओर युगोस्लाव-स्ट्रीट पर हमारा एक पुराना पब था, वह बेसमेंट में था और देर रात तक खुला रहता था। मारिया को वह बहुत पसन्द था, क्योंकि वहाँ अकसर लोग कोनों में बैठकर शतरंज खेलते थे और वह देर तक उन्हें देखती रहती थी। उसे हम 'मारिया का हांट' कहते थे। वह जब कभी अपने होस्टल से ऊब जाती, यहाँ आकर बैठ जाती थी। उस रात वह दिखाई न दी, हालाँकि शतरंज जारी थी। मैंने बियर का बड़ा पूरा मग मँगवाया और पीने लगा। मेरा गला सूख रहा था। बेसमेंट की खिड़की से ऊपरवाली सड़क दिखाई देती थी। मुझे लगा, अब वहाँ चाँदनी नहीं है, वहाँ सिर्फ़ लैम्प-पोस्ट के दायरों में चलते हुए लोगों की छायाएँ दिखाई दे जाती थीं। यह बहुत कम होता है और होने पर चमत्कार-सा लगता है, मैंने सोचा। यह बहुत कम होता है कि तुम्हारा हाथ अचानक ऐसी चीज़ पर पड़ जाए जो कुछ देर पहले 'चीज़' नहीं थी। जो कुछ देर पहले कुछ भी नहीं थी और अब अचानक वह मेरी समूची देह में फड़फड़ा रही थी। वह असाधारण घटना नहीं थी। वह घटना भी नहीं थी जिस पर अँगुली रखकर मैं कह सकूँ—यह शुरुआत है, यह अन्त है। वह सिर्फ़ 'होने का सुख' था, जबकि हमारे बीच कुछ भी नहीं हुआ था। हम सिर्फ़ दिन-भर साथ रहे थे...और हमने सोचा, कुछ भी नहीं था। यह कुछ ऐसा ही अप्रत्याशित था, जैसे कोई व्यक्ति ऑडिटोरियम से उठकर स्टेज पर चला आए—कुछ ऐसा कहने लगे जिसकी जगह स्क्रिप्ट में नहीं है, किन्तु जो किसी को अखरता नहीं, क्योंकि वह अनिवार्य है और उसे टाला नहीं जा सकता...तुम उसे टाल नहीं सकते।

"आपने कुछ कहा?" बारमैन ने विस्मय से मेरी ओर देखा।

"क्या मैंने कुछ कहा था?" मैंने उसकी ओर देखा। वह कुछ

नहीं समझा और मुस्कराने लगा। उसने सोचा, मैं बहुत आगे जा चुका हूँ। वह अब मुझे दूसरी बियर नहीं देगा, मैंने सोचा। लेकिन मैं बैठा रहा और अपने साथवाली मेज़ पर शतरंज के खिलाड़ियों को देखने लगा। उन्हें मेरे प्रति कोई जिज्ञासा नहीं थी। मैं फिर पीने लगा। मैं नहीं चाहता था कि जो कुछ आज हुआ है, उसे वापिस लौट जाने दूँ। बहुत पहले बचपन में, जब मैंने पहली बार समुद्र देखा था तो मैं सोचता था कि कभी ऐसा होगा कि लहर आएगी और वापिस नहीं जाएगी। मैं रोज़ वहाँ सिर्फ़ इसीलिए जाता था कि कभी अवश्य ऐसा होगा। मैं ऐसे मौक़े पर वहाँ रहना चाहता था। मैं सोचता था, मैं उसे पकड़ सकूँगा, मैं उसे पकड़कर अपने पास रख सकूँगा। लेकिन ऐसा कभी नहीं हुआ। वह हमेशा ही मुड़ जाती थी और जब कुछ देर बाद दूसरी लहर आती थी, तब मैं समझ लेता था कि यह वह नहीं है, जो पहले आई थी, यह वह नहीं है, जिसे मैंने खो दिया है। सम्भव है...मैं उसे खोऊँगा नहीं...इतनी उम्र में किसी चीज़ को खोना उतना ही मुश्किल है जितना किसी चीज़ को बचा रखना। मैं बचाना कुछ भी नहीं चाहता था...बचकर जो स्मृति रह जाती है, मुझे उसमें कोई उत्साह नहीं था। एक उम्र के बाद तुम जमा नहीं कर सकते। तुम खोना भी नहीं चाहते...उस रात मेरे पास कोई ऐसी 'बनी-बनाई' 'चीज़' नहीं थी, जिसे मैं बचा सकूँ या खोने से रोक सकूँ।

यह क्या मिज़री है? मेरा मतलब है, किसी दिन सहसा यह जान लेना कि तुम बनी-बनाई चीज़ों के घेरे से बाहर आ गए हो...एक आतंक और असीम-सा खुलापन!

सुनो...क्या तुम विश्वास करते हो?

मैं उठकर काउंटर के सामने चला आया।

"देखिए, क्या आप मुझे एक बियर और दे सकते हैं?" मैंने ख़ाली मग काउंटर पर रख दिया।

"हम बन्द कर रहे हैं।" बारमैन ने सशंकित दृष्टि से मेरी ओर

देखा। मैं जानता था, वह यही कहेगा। मैंने बहस नहीं की। मुझे हमेशा बारमैन से बहस करने में बुरा लगता है। वह कुछ हास्यास्पद भी है। तुम चाहो भी तो किसी दूसरे आदमी को विश्वास नहीं दिला सकते कि तुमने ज़्यादा नहीं पी। वह कभी विश्वास नहीं करेगा।

मैं बाहर चला आया।

उस रात सौभाग्यवश मुझे सेंट पीटर को नहीं जगाना पड़ा। वह दरवाज़ा खोलकर बाहर खड़ा था। मुझे तनिक आश्चर्य हुआ कि भीतर कोई बत्ती नहीं जली। सीढ़ियों पर अँधेरा था। सिर्फ़ उसके छोटे-से 'केबिन' में एक लालटेन जल रही थी। वह दरवाज़े पर खड़ा ऊबी निगाहों से बाहर सड़क की ओर देख रहा था।

"तुम आ गए?" उसने मेरी ओर झिपझिपाती आँखों से देखा।

"आज अँधेरा कैसा है?"

"मैंने तुमसे क्या कहा था? आज तुम अकेले नहीं सो सकोगे... सब हीटर और बत्तियाँ बन्द हैं।"

"किसी ने मुझे फ़ोन किया था?"

"नहीं...आज नहीं। लेकिन कल रात तुम कहाँ थे? कोई लड़की तुमसे बात करना चाहती थी...वह तो कहो, मुझे जर्मन आती है...नहीं तो उसे कुछ पता नहीं चलता।"

"मुझे मालूम है..." मैं भीतर जाने लगा।

"सुनो...तुम्हारी एक चिट्ठी है।"

वह अपने केबिन के पास आया। वहाँ दरवाज़े के शीशे पर लोग अपनी स्लिप्स छोड़ जाते थे। वहीं से उसने एक काग़ज़ का पुरज़ा

उतारकर मुझे दे दिया। ऊपर मेरा नाम लिखा था...मैं लिखावट देखकर पहचान गया।

"वह ख़ुद आई थी?"

"नहीं...तुम्हारा बर्मी दोस्त दे गया था।"

लालटेन के पीले आलोक में मैंने काग़ज़ खोला...बहुत ही जल्दी में लिखा हुआ एक नोट था : 'मैं कल दिन-भर घर में रहूँगी—मारिया।' उस रात छोटे-से नोट को देखकर मुझे अपने पर हल्की-सी ग्लानि हुई... लगा, जैसे किसी ने मेरी बाँह खींचकर दुबारा उस जगह खींच लिया हो, जिसे मैं भूलने लगा था। मेरे भीतर एक विचित्र-सी आकांक्षा हुई...मारिया को उसी समय देखने की। फिर सोचा...उसका कोई फ़ायदा नहीं।... मैं कल जाऊँगा, मैंने सोचा। इस समय वह सो रही होगी। मुझे यह भी निश्चय नहीं था कि वह अपने अपार्टमेंट में होगी या फ्रांज़ के कमरे में?

"क्या कोई बुरी ख़बर है?" सेंट पीटर ने झुककर मेरी ओर देखा।

"कुछ भी नहीं," मैंने हँसते हुए पुरज़ा फाड़ दिया।

"तुम कुछ बियर पियोगे? मेरे पास दो बोतलें रखी हैं।" सेंट पीटर ने आशापूर्ण दृष्टि से मेरी ओर देखा।

"मैं पीकर आ रहा हूँ," मैंने कहा।

"कमरा बिलकुल ठंडा होगा।" उसने फुसफुसाते हुए कहा, "तुम यहाँ कुछ देर बैठ सकते हो...मैंने आग जला रखी है।"

"मेरे कमरे में स्लीबोवित्से रखी है...गर्मी के लिए वह काफ़ी है," मैंने हँसकर उसकी ओर देखा, "तुम चाहो तो वहाँ आ सकते हो।"

"मैं यहाँ फँसा हूँ...ख़ैर। परसों क्रिसमस ईव है...उस रात संग पिएँगे," उसने हँसते हुए कहा।

"तुम्हारे टूरिस्ट कब तक रहेंगे?"

"मालूम नहीं...क्यों?"

"अकसर क्रिसमस से पहले वे सब घर लौट जाते हैं...सुनो...

वह लड़की, जिसने तुम्हें फ़ोन किया था, वह भी उनमें से है?" उसने उत्सुकता से मेरी ओर देखा।

"हाँ...मिस्टर पीटर!" हमने हाथ मिलाया।

"तुम चाहो तो लालटेन ले जा सकते हो..."

"नहीं, धन्यवाद। मेरे पास माचिस है।"

मैं अँधेरी सीढ़ियों पर रास्ता टटोलता हुआ चढ़ने लगा।

कॉरीडोर में अँधेरा था। कुछ अरब विद्यार्थी किचन के सामने खड़े थे। उन्होंने रसोई की अँगीठी में छोटी-सी आरामदेह आग जला रखी थी और वे उसके इर्द-गिर्द खड़े हुए अपने हाथ ताप रहे थे। हवा में गीले मोज़ों और ओवरकोटों की गन्ध ठहर गई थी। दूसरे छोर पर कोई ऊँची स्पीड पर ट्रांजिस्टर बजा रहा था...

मैंने कमरे का दरवाज़ा बन्द कर दिया। मेरे मन में एक छिपी-सी आशा थी कि शायद टी.टी. भीतर लेटा होगा। मेरे कमरे की एक चाभी उसके पास रहती थी। लेकिन वहाँ कोई नहीं था। दोनों बिस्तर ख़ाली पड़े थे...सिर्फ़ पीली-सी चाँदनी में कुहरे में ढँके खिड़की के शीशे चमक रहे थे।

भीतर बहुत सर्दी थी। देर तक मैं काँपता रहा। पुरानी लकड़ियाँ फ़ायर-प्लेस पर रखी थीं। इतनी हिम्मत नहीं थी कि उन्हें जला सकूँ। सम्भव है, आधी रात के समय हीटर जलने लगेगा, मैंने अपने को आश्वासन दिया। ऐसा अकसर होता था।

कोट उतारकर मैंने कुर्सी पर रख दिया। फिर जूते उतारे और बिस्तर पर लेट गया। मेज़ पर कुछ चमक रहा था। मैं उठा और पास आया। उसे छूने से पहले कुछ बेचैनी-सी हुई। वह बेचैनी हास्यास्पद थी...जो प्रायः पीने के बाद घिर आती है। वह कुछ ऐसी ही है, जैसे कमरे में कोई मर गया हो और साँस ले रहा हो। आदमी अपने डर से खेलने लगता है...होता कुछ भी नहीं।

मुझे उत्सुकता हुई और मैं मेज़ के पास चला आया। मैंने उसे हाथ लगाकर छुआ...हल्की निराशा हुई। वह स्लीबोवित्से की बोतल थी, जिसका काँच चाँदनी में चमक रहा था। मैं उसे जल्दी में मेज़ पर छोड़कर भूल गया था। मैंने गिलास में पानी भरा और थोड़ी-सी स्लिब चाय के ख़ाली प्याले में डाल दी।

मैं देर तक टी.टी. की प्रतीक्षा करता रहा। वह अपने कमरे में होगा, मैंने सोचा, किन्तु मुझमें तीसरी मंज़िल पर जाने का उत्साह नहीं था। उसे काफ़ी बुरा लगेगा...जब वह कल सुबह ख़ाली बोतल देखेगा। यह उसका दुर्भाग्य है, मैंने सोचा और पीने लगा।

उस रात मुझे देर तक नींद नहीं आ सकी। कुछ लोग अकेले में नहीं पी सकते। मुझे बुरा नहीं लगता अगर कमरे में अँधेरा हो। तब तुम्हें कोई नहीं देखता और तुम्हें यह नहीं लगता कि तुम अकेले हो। किन्तु उस रात कमरे में चाँदनी देर तक जमी रही। वह ज़्यादा नहीं थी, लेकिन इतनी ज़रूर थी कि तंग कर सके...उससे लगता रहा, जैसे तुम अपने कमरे में हो और ज़्यादा अकेले नहीं हो। जब मुझे लगा कि मैं काँप नहीं रहा, मैंने अपनी कमीज़, पैंट और मोज़े उतार दिये।

मुझे अपनी बहिन की चिट्ठी पढ़ने की इच्छा हुई...फिर याद आया, बत्ती नहीं है। मैंने उसे मेज़ पर रहने दिया। मुझे हल्की-सी ख़ुशी भी हुई कि उस रात मैं उसे नहीं पढ़ूँगा।

मैं बाहर देखने लगा। खिड़की के बाहर प्राग का आकाश था... दूर-दूर खुली हवा में पुराने गिरजों की बुर्ज़ियाँ खड़ी थीं—धुंध में मकड़ी के जालों-सी टँगी हुई।

मैं दुबारा बिस्तर पर जाकर लेट गया। स्लीबोवित्से की बोतल मेज़ से उठाकर पलंग के नीचे खिसका दी। मुझे लगा, मैं बिलकुल ठीक हूँ। कमरा अब भी ठंडा था, लेकिन अब मुझमें गर्मी थी और मैं काँप नहीं रहा था।

7

“तुम सारा बिस्तर भिगो दोगे,” टी.टी. ने कहा। वह पलंग पर लेटा था। मैं नहाने के बाद सीधा उसके कमरे में चला आया था।

मैं खड़ा हँसता रहा। मेरे बालों में से बूँदें नीचे टपक रही थीं—उसके कम्बल पर, चादर पर।

“तुम सोते रहोगे?” मैंने कहा।

उसने जल्दी से अपना तौलिया मेरे सिर पर डाल दिया।

“गो टु हैल!” उसने कहा।

“कब से इसे नहीं धोया?” मैंने उसे अपनी टाँगों पर लपेट लिया...गीला अंडरवियर नीचे खिसका दिया। फ़र्श के जिस हिस्से पर अंडरवियर पड़ा था, वहाँ पानी का छोटा-सा चहबच्चा जमा हो गया...जैसे किसी कुत्ते ने पेशाब किया हो। गर्म पानी की भाप अब भी वहाँ उड़ रही थी।

“तुम्हारी डेट है?” टी.टी. के स्वर में हल्का-सा व्यंग्य था।

हमारे होस्टल में जब कोई नहाता था, सब जान लेते थे। अगर किसी लड़की से न मिलना हो तब नहाने का क़ष्ट कोई नहीं उठाता था।

"तुम्हें सर्दी नहीं लगती?" टी.टी. ने तटस्थ भाव से मेरी ठिठुरती, नंगी देह को देखा।

"आज गर्म पानी आ रहा है," मैंने कहा। ऐसा बहुत कम होता था कि शॉवर में गर्म पानी आता हो। जब आता था, उन लोगों की भीड़ लग जाती थी, जिन्हें शाम अपनी 'डेट' के साथ बितानी हो। बाक़ी बिस्तरों पर लेटे हुए व्यंग्यात्मक मुद्रा में उन्हें कॉरीडोर में भागते हुए देखते थे।

"तुम मुझे देख सकते हो?" मैंने कहा।

"क्यों?"

"मैं तौलिया उतार रहा हूँ।"

"तुम कुछ भी करो।" उसने अपना सिर दीवार की ओर मोड़ लिया। मैंने तौलिया उतार दिया। यों भी टी.टी. के सामने मुझे शर्म नहीं आती। हम पिछली गर्मियों में बिलकुल नंगे नहाते थे। अंडरवियर पहनकर स्विमिंग-पूल में जाना उतना ही बेतुका-सा लगता था, जितना...जितना दस्ताने पहनकर अपनी लड़की को प्यार करना।

"सिगरेट है?" मैंने पूछा।

उसने चुपचाप अपना पैकेट मेरे पास फेंक दिया। मैंने सिगरेट जलाई और अपनी देह को रगड़ने लगा। एक नशीली-सी झुरझुरी मेरे पैरों और जोड़ों में फैलने लगी। कमरा गर्म था और मेरी देह पर पसीने की बूँदें चमक आई थीं। मुझे बचपन से अपनी देह अच्छी लगती रही है...जब उस पर कुछ न हो। मैं धीरे-धीरे उन्हें छूता हूँ...उन अंगों को, जो दिन-भर कपड़ों में छिपे रहते हैं। जब वे रोशनी में खुलते हैं, मुझे हमेशा एक छोटा-सा आश्चर्य होता है। पहले क्षण कभी विश्वास नहीं होता कि यह मेरी ही देह है। मैं उसे छूता हूँ। मुझे तब अपनी ही 'छुअन'

अपनी देह से अलग जान पड़ती है...जैसे मेरी देह के कुछ अंग—खुली रोशनी में—दूसरे अंगों को प्यार कर रहे हैं और मैं उनके बाहर—महज़ एक दर्शक हूँ।

"तुम्हारे टूरिस्ट कितने दिन रहेंगे?"

"टूरिस्ट कौन?" मैंने टी.टी. की ओर देखा।

"तुम्हारा 'हैंग-ओवर' अभी उतरा नहीं?"

"मुझे मालूम नहीं..." मैंने हँसने की कोशिश की। यह उस क्षण असम्भव-सा लगा कि रायना और मीता टूरिस्ट हो सकते हैं...मैंने तौलिए से पसीना पोंछ डाला और कपड़े पहनने लगा।

"वे वापिस ऑस्ट्रेलिया जाएँगे?"

"ऑस्ट्रिया," मैंने कहा। "तुम्हारी केतली कहाँ है?"

"मेज़ के नीचे...पत्तियों का डिब्बा भी वहीं है।" उसने 'टाइम्स' उठाया और पन्ने पलटने लगा।

केतली के पानी में पुरानी जली हुई पत्तियाँ तैर रही थीं। उन्हें सिंक में बहाकर मैंने ताज़ा पानी भरा और केतली को हीटर पर रख दिया।

"तुम्हारे पास कुछ पाउंड होंगे?" टी.टी. ने मेरी ओर देखा।

"क्या करोगे?"

"मैं सोचता हूँ, इन छुट्टियों में लन्दन चला जाऊँ। मेरे कई दोस्त वहाँ हैं।"

"क्या करोगे वहाँ जाकर?" वह कुछ देर तक चुप रहा, फिर उसने बहुत गम्भीर स्वर में कहा, "पिकासो की नुमाइश है—टेट गैलरी में। मैं उसे एक बार देखना चाहूँगा।"

उसकी आँखें 'टाइम्स' के पन्ने पर गड़ी थीं। वह मुझे नहीं देखना चाहता था। उसे डर था, मैं कभी उसकी योजनाओं के बारे में गम्भीर नहीं हो सकूँगा। पिछले साल की तरह। पिछले साल उसने सब तैयारी कर ली थी...स्पेन जाने के लिए। बुल-फ़ाइटिंग देखने के लिए नहीं...

जैसा हमने सोचा था। मैड्रिड के पास किसी चर्च को देखने के लिए... जिसकी तसवीर उन दिनों 'लाइफ़' में छपी थी।

"सर्दियों में कौन लन्दन जाता है!" मैंने कहा।

"तुम जानते हो—जब से मैं यूरोप आया हूँ, इस शहर में फँसा हूँ। मैं इस बार कहीं बाहर जाना चाहता हूँ।" टी.टी. ने पत्रिका नीचे रख दी।

"हम अगली गर्मियों में कहीं जा सकते हैं," मैंने कहा।

"तुम्हारे पास पाउंड हैं?"

"हम ब्लैक में ख़रीद सकते हैं।"

"ओह!" उसने कहा।

टी.टी. के कमरे में सिर्फ़ एक प्याला था। जब कभी मैं उसके कमरे में आता था, मैं उसके थर्मस की कैप उतार लेता था ताकि हम दोनों एक साथ चाय पी सकें।

"खिड़की खोल दूँ?"

"बाहर आज बहुत सर्दी है," उसने कहा।

"तुम्हें कैसे मालूम?"

"पेपर नहीं देखा...आज बर्फ़ गिरेगी।"

मैंने पर्दा उठाया। बाहर मलिन-सी सफ़ेदी थी। टी.टी. का कमरा होस्टल की सबसे ऊपरी मंज़िल पर था। साफ़ दिन में शहर की छतें दूर-दूर तक दिखाई देती थीं, किन्तु उस दिन सब छिपा था। पिछले दो दिनों का 'वसन्त' सफ़ेद धुंध में कहीं खो गया था।

"तुम मारिया के घर चलोगे?" मैंने पूछा।

"उसने तुम्हें बुलाया है।"

"तुम्हें मना किया है?"

"नहीं...लेकिन मेरे पास 'आइस हॉकी' के टिकट हैं। आज फ़ाइनल है।"

मैंने चाय का प्याला उसके आगे रख दिया, थर्मस की 'कैप'

अपने लिए। टी.टी. को वह बहुत बुरी लगती थी।

"तुम मारिया से कल मिले थे?"

"उसने बर्मी चावल बनाए थे।" उसने हँसकर मेरी ओर देखा। "बाद में हम फ्रांज़ के कमरे में गए थे। वह क्रिसमस के बाद जा रहा है।"

"तुम्हें मालूम है?"

"उसने कहा था," मैंने कहा।

"तुम्हें मालूम है, वह क्यों जा रहा है?"

मैंने रेडियो चला दिया। होस्टल के हर कमरे में एक रेडियो रहता था। हम उसमें सिर्फ़ प्राग सुन सकते थे।

"मारिया बहुत ख़ुश थी," टी.टी. ने कहा।

"वह हमेशा काफ़ी ख़ुश रहती है।"

"बाद में हम चीनी रेस्तराँ गए थे...मैं उन दोनों को अकेला छोड़ना चाहता था, लेकिन मारिया मुझे आख़िर तक रोके रही।"

नहाने के बाद मुझे बहुत हल्का-सा लग रहा था। गर्म पानी में नहाने के बाद मुझे लगता है, जैसे धूप में बैठकर हमने बियर पी हो।

"तुम क्या सोचते हो?"

"किसके बारे में?"

वह कुछ देर तक मेरी ओर देखता रहा।

"पिकासो के बारे में...मैं सोचता हूँ, मुझे ऐसा अवसर फिर नहीं मिलेगा। इतनी बड़ी नुमाइश पहले कभी नहीं हुई।"

"मुझे सर्दियों में पिकासो पसन्द नहीं," मैंने कहा।

"तुम्हें कब पसन्द है?"

"जब बहुत धूप हो...मेरा मतलब है, जब हम सुबह जागें और हमारा शरीर पसीने से भीगा हो," मैंने कहा।

"तुमने कल रात कितनी पी थी?" उसने पूछा। वह पलंग से उठा और रेडियो को तेज़ कर दिया। उसने सिर्फ़ एक बनियान और जाँघिया

पहन रखा था। वह हममें से सबसे छोटा था और सबसे सुन्दर। मारिया मज़ाक़ में उसे अपना 'लड़का' कहा करती थी।

उसने खिड़की का पर्दा उठाया—एक महीन-सा सफ़ेद धब्बा फ़र्श पर सरक आया। बाहर बारिश हो रही थी। खिड़की के शीशों पर बूँदें उठती थीं और फिर धीरे-धीरे मरी हुई मक्खियों की तरह नीचे फिसल जाती थीं।

इस समय वह होटल में अपने कमरे में होगी, मैंने सोचा, वह शायद सो रही होगी। और अभी सारी दोपहर पड़ी है...मैं बैठा रहा।

"तुम्हें कभी घर याद आता है?" टी.टी. ने पूछा।

"नहीं," मैंने कहा। मैं हमेशा नहीं कहा करता था, ताकि मुझे कुछ ज़्यादा न कहना पड़े।

"मुझे कभी बड़ा घुटा-घुटा-सा लगता है," उसने कहा।

"सर्दियों में सबको लगता है," मैंने कहा।

मैंने उसकी ओर देखा...वह खिड़की के शीशे पर बारिश की बूँदों को देख रहा था।

"मुझे घर भी अब याद नहीं आता।" उसने बाहर देखते हुए कहा।

"हम बहुत सौभाग्यवान हैं," मैंने कहा।

"मैं सोचता हूँ...फ्रांज़ हमसे ज़्यादा है," उसने कहा।

"वह हम सबसे ज़्यादा सौभाग्यवान है, क्योंकि वह यूरोप में ही रहता है," टी.टी. ने कहा।

"बहुत-से लोग यूरोप में रहते हैं और वे ज़्यादा सौभाग्यवान नहीं हैं," मैंने कहा।

"लेकिन वे हमारे जैसे अकेले नहीं हैं..."

"हम ज़्यादा अकेले नहीं हैं...हम कभी भी घर वापिस जा सकते हैं," मैंने कहा।

"मैं कभी वापिस जाने के बारे में नहीं सोचता..." टी.टी. ने कहा।

"लेकिन तुम्हें प्राग कभी अच्छा नहीं लगा।"

"वह अलग बात है...मुझे वह अच्छा नहीं लगता, लेकिन उससे यह बात नहीं निकलती कि मैं वापिस जाना चाहता हूँ।"

टी.टी. बिस्तर पर लेट गया। रेडियो में एक पुराना रिकॉर्ड बज रहा था...

"तुम्हें याद है?"

टी.टी. मुस्कराने लगा।

"तुम क्या वही सोच रहे थे?"

"वही क्या?"

"जब हम मानेश गए थे," मैंने उसकी ओर देखा।

टी.टी. ने सिर हिलाया। यह विचित्र है कि किसी रिकॉर्ड या शराब के साथ कितनी स्मृतियाँ जुड़ जाती हैं। हम सुनने लगे...हमने उस रात यही गीत माइक्रोफ़ोन पर सुना था, मानेश में। अब इन दिनों बर्फ़ को देखते ही मन ऊब जाता है। लेकिन वह सर्दियों का पहला दिन था, जब बर्फ़ गिरी थी। वे शुरू नवम्बर के दिन थे...इस साल इतनी जल्दी बर्फ़ गिरेगी, हमने नहीं सोचा था। उस दिन मैं, मारिया, टी.टी. और फ्रांज़ पहली बर्फ़ को 'मनाने' मानेश गए थे। नदी के एक छोटे-से टापू पर वह एक आर्टिस्ट रेस्तराँ था...वहाँ से नदी का किनारा नहीं दीखता, सिर्फ़ नदी दिखाई देती थी। हमने उस रात स्लोवाकियन शराब पी थी। हम बहुत देर से घर लौटे थे। जब लौट रहे थे, सारा प्राग सफ़ेद था। सड़क ख़ाली थी। फ्रांज़ ने बहुत पी ली थी और पहली बार हमने उसे सड़क पर गाते हुए सुना था। बवेरिया के पुराने लोक-गीत—वह शुरू नवम्बर की रात थी। उस रात की ख़ुशी आज एकदम दूर लगती है... और हालाँकि बर्फ़ सर्दियों में अकसर गिरती है—पहले दिन की बर्फ़ शायद कभी दुबारा नहीं लौटती।

लड़की गा रही थी :

कल इतवार था,

कल हमने बहुत सुन्दर समय बिताया था...

उसके भर्राए स्वर में छोटा-सा संशय था, मानो उसे ख़ुद अपनी ख़ुशी पर ज़्यादा विश्वास न हो।

"तुम चाय और लोगे?" टी.टी. ने कहा।

"मुझे जाना है," मैंने कहा।

"इतनी बारिश में?" टी.टी. ने कहा।

मैंने खिड़की से बाहर देखा। बादल उड़ रहे थे। होस्टल की दीवार पर बूँदें गिर रही थीं। कभी-कभी छतों की काली चिमनियाँ हवा में दिखाई दे जाती थीं। सारा शहर भीग रहा था।

"इस बार सर्दी ज़्यादा नहीं पड़ी...कल क्रिसमस ईव है, लेकिन पता बिलकुल नहीं चलता," टी.टी. ने कहा।

हवा से खिड़की खुल गई। पर्दा फड़फड़ा रहा था। कुछ बूँदें भीतर आई थीं। टी.टी. ने उठकर खिड़की बन्द कर दी।

"टी.टी.!" मैंने कहा। "तुम कभी लड़ाई के बारे में सोचते हो?"

"आनेवाली लड़ाई के बारे में?" उसने पूछा।

"नहीं, जो बीत चुकी है," मैंने हँसकर उसकी ओर देखा।

"उसे मुद्दत हो गई।" उसने सिगरेट सुलगा ली। "फ्रांज़ जब उसके बारे में कुछ कहता है, मुझे हमेशा हैरानी होती है।"

रेडियो में अब एक पुराने जैज़ का रिकॉर्ड बज रहा था। बाहर अब शान्ति थी। लगता था, दिन खुल रहा है।

"तुम्हें लड़ाई कैसे याद आ गई?" उसने मुस्कराकर मेरी ओर देखा।

"पता नहीं। सुनो, यह अजीब है। कल जब हम पहाड़ी के ऊपर से प्राग देख रहे थे, तब मैंने सोचा था।"

"ऐसा होता है।" टी.टी. ने गम्भीर स्वर में कहा, "कभी-कभी

ऊपर चढ़कर हमें ऐसी बातें खटकती हैं, जिन्हें हम नीचे नहीं सोचते। एक बार मैं ऊँचे टॉवर पर चढ़ा था...तुम जानते हो...उस दिन मैंने पहली बार मरने के बारे में सोचा था। उस दिन मुझे काफ़ी हैरानी हुई थी, क्योंकि उससे पहले मैंने कभी नहीं सोचा था कि मृत्यु भी कोई आनेवाली घटना है।

मैंने चाय का प्याला और थर्मस की कैप सिंक में डाल दी। नल खोलकर उन्हें धोने लगा।

"तुम रहने दो...मैं बाद में धो लूँगा," टी.टी. ने कहा।

"यह आदत कब से सीखी?" मैंने कहा। टी.टी. बिस्तर पर लेट गया।

"मेरे पास दो टिकट हैं...तुम चाहो तो मेरे साथ आ सकते हो... आज फ़ाइनल है," उसने कहा।

"आज नहीं," मैंने कहा और तौलिए से बर्तन पोंछने लगा। अलमारी में उन्हें रखकर मैंने फ़र्श से अपना अंडरवियर उठाया और उसे निचोड़ दिया। फिर मैं बेसिनी के सामने खड़ा रहा। रेडियो से आती हुई एक जैज़ ट्यून और ख़ाली दोपहर। बाहर बूँदा-बाँदी थी। टी.टी. अपने बिस्तर पर लेटा था। कमरे के कोनों में दुबकी छायाएँ कितनी चुपचाप आगे बढ़ती हैं, यह सिर्फ़ सर्दी की दोपहर में देखा जा सकता है। पलंग और दीवार के बीच। शाम की तरफ़ सरकती हुई...मैं फ़ोन कर सकता हूँ...मैंने सोचा। उसने मुझे आने के लिए मना किया था—मैं देर तक सोती रहूँगी...लेकिन मैं फ़ोन कर सकता हूँ। फ़ोन करने के लिए उसने मना नहीं किया था। आज हम बाहर नहीं घूम सकते। हम मानेश जा सकते हैं...मुझे हल्की-सी ख़ुशी हुई कि अब तक वह उस रेस्तराँ में नहीं गई...मुझे विस्मय भी हुआ कि प्राग में कितनी चीज़ें हैं, जो उसने अभी तक नहीं देखीं। अगर बारिश गिरती रही, तब हम वहाँ बैठ सकते हैं।

"सुनो, टी.टी...क्या तुम लन्दन सचमुच जाना चाहते हो?"

"तुम पिकासो को सर्दी में नहीं देख सकते।"

"मैं मज़ाक़ कर रहा था...पिकासो के बारे में। मेरे पास कुछ पाउंड है...कुछ हम ख़रीद सकते हैं।"

"फिर तुम क्या करोगे? तुम गर्मियों में जाना चाहते थे।" उसने मेरी ओर देखा।

"हम गर्मियों में भी जा सकते हैं...हिच हाइकिंग में ज़्यादा ख़र्च नहीं होता।"

"हम बर्लिन जा सकते हैं...फ्रांज़ से मिलने के लिए," मैंने कहा। मैं सहसा अगली गर्मियों के बारे में सोचने लगा था।

"और मारिया?" उसने मेरी ओर देखा।

"उसे कभी-न-कभी वीसा ज़रूर मिल जाएगा," मैंने कुछ अनिश्चित स्वर में कहा।

"तुम ऐसा सोचते हो? अगर उन्हें देना होता, तो वे दे देते। वह फ्रांज़ के साथ बर्लिन जा सकती थी।"

"उसने तुमसे कुछ कहा था?"

"वह किसी से कुछ नहीं कहती," टी.टी. ने कहा।

"सुनो..." वह बिस्तर पर बैठ गया।

"मुझे ये जर्मन पसन्द नहीं हैं..." उसने कहा।

"और फ्रांज़?" मैंने उसकी ओर देखा।

"वह उनमें से है," उसने धीरे-से कहा।

"तुम पागल हो।"

"अगर मारिया विवाहित होती, उसे वीसा मिल सकता था..." उसने कहा।

वह चुपचाप मेरी ओर देखता रहा।

"टी.टी....तुम कभी वीसा की शर्त पर विवाह कर सकते हो? तुम क्या किसी भी शर्त को पूरा करने के लिए वह काम कर सकते हो, जो समय रहने पर तुम अपनी इच्छा से करना चाहोगे?" मैंने कहा।

"मैं नहीं सोचता, फ्रांज़ ने कभी इस तरह सोचा है," टी.टी. ने कहा।

"तुम कैसे जानते हो?"

"मैं जानता कुछ भी नहीं..." वह फिर लेट गया। उसके चेहरे पर अब ग़ुस्सा नहीं था, सिर्फ़ एक ठंडी-सी वीरानी थी।

"टी.टी.! हम बरसों से फ्रांज़ को जानते हैं," मैंने कहा।

"क्या हम उसे जानते हैं?" उसने कहा।

मैं हँसने लगा और उसके सिरहाने आकर बैठ गया।

"हम बहुत कम जानते हैं, लेकिन वह हमेशा काफ़ी होता है।" मुझे लगा, जैसे ये मेरे शब्द नहीं हैं।

टी.टी. की आँखें अख़बार से ऊपर उठ आईं...उनमें आँसू थे। मैं देखता रहा। वे अचानक चले आए थे। उसने उन्हें पोंछा नहीं, न वे बाहर आए। वे उतने ही थे, जितनी आँखें ऊपर लाती हैं और फिर वापिस अपने में सोख लेती हैं। मैं चुपचाप दूसरी ओर देखने लगा, जहाँ खिड़की थी। अब उस पर चमकीलापन था—अब बारिश नहीं थी—लेकिन पुरानी बूँदें भी अब फिसल रही थीं।

"तुम अब जाओ...वह तुम्हारी राह देखती होगी," उसने कहा।

मैं उठ खड़ा हुआ। हैंगर से अपना मफ़लर उतारकर गले में बाँध लिया।

"तुम मेरी बरसाती ले जा सकते हो," उसने कहा।

"अब बारिश ज़्यादा नहीं है," मैंने बाहर देखा...मैले चीथड़े-से बादल शहर पर घिर आए थे। एक सूनी-सी सफ़ेदी चारों ओर फैली थी।

मैं दरवाज़े पर आकर ठिठक गया।

"टी.टी....अगर तुम चाहो तो शाम को हमारे संग आ सकते हो।"

"कहाँ जाओगे?"

"कहीं भी। हम मानेश जा सकते हैं।"

वह बहुत देर छत की ओर देखता रहा।

"मैं मैच देखने जाऊँगा।" उसने मुस्कराकर मेरी ओर देखा, "तुम चाहो तो वहाँ आ सकते हो।"

"तुम भी एक स्पोर्ट ईडियट हो," मैंने कहा।

वह हँसने लगा।

अब आँसू नहीं थे—सिर्फ़ उसकी आँखें चमक रही थीं।

मैंने दरवाज़ा बन्द किया और बाहर चला आया।

बाहर मन्द रोशनी थी। आकाश घिरा था, लेकिन पेड़ों की नंगी फुनगियों के ऊपर देखने से वह सफ़ेद-सा लगता था। वह छुट्टी का दिन नहीं था, फिर भी छुट्टी के एक दिन पहले जो हल्कापन-सा आ जाता है, वह हर जगह था।

मैं तिलोवो स्क्वायर पर ट्राम से उतर गया। वहाँ बहुत-से पैरेम्बुलेटर थे, जिन पर कम्बल ढँके थे...स्क्वायर के बीच सेंट टॉमस का गिरजा था और उसके परे हवा में हिलती हुई ट्राम की तारें दिखाई देती थीं।

कुछ देर बाद मैं उस सड़क पर चला आया, जो मारिया के घर जाती थी। वह सड़क बहुत सँकरी थी...दोनों तरफ़ 'तोपोल' के लम्बे पेड़ थे, जिनकी टहनियाँ खिड़कियों पर झूलती थीं। बच्चों ने लम्बे बूट पहन रखे थे और एक छोटे-से 'स्लोप' पर फिसल रहे थे। उनकी टोपियाँ दूर से हवा में काले धब्बों-सी दिखाई देती थीं। वे चीख़ रहे थे और हँस रहे थे और लम्बे पुराने मकानों के बीच उनकी आवाज़ें देर तक गूँजती रहती थीं। गेट के भीतर आकर मैंने सिगरेट बुझा दी। वह रोमन-कैथोलिक लड़कियों का फ़्लैट था...सिगरेट पीने की मनाही थी। जब कभी हम मारिया के कमरे में आते थे, वह भीतर से दरवाज़ा बन्द कर देती थी और सिर्फ़ उसकी

रूम-मेट के अलावा किसी को कुछ पता नहीं चलता था।

मैं सीढ़ियाँ चढ़ने लगा। उसका अपार्टमेंट दूसरी मंज़िल पर था। दरवाज़े के सामने आकर मैं ठिठक गया। सीढ़ियों पर अँधेरा था और हर मोड़ पर एक बत्ती जल रही थी। उसके मद्धिम आलोक में वह छोटा-सा साइनबोर्ड चमक रहा था, जिसे मैंने कई बार देखा था : 'मारिया स्वेतलोवा, नं. 11।'

मैंने घंटी दबाई और प्रतीक्षा करने लगा। भीतर नीरवता थी। सिर्फ़ ऊपर के अपार्टमेंट से कुछ लड़कियाँ बातें करती हुई नीचे उतर गईं। मैंने दुबारा घंटी बजाई, लेकिन भीतर के सन्नाटे में कोई अन्तर नहीं पड़ा। मैं खड़ा रहा। कुछ देर बाद अन्दर का दरवाज़ा खुलने का धीमा स्वर सुनाई दिया। कोई चल रहा था और पैरों की चाप अनिश्चित-सी कमरे के भीतर ठिठक गई। फिर वह आहट धीरे-धीरे पास सरक आई और दरवाज़ा खुल गया।

"आप हैं?" मिस स्टेफान्का ने विस्मय से मेरी ओर देखा। वह मारिया के कमरे में ही रहती थी। जब हम मारिया से मिलने आते थे तब अकसर इनसे भेंट हो जाती थी। मिस स्टेफान्का ने मुस्कराकर हाथ आगे बढ़ाया, "आइए।"

मैंने हाथ मिलाया, लेकिन देहरी पर खड़ा रहा।

"मारिया है?"

"नहीं...वह तो आज सुबह चली गई।"

मैं क्षण-भर उसके चेहरे की ओर देखता रहा।

"उसने आपको आने के लिए कहा था?" उसने तनिक अविश्वास से मेरी ओर देखा।

"आपको मालूम है, वह कहाँ गई है?"

"उसने मुझसे कुछ नहीं कहा...जब वह गई, मैं सो रही थी।"

हम कुछ देर तक चुपचाप खड़े रहे।

"उसने आपसे मेरे आने के बारे में भी कुछ कहा था?"

"नहीं...कुछ भी नहीं।" वह असमंजस में हँस दी, "उसने मुझसे कुछ नहीं कहा।"

"मुझे खेद है कि आपको इस समय..."

"नहीं...नहीं...उसकी कोई बात नहीं। आप कुछ देर भीतर नहीं बैठेंगे?" मिस स्टेफान्का ने दरवाज़ा खोलते हुए कहा।

"नहीं...मुझे इसी समय कहीं जाना है।" हमने दुबारा हाथ मिलाया।

वह दरवाज़ा बन्द कर रही थी कि मैं फिर ठिठक गया।

"आप क्या सोचती हैं...क्या मारिया प्राग में होगी?"

"वह अपना सूटकेस साथ ले गई है। मुझे लगता है, वह अपने पिता के घर गई है...लेकिन मुझे पक्का कुछ भी नहीं मालूम।" उसने तनिक खेद-भरे भाव से मेरी तरफ़ देखा। "क्या कोई ज़रूरी काम था?" उसने पूछा।

"नहीं...ज़रूरी कुछ भी नहीं है।"

"उसके पिता का घर प्राग से ज़्यादा दूर नहीं है...वह चाहे तो शाम तक आ सकती है।"

मैं कुछ देर तक सोचता रहा।

"मैं शाम को फ़ोन करूँगा...आप यहीं रहेंगी?"

"जी...आप किसी भी समय फ़ोन कर सकते हैं। मैं घर में ही रहूँगी।"

दरवाज़ा बन्द हो गया। मैं सीढ़ियाँ उतरने लगा। सीढ़ियाँ उतरकर फ़्लैट का गेट खोला और फिर मैं बाहर सड़क पर आ गया। एक बूढ़ी स्त्री लम्बी झाड़ू से फ़ुटपाथ की कीचड़ साफ़ कर रही थी। पास ही कूड़ागाड़ी थी, जिस पर रद्दी काग़ज़, कीचड़ में लिथड़े पत्ते और चीथड़े जमा थे। जब हवा चलती, काग़ज़ों के टुकड़े नीचे गिर जाते और उन पक्षियों की तरह, जिन्हें अभी-अभी पिंजरे से मुक्त किया हो, वे झिझकते

हुए ख़ाली सड़क पर धीरे-धीरे उड़ने लगते।

मैं पेड़ों के नीचे चलने लगा...मारिया कहाँ जा सकती है? सूटकेस के कोई ख़ास मानी नहीं थे। वह उसे कहीं भी ले जा सकती है? क्या फ्रांज़ को मालूम है? मैं फ्रांज़ के घर जाकर पूछ सकता हूँ... लेकिन यह असम्भव लगा। अगर वह फ्रांज़ के पास जाती, तब कोई चिट स्टेफान्का के पास छोड़ जाती। वह प्राग में हो सकती है, लेकिन फ्रांज़ के घर में नहीं—मैंने सोचा। क्या वह जानती है फ्रांज़ के बारे में? यह असम्भव लगा। फ्रांज़ उससे कभी कुछ नहीं कहेगा। कोई भी नहीं जानता—मैंने सोचा...शायद मारिया जानती है...वह जानती है और हमें कुछ भी नहीं मालूम। यह भी सम्भव है कि उसे बर्लिन जाने का वीसा मिल गया हो। प्राग में कुछ भी सम्भव है। आख़िरी क्षण तक आशा की जा सकती है...इस विचार ने मुझे उत्तेजित-सा कर दिया। बहुत सम्भव है, वह बर्लिन जाने से पहले अपने पिता से मिलने गई हो। लेकिन यह हो नहीं सकता, मैंने सोचा। कल वह टी.टी. से मिली थी और उसने उससे कुछ भी नहीं कहा था।

पेड़ों की कतार ख़त्म हो गई। मैं दुबारा तिलोवो स्क्वायर के सामने चला आया। औरतें पैरेम्बुलेटर वापिस ले जा रही थीं। दोपहर बीत चली थी। गिरजे के ऊपर बादल थे—ज़्यादा नहीं। इतने नहीं कि उसे छिपा लें। उनकी छायाएँ लम्बे चौकोर स्टेन-ग्लास पर सरक जाती थीं। फिर नीचे आती थीं...स्क्वायर की घास पर। मैं घास पर चल रहा था। समय अभी बहुत था। वह समय बचा रह गया था जो मारिया के साथ बिताना था और बिताया नहीं था। उस शहर में दोपहर के तीन बजे का समय मरी हुई घड़ी होती थी...जैसे धूप में किसी लेटे हुए व्यक्ति की देह हो। वह हिलती नहीं—तुम पास से गुज़र जाओ। लगता नहीं था कि यह क्रिसमस ईव के पहले का दिन है। न यह लगता था कि यह दिसम्बर का महीना है; जब तक तुम बार-बार अपने से न कहो कि यह दिसम्बर

का महीना है। सर्दी थी, लेकिन तुम उसे सह सकते थे। घरों के बीच चलते हुए हमेशा एक गरमाई-सी लगती थी...सूखते हुए कपड़ों की गन्ध और वह गरमाई जो बन्द दरवाज़ों के भीतर से आती थी। हवा भी छोटी हो गई थी—उतनी ही छोटी जितनी तुम्हारी साँस है, और जब तुम उसे लेते हो—उस साँस को—तब एक क्षण के लिए मरा हुआ समय भी जी जाता है—यह दिसम्बर की दोपहर है, तुम सहसा सोचते हो, वह अपने होटल के कमरे में होगी...तुम्हें यह विश्वास नहीं होता कि यह पिछली रात के बाद का दिन है और वह अपने होटल में प्रतीक्षा करती होगी। तुम कितनी बार दुकानों के आगे खड़े होते हो...भीड़ के लोगों के साथ सड़क पार करते हो...एक छोटी बियर तुम पीने लगते हो और खिड़की के बाहर लोगों के चेहरों में सिर्फ़ एक चेहरा ऊपर उठ आता है—'मैं दिन-भर सोती रहूँगी', चेहरे, शब्द स्क्वायर की हवा...फिर शब्द। उसके शब्द, जो अब तुम्हारे पास हैं। उन सिक्कों की तरह जिन्हें बच्चे बार-बार अपनी जेब से बाहर निकालकर देखते हैं कि कहीं खो तो नहीं गए...मैं अपना ध्यान हटाकर फ्रांज़ के बारे में सोचने लगा, वह अपने कमरे में होगा, पियानो के आगे। मारिया के बारे में, जो अपने कमरे से बाहर है। टी.टी. के बारे में, जो कहीं नहीं जा सकता...तब मैं ठिठक जाता हूँ... इस एक दोपहर में हम कितने अलग हैं। और हममें से कोई भी किसी की मदद नहीं कर सकता।

मैंने ट्राम नहीं ली। नेशनल म्यूज़ियम तक मैं पैदल चला आया था। वहाँ से उसका होटल दूर नहीं था। वह सड़क यहूदियों की पुरानी सिमिट्री तक जाती थी।

बीच में पुल आता था, जिसके परे प्राग का बड़ा स्टेशन दिखाई देता था। आकाश-तले स्टेशन की छत...लाइनें, स्टेशन का प्लेटफ़ार्म... ऊपर से सब दिखाई देता था। बहुत पहले—गर्मी के दिनों में—जब हमें कोई काम नहीं होता था हम वहाँ खड़े रहते थे। धूप में तपती स्टेशन

की छत को देखा करते थे। सब इंटरनेशनल ट्रेनें इस स्टेशन पर कुछ देर ठहरकर आगे बढ़ जाती थीं—वार्सा, बुदापेस्ट, वियना, बर्लिन।

वियना...

एक शहर। ढलती दोपहर की छाया में एक नाम, जिसका कोई अर्थ नहीं था। यह पिछली गर्मियों में था। उस दोपहर को नहीं, जब मैं पुल पर खड़ा था। उस दोपहर को सहसा मुझे अपनी उम्र बहुत छोटी और हद से ज़्यादा बड़ी जान पड़ी थी—एक ही समय में। तुम एक ही समय में दोनों नहीं हो सकते। यह असम्भव लगता है कि तुम एक में से गुज़रकर दूसरे में चले जाते हो और दोनों भीतर जीवित रहते हैं।

किन्तु उस दोपहर को सब-कुछ सम्भव लगता था।

कुछ देर बाद मैं होटल के भीतर चला आया। सीढ़ियाँ चढ़कर उस कॉरीडोर में आ गया जहाँ उसका कमरा था। कमरा बन्द था। मैं देर तक खटखटाता रहा, लेकिन भीतर कोई आवाज़ सुनाई नहीं दी। मुझे तनिक आश्चर्य हुआ। उसने मुझे शाम को आने के लिए कहा था और अब वह कमरे में नहीं थी। नीचे आकर मैंने होटल की रिसेप्शनिस्ट से पूछताछ की। वह स्वयं विस्मित थी।

"मिसेज़ रैमान अपने कमरे में होंगी," उसने कहा।

"कमरे में कोई नहीं है," मैंने कहा।

"शायद लाउंज़ में होंगी...वह अभी-अभी वापिस लौटी हैं।" रिसेप्शन के काउंटर पर वही अधेड़ स्त्री बैठी थी, जो पहले दिन मुझे मिली थी।

"वह कहीं बाहर गई थीं?" मैंने उसकी ओर देखा।

"यह मुझे नहीं मालूम...वह अपने कमरे की चाभी मुझे दे गई थीं।"

मैं होटल के लाउंज़ की तरफ़ चला आया। वहाँ वह नहीं थीं। सिर्फ़ एक रूसी दम्पती अपने सामान के आगे बैठे थे। उनके सामने एक युवती पर्स के आईने में अपना चेहरा देख रही थी। मुझे देखकर

वह मुस्करा दी। मैं बाहर चला आया।

मैंने सोचा, शायद जल्दी में मैंने ठीक से नहीं देखा। मैं एक बार फिर ऊपर गया, उसके कमरे का दरवाज़ा खटखटाया। भीतर कोई नहीं था। न कोई हलचल थी। मीता भी कहीं दिखाई नहीं दिया।

मुझे वहाँ ख़ाली-सा लगा। वह शायद बाहर गई हो, मैंने सोचा। मैं दुबारा बाहर चला आया—होटल के गेट पर। पेवमेंट पर। उसके परे वैंसलैस स्क्वायर था, और वहाँ वह नहीं थी। बहुत-से लोग थे और मैं उन्हें देखने लगा। मेरे भीतर तब कुछ ठहर-सा गया, फिर चलने लगा—धड़कन का अपना अलग-सा पसीना होता है—ठंडा और देह पर चिपका हुआ। इट इज़ नथिंग—तुम बार-बार अपने से कहते हो—लगता है, तुम डर गए हो। यह कुछ नहीं है—डर कभी इतना हास्यास्पद नहीं होता। होता नहीं। वह है—फिर नहीं है। जलती-बुझती बत्ती-सा। मैं फिर भीतर चला आया। होटल का अपना 'बार' था—लाउंज़ के नीचे। तीन-चार सीढ़ियाँ उतरकर मैं वहाँ चला आया। मैं कुछ पीकर सँभल जाऊँगा—मैंने सोचा। मैं हमेशा कुछ पीकर सँभल जाता था। वह शायद मीता के साथ दुकानों पर गई होगी—मैंने सोचा। मैं शायद पहले चला आया हूँ। उसने नहीं सोचा होगा कि मैं इतना पहले चला जाऊँगा। उसने मुझे शाम को आने के लिए कहा था...मुझे लगा, मैं अब शान्त हूँ।

"क्या लेंगे?" बारमैन ने मेरी ओर देखा।

"एक वोद्का!" मैंने कहा।

मैं काउंटर के सामने खड़ा था।

वह छोटा-सा 'बार' था, जहाँ सिर्फ़ होटल के रेजीडेंट आते थे। मैंने पीछे देखा भी नहीं। वहीं खड़े रहकर पीता रहा।

"देखिए...आप वहाँ जा सकते हैं," मैंने बारमैन की ओर देखा, वह मेरी ओर देख रहा था।

"आपने मुझसे कुछ कहा है?"

"आपको कोई बुला रहा है।"

"मैं 'बार' की तरफ़ पीठ किये खड़ा था। बारमैन ने हाथ से पीछे की ओर इशारा किया, जिस तरफ़ कुर्सियाँ और मेज़ें रखी थीं। मैं पीछे मुड़ा।

पहले क्षण मुझे कुछ दिखाई नहीं दिया—सिवा कुछ व्यक्तियों के, जो बार में बैठे थे। दीवारों पर उनकी छायाएँ थीं और बीच फ़र्श पर एक कोमल-सा आलोक फैला था।

फिर मेरी निगाहें रायना पर ठिठक गईं। कोने की अन्तिम मेज़ पर। वह हँसती हुई मेरी ओर देख रही थी।

मैं एकदम नहीं जा सका। मैं खड़ा रहा। मेरी नसें धीरे-धीरे ढीली पड़ने लगीं। वह है—मुझे यह अवास्तविक-सा लगा। पूरे दिन की रिक्ति अब बाहर थी...कुछ मिनटों पहले का भय अब नहीं था। अब नहीं था, इसलिए पता चला कि जब वह था, तब कितना भयंकर था।

मैंने वोद्का का गिलास उठाया और उसकी मेज़ के पास चला आया।

"मैंने तुम्हें देखा था।" एक छोटी-सी मुस्कान उसकी आँखों में सिमट आई। उसके सामने ड्राई मार्टिनी रखी थी।

"क्या हुआ तुम्हें?"

"कुछ नहीं..." मैं हँसने लगा।

एक क्षण के लिए वह मुझे देखती रही।

"तुम ठीक हो?"

मैं कुर्सी खिसकाकर बैठ गया।

"तुम कहाँ थीं?"

"मैं दोपहर को बाहर चली गई...अभी कुछ देर पहले आई हूँ," उसने कहा।

"मीता कहाँ है?"

"वह स्केटिंग-रिंक गया है...तुम होस्टल में नहीं थे?"

"नहीं...क्यों?" मैंने उसकी ओर देखा।

"मैं वहाँ गई थी," उसने कहा।

"तुम मेरे होस्टल गई थीं?"

"मैं वहीं से आ रही हूँ..."

मैं उसकी ओर देखता रहा।

"दोपहर को मेरे पास करने को कुछ नहीं था। मीता अपने दोस्तों के साथ रिंक चला गया। मुझे डर था, तुम शाम से पहले नहीं आओगे।"

उसके बाल कन्धे पर झुक आए थे। वे आज बहुत चमकीले थे... और उनमें स्कार्फ़ की सलवटें नहीं थीं।

"तुम्हारा गेट-कीपर अजीब है—उसने सोचा। मैं चेक हूँ और ऑस्ट्रियन होने का बहाना कर रही हूँ," उसने हँसते हुए कहा।

"तुम मुझे फ़ोन कर सकती थीं..." मैंने कहा।

"जब मैं बाहर निकली थी, तब तुम्हारे होस्टल आने का इरादा नहीं था..."

जिस जगह को कुछ देर पहले भय छू गया था, अब वह ख़ाली थी...सिर्फ़ एक छोटी-सी गरमाई थी, जिसे वोद्का अपने पीछे छोड़ गई थी और एक अपरिचित-सा उल्लास था, जो उतना ही आतुर था जितना वह भय...उस क्षण दोनों में कोई अन्तर नहीं था।

"आज शाम क्या करेंगे?" उसने मेरी ओर देखा।

"अभी शाम नहीं है..." मैंने कहा। मुझे उस क्षण यह विचित्र-सा लगा कि उस दोपहर को हम दोनों एक ही समय, एक ही शहर में अलग-अलग सड़कों पर चलते रहे थे और एक-दूसरे से नहीं मिले थे।

"तुम यहाँ बैठोगी?"

"मैं कहीं बैठना चाहती हूँ...लेकिन यहाँ नहीं।"

"सुनो, हम सिनेमा जा सकते हैं," मैंने कहा।

"सिनेमा मैं वियना में देख सकती हूँ," उसने हँसते हुए कहा।

"हम किसी थिएटर में जा सकते थे...लेकिन इतनी जल्दी टिकट नहीं मिलेगा," मैंने कहा।

"हमें पहले बाहर चलना चाहिए..." उसने कहा।

"तुम यह पियोगी नहीं?" मैंने मेज़ पर रखी मार्टिनी को देखा।

"तुम्हारे आने के पहले मैं बहुत पी चुकी हूँ।"

मैंने उसकी ओर देखा। मुझे उस क्षण लगा—उसकी आँखों में एक ज्वरग्रस्त-सा ताप है, सिर्फ़ थकान नहीं है। मैंने उसे पहले नहीं देखा था। उस शाम वह कल से बिलकुल अलग जान पड़ रही थी।

"यहाँ कब से बैठी हो?" मैंने पूछा।

"दोपहर से," उसने कहा।

"तुम अपने कमरे में नहीं गईं?"

"कमरे में क्या करती?" उसने मेरी ओर देखा, "जब मैं तुम्हारे होस्टल से वापिस आई, मैंने सोचा था कि यहाँ बैठकर एक कोन्याक पीऊँगी। उसके बाद कमरे में जाऊँगी। लेकिन कोन्याक के बाद मैं यहाँ बैठी रही।"

"मैं तुम्हारे कमरे में गया था..." मैंने कहा।

"मुझे मालूम था," उसने धीरे-से कहा, "लेकिन मैंने सोचा, तुम यहाँ आओगे। तुम एकदम पीले लग रहे थे।"

उसने मेरी ओर देखा—"और जब तुमने मेरी ओर देखा, मुझे एक पल लगा, तुमने मुझे पहचाना नहीं है।"

"मैं शुरू में ही पहचान गया था, लेकिन मैंने यह नहीं सोचा था कि तुम यहाँ होगी।"

"सुनो—अगर तुम किसी से चौबीस घंटे बाद मिलो और उसे पहचान न सको..." उसने कहा।

"ऐसा हो नहीं सकता," मैंने हँसकर कहा।

"लेकिन फ़र्ज़ करो, अगर ऐसा हो!" उसने आग्रह किया।

"अगर तुम इसी तरह बोलोगी, तो मैं सचमुच तुम्हें पहचान नहीं सकूँगा," मैंने कहा।

"तुम्हें कभी डर नहीं लगता?"

"कैसा डर?"

"पहले क्षण...जब तुम किसी से मिलो...पूरे एक दिन बाद... पहले क्षण तुम्हें क्या ज़रा-सा भी सन्देह नहीं होता कि सम्भव है, वह तुम्हें देखेगा और पहचान नहीं सकेगा।"

वह अपलक मेरी ओर देखती रही...फिर वह हँस पड़ी। उसने धीरे-से कहा, "तुम ठीक हो—ऐसा हो नहीं सकता..."

"तुम्हें यह ख़याल कैसे आया?"

"अभी कुछ मिनट पहले...जब तुम 'बार' में आए थे।"

हम वहाँ अधिक देर नहीं बैठे। सीढ़ियों के सामने आकर वह ठिठक गई।

"क्या मैं ठीक चल रही हूँ?" उसने पूछा।

"तुम बिलकुल ठीक हो," मैंने कहा।

मैंने हैंगर से उसका कोट उतारा। उसने अपनी दोनों बाँहें ऊपर उठा दीं।

वह कुछ देर तक उन्हें टटोलती रही, फिर उसने पीछे मुड़कर देखा।

"तुमने पहली बार भी यह ग़लती की थी," उसने हँसते हुए कहा। उसका सिर तनिक पीछे की ओर झुक आया था।

"तुम्हें याद है, वह रिल्के का रेस्तराँ था," उसने कहा। वह पहला दिन था। उस शाम सीढ़ियों के धुँधलके में मुझे वह सहसा बहुत दूर जान पड़ा था। मेरे हाथ उसके कन्धों पर ठिठक गए।

होटल के पोर्च में आकर उसने मेरा हाथ छोड़ दिया।

"तुम ज़रा यहाँ ठहरो। मैं अभी आती हूँ।"

"मैं भी आता हूँ," मैंने कहा। मुझे अब भी डर था कि इतनी कोन्याक के बाद वह अकेली सीढ़ियाँ नहीं चढ़ सकेगी।

"मैं अब ठीक हूँ।" उसने मुस्कराकर मेरी ओर देखा, "तुमने अभी कहा था कि मैं ठीक हूँ।"

मैंने ज़ोर नहीं डाला। होटल के गेट पर आकर खड़ा हो गया। जब हम भीतर बैठे थे, दोपहर चली गई थी। अब अँधेरा था—नर्म और उज्ज्वल, जैसा दोपहर के बाद आता है, अगर वह दिन-भर सूखी और चमकीली रही हो। वैंसलैस स्क्वायर पर लोगों की भीड़ धीरे-धीरे दुकानों के आगे रेंग रही थी। सर्दी बढ़ गई थी, लेकिन हवा में शान्त स्थिरता थी। सूखी दोपहर के बाद शायद बर्फ़ पड़ेगी—मैंने सोचा। ओल्ड टाउनहॉल के ऊपर चाँद निकल आया था—फ़ानूस की जापानी लालटेन-सा गोल और लाल। उसे देखकर मुझे सहसा लगा, मैं बहुत सुखी हूँ। मुझे लगा, एक ख़ास हद के बाद सब लोग एक-जैसे सुखी हो जाते हैं। तब तुम टिक जाते हो। किसी चीज़ पर टिक जाना...वह अपने में सुख न भी हो, तुम उससे सुख ले सकते हो; अगर तुम ज़्यादा लालची नहीं हो—यह उस शाम मैंने पहली बार जाना था। यह बहुत अचानक है और तुमसे बाहर है—उस फ़ोटो की तरह, जो तुम्हारी जानकारी के बिना किसी बाज़ारू फ़ोटोग्राफ़र ने सड़क पर खींच ली थी। बाद में तुम देखते हो तो हल्का-सा विस्मय होता था कि यह तुम हो...तुम चाहो तो उसे वापिस कर सकते हो। लेकिन वह वहाँ है—तुम उसे वापिस भी कर दो, तो भी वह वहाँ रहेगा...एक स्थिर चौंका-सा क्षण, जब तुम सड़क पार कर रहे थे...

"कहाँ चलोगे?" उसने अपना हाथ मेरे कन्धे पर रख दिया। वह अचानक पीछे आकर ठिठक गई थी।

मैंने मुड़कर उसकी ओर देखा। पोर्च की रोशनी उसके चेहरे पर गिर रही थी। वह कपड़े बदलकर आई थी।

मैं उसे देखता रहा।

काला ब्लाउज़ और उससे जुड़ी हुई काली स्कर्ट...उस पर लम्बा सफ़ेद कोट, जिसे मैंने पहले नहीं देखा था। काले ब्लाउज़ पर उसका चेहरा बहुत शीतल और सफ़ेद लग रहा था। उसमें अब वह गर्म ललाई नहीं थी, जो नीचे 'बार' में उभर आई थी। बालों के बीच में माँग नहीं थी, वे चारों ओर से उमड़कर माथे पर, भौंहों तक घिर आए थे—कानों, कनपटियों और गालों को घनी भूरी पत्तियों की तरह घेरे हुए।

मैंने उसे कभी इतना सुन्दर नहीं देखा था, न कभी सोचा था कि उसका चेहरा इतना बदल सकता है। बीती हुई उम्र का एक भी चिह्न उस पर नहीं था...सिर्फ़ आँखों के। उनमें एक हल्की-सी थकान थी, जो चेहरे से अलग जान पड़ती थी।

हम होटल के पोर्च से बाहर निकल आए।

वह क्रिसमस के पहले की शाम थी...हम भीड़ में खो-से गए। स्क्वायर के ऊपर नेशनल म्यूज़ियम जगमगा रहा था। सड़क के बीच जब कोई ट्राम ठहरती, दोनों ओर से लोग उसे पकड़ने के लिए भागने लगते। एक छोटी-सी भीड़ 'अल्फ़ा क्लब' के आगे जमा हो गई थी ताकि ऊपर खिड़की के शीशों पर नाचते हुए जोड़ों की छाया देख सके। बाहर गेट पर एम्पलीफ़ायर लगा था—क्लब में गाती हुई लड़की की आवाज़ उससे गुज़रकर सारे स्क्वायर में फैल जाती थी। बियर-पब भरे थे और जब हम उनके सामने से गुज़रते, कर्कश आवाज़ों, भुनती हुई सॉसेज़ की गन्ध और ओवरकोटों की छायाएँ हमें अपने भँवर में घेर लेतीं... एक विचित्र-सा पीला आलोक गीली सड़कों पर ठहर जाता और उनके ऊपर किसी शराबी की देह देर तक डगमगाती रहती।

"कहाँ जा रहे हो?" उसने मेरा हाथ पकड़ लिया।

"तुम कहीं बैठना चाहती थीं...?" मैंने कहा।

"यहाँ नहीं," उसने कहा।

"हम यहाँ ज़्यादा देर नहीं रहेंगे," मैंने कहा।

हम सिर्फ़ गुज़र रहे थे। भीड़ कम हो गई थी। हम स्क्वायर की बड़ी सड़क छोड़कर बाईं तरफ़ मुड़ गए। वह एक सँकरी लेन थी—दोनों तरफ़ ऊँचे मकान थे, जिनके कोनों में अब भी पुरानी बर्फ़ जमा थी।

"तुम थक गई हो?"

"यह कौन-सी जगह है?" उसने पूछा।

"यहाँ एक थिएटर है..."

"तुमने कहा था, टिकट नहीं मिलेंगे...?"

"यहाँ बहुत कम लोग आते हैं..."

"हम कोशिश कर सकते हैं।"

"कैसा थिएटर है?"

"यह एक म्यूज़िक-थिएटर है...वे यहाँ सिर्फ़ रिकॉर्ड बजाते हैं... यहाँ ज़्यादा लोग नहीं आते।"

गली के आर-पार हवा चल रही थी। उसने अपना हाथ मेरे कोट की जेब में डाल दिया। जब हम किसी दुकान के सामने से निकलते, शो-विंडो का आलोक उसके चेहरे पर गिर जाता, एक क्षण के लिए उसके बाल चमक जाते। ख़ाली सड़क पर उसके सैंडिल की धीमी खट-खट की आवाज़ सुनाई देती रहती।

"सुनो..." वह हँसने लगी।

"क्या है?" मैंने उसकी ओर देखा।

"लगता है, मैं वियना की किसी गली में चल रही हूँ..." उसने कहा, "अगर मैं आँखें बन्द करके चलूँ।"

"ईश्वर के लिए ऐसा न करो...यहाँ बहुत-से गड़हे हैं।"

"इस शाम मुझे कोई डर नहीं," उसने कहा।

"यहाँ डर कुछ भी नहीं है," मैंने कहा।

"मुझे मालूम है और दिनों भी डर नहीं होता...लेकिन लगता है। इस शाम वह नहीं है और मुझे लग नहीं रहा।"

मुझे उसका स्वर सहमा-सा लगा...जैसे वह आतंकित हो! मैंने कोट की जेब में उसका हाथ पकड़ लिया...वह जेब के एक कोने में सिकुड़ा-सा पड़ा था।

"क्या बात है, रायना?"

"कुछ नहीं..." उसने कहा, "वे कौन-से रेकॉर्ड बजाते हैं?"

"हम अभी देखेंगे। हर शाम उनका अलग प्रोग्राम होता है।"

हम लेन के अन्तिम छोर पर आ गए थे। कुछ फ़ासले पर थिएटर की इमारत दिखाई दे रही थी। बीच में अँधेरा था। कभी-कभी किसी घर के दरवाज़े पर प्रेमियों की छायाएँ दिखाई दे जाती थीं—दीवार से सटी हुई। वे हमारी ओर देखते भी न थे। जब हम उनके पास से गुज़रते, एक दबी-सी फुसफुसाहट कानों में पड़ जाती थी। जब ऐसा होता, हम असमंजस में एक-दूसरे से अलग हो जाते...लेकिन फिर हमें यह निरर्थक-सा लगता और वह मेरी ओर देखकर मुस्करा देती। मुझे लगता, जैसे वह मेरे असमंजस को ताड़ गई हो...वह बिलकुल सहज आँखों से उन्हें देखकर आगे बढ़ जाती। ऐसे क्षणों में मुझे वह सचमुच अपने से बड़ी लगती...लगता, जैसे कोई चीज़ ऐसी नहीं है, जो उसे असमंजस में डाल सके।

"क्या वियना में वे इसी तरह खड़े रहते हैं?" मैंने उसकी ओर देखा।

"हाँ...इनसे ज़्यादा। हर शहर के अपने 'आउट-डोर' प्रेमी होते हैं," उसने हँसकर कहा।

इस बार उसका स्वर इतना हल्का था कि मुझे लगा, जैसे कुछ मिनट पहले का आतंक महज़ मेरा भ्रम था। वह अब नहीं था। दोपहर की रिक्ति नहीं थी। वह मुझे वियना के बारे में बताने लगी थी—अपने बचपन के बारे में, जो उसने वहाँ गुज़ारा था। कभी-कभी मुझे लगता, जैसे मैं उसकी बातों को नहीं सुन रहा, सिर्फ़ उसके जर्मन एक्सेंट को सुन रहा हूँ, जो पहले दिन मुझे इतना कौतूहलपूर्ण लगा था। वह जल्दी

में आधा वाक्य बोलकर छोड़ देती थी—आधा हवा में लटका रहता था। कुछ शब्द उसके अपने थे और वह उन्हें अनेक बार अलग-अलग अर्थ में इस्तेमाल करती थी...जैसे उसका एक प्रिय शब्द था—विविड। 'इन विंटर वियना इज़ वेरी विविड'...या तुमने बार्तोक सुना है? 'हिज़ म्यूज़िक इज़ रियली विविड'...'चेक लोग जर्मनों से कहीं ज़्यादा विविड हैं, लेकिन उतने विविड नहीं जितने फ्रेंच!' बोलते समय उसका स्वर ऊँचा हो जाता था। सड़क पर चलते लोग हमारी ओर देखने लगते थे। जब कभी वह उत्तेजित-सी हो जाती, तब अंग्रेज़ी उसका साथ छोड़ देती। ऐसे क्षणों में वह हमेशा खड़ी हो जाती (चलते हुए भी उत्तेजित होकर बोला जा सकता है, यह उसके लिए असम्भव था)। जब तक कोई जर्मन शब्द मैं उसके इशारों से समझ न लेता, उसे सन्तोष नहीं होता था। सिर्फ़ समझ लेना ही काफ़ी नहीं था, यह मैं पिछले दिनों के अनुभव से जान गया था। मुझे जर्मन शब्द का सही पर्याय अंग्रेज़ी में ढूँढ़ना पड़ता था ताकि वह आश्वस्त हो सके कि मैं सिर्फ़ समझने का बहाना नहीं कर रहा हूँ।

उस शाम की स्मृति मुझे आज भी कुछ अलग-सी लगती है... अन्य दिनों से अलग। अन्य दिनों की तरह उस शाम हमें एक-दूसरे को खोजने या जानने की इच्छा नहीं रह गई थी। लगता था, वह है और यह झेल पाना ही एक सुख है जो इतना ज़्यादा है कि पीड़ा देता था—क्योंकि वह असह्य-सा लगता था। जब हम चुप रहते थे तो चुप रहते थे, जैसे पानी चढ़ता हो और उतर जाता हो। उसमें कोई दुराव न आता था। जब बोलते थे, तब भी बीच में और अचानक—यह नहीं लगता था कि चुप्पी के बाद बोल रहे हों। मुझे उस शाम पहली बार लगा था, जैसे मैं उसके साथ वैसे ही चल रहा हूँ, जैसे मारिया या फ्रांज़ के साथ—वह मेरे साथ है, यही काफ़ी था। उसके परे कुछ भी नहीं था—उसका अतीत मेरे लिए ख़तरा नहीं था। वह कुछ भी नहीं था। वह उससे अलग थी—और

चाहे वह कितना ही शक्तिशाली क्यों न रहा हो—उस शाम उसका मेरे संग होना—यह उससे ज़्यादा था। वह सबसे ज़्यादा था। क्योंकि उसके बाहर जो उसका था, वह मेरे लिए कुछ भी नहीं था। और यह सोचते ही एक असम्भव-सी ख़ुशी मुझे घेर लेती थी।

कुछ देर बाद बर्फ़ गिरने लगी और हम भागने लगे। अँधेरी ख़ाली सड़क पर हम अपने जूतों की आवाज़ सुन सकते थे। बर्फ़ अचानक चली आई थी—बहुत महीन और कमज़ोर और कोट पर गिरते ही पिघल जाती थी। हम ठहरे नहीं, क्योंकि थिएटर बहुत नज़दीक था और हमने सोचा था कि एक बार वहाँ पहुँचकर ही ठहरेंगे। "तुम अपना सिर ढँक लो," मैंने कहा। "नहीं," उसने हँसते हुए कहा, "मुझे बर्फ़ में नंगे सिर चलना अच्छा लगता है।"

लेन के दोनों ओर घर थे और उनकी दीवारों पर हम अपनी भागती छायाओं को देख लेते थे। किसी ने अपने घर की खिड़की खोल दी और सिर झुकाकर हमें देखने लगा...कमरे के आलोक का एक धब्बा गीली सड़क पर फैल गया और उस पर बर्फ़ के गाले सफ़ेद तितलियों-से उड़ने लगे। हम ज़्यादा तेज़ नहीं भाग सकते थे, क्योंकि उसके सैंडिल बार-बार फिसल जाते थे...और हालाँकि हमने एक-दूसरे का हाथ पकड़ रखा था, उसका फ़ायदा कुछ भी नहीं था; क्योंकि वह भागते हुए नीचे झुक जाती थी, अपनी स्कर्ट को नीचे करने के लिए। और यह असम्भव था कि तुम एक साथ नीचे झुक जाओ और भागते रहो; क्योंकि उसका दूसरा हाथ ऊपर मेरे हाथ में बँधा रहता था और वह उसे छोड़ती नहीं थी। इसलिए जब वह झुकती थी, तब मुझे भी झुकना पड़ता था और तब मेरी आँखें उसके भूरे बालों पर ठहर जाती थीं जहाँ बर्फ़ धुनी हुई रूई के टुकड़ों-सी चिपक गई थी। तब हम उठ जाते थे और फिर भागने लगते थे...और लैम्प-पोस्ट के आने पर जब हम एक-दूसरे को देखते थे, तब हमारे खुले मुँह से बाहर निकलती हुई साँस के साथ गर्म सफ़ेद

भाप बाहर निकल आती थी।

हम दोनों थिएटर के सामने हाँफ रहे थे।

हम भीतर चले आए। ऑडिटोरियम नीचे था और वहाँ जाने के लिए सीढ़ियाँ उतरनी पड़ती थीं। पोर्च के दोनों ओर चौड़ी दीवारों पर ग्रामोफ़ोन के रिकॉर्ड लगे थे। उस रात—और रातों की अपेक्षा—लोग ज़्यादा थे। वे शायद बर्फ़ से बचने के लिए यहाँ चले आए थे। हम ठिठुर रहे थे। उसके बाल भीगकर माथे और गालों पर चिपक गए थे। "तुम्हें सर्दी लग रही है?" मैंने पूछा।

"नहीं...लेकिन मैं इस तरह भीतर नहीं जा सकती।"

"भीतर कोई नहीं देखेगा," मैंने कहा।

हम देर से आए थे और बुकिंग-ऑफ़िस ख़ाली पड़ा था। टिकट ख़रीदते समय मैंने प्रोग्राम का काग़ज़ उठा लिया। हॉल में अँधेरा था। हम पिछली दो ख़ाली सीटों पर बैठ गए। वह बहुत छोटा-सा हॉल था और ज़्यादा ख़ाली सीटें पड़ी थीं। स्टेज पर एक लड़की कुछ पढ़ रही थी। स्क्रीन पर मोत्सार्ट की 'स्टिल' चमक रही थी...फिर स्टिल बदल गई... मोत्सार्ट के स्थान पर कुछ मकान थे, गिरजे और तंग गुलाबी गलियाँ और उनके परे ऑपेरा-हाउस की बारोक इमारत और उस पर गिरती हुई धूप।

"यह वियना है।" रायना ने तनिक उत्तेजित होकर अपना हाथ मेरी बाँह पर रख दिया। वह ठंडा था और वह अब भी ठिठुर रही थी।

स्टेज पर बैठी लड़की अनवरत, एक लय में बोल रही थी... मोत्सार्ट के वियना के बारे में। फिर लड़की का चेहरा अँधेरे में छिप गया..."अब आप सुनेंगे कैन्चर्टो नं. 4 मोत्सार्ट..." लड़की का स्वर अँधेरे में सुनाई दिया।

स्क्रीन के पीछे से धीरे-धीरे ग्रामोफ़ोन का स्वर उठा था—वसन्त के झोंके की तरह; और फिर वह बह आया था कुछ पत्तों की तरफ़ जो घूमने लगे थे, धूल, हवा और खुले दरवाज़े के आगे—फिर दरवाज़ा भी

नहीं था और अन्तहीन खुलापन था जिसे एक पत्ते या पत्थर से ढँका जा सकता था...फिर सब शान्त हो जाता था और मूक स्तब्ध ऑरकेस्ट्रा के जंगल से सिर्फ़ एक वायलन की साँस उठती थी, घास पर हिलती हुई—एक चौंकी-सी चीख़, सरसराते पानी के नीचे एक चमकीले पत्थर की तरह भीगी, कठोर और चमकीली, जिसे तुम छू सकते थे, फिर वह मरने लगती थी। और यह जानते हुए भी कि वह मर रही है...तुम कुछ नहीं कर सकते थे। उसके बाद स्क्रीन पर वियना नहीं था—एक छोटा स्पन्दित-सा होता पीला आलोक था, दीवार पर पोस्टर की तरह फड़फड़ाते हुए...

वह अब ठिठुर नहीं रही थी। उसने मेरा हाथ छोड़ दिया। अब गर्मी थी। बाल सूखने लगे थे और उसकी साँसें सहज और नियमित थीं। हमें विचित्र-सा लगा कि बाहर बर्फ़ गिर रही है...स्टेज के कोने में वह लड़की फिर दिखाई दी। अब वह पढ़ नहीं रही थी। वह धीरे-से खड़ी हुई—अँधेरे ऑडिटोरियम की ओर एक बार देखा, फिर कहा, "आपने अभी सुना, वियना फिलहार्मोनिक ऑरकेस्ट्रा, कंडक्टर वॉन क्रायान... कैन्चर्टो नं. 4 मोत्सार्ट।" लोग खाँसने लगे...और फिर दुबारा स्क्रीन पर मोत्सार्ट की स्टिल ठहर गई। "अभी कुछ समय बाक़ी है," लड़की ने कहा। वह अब मुस्करा रही थी, "रावेल का एक संगीत-अंश..." फिर वह अँधेरे में छिप गई।

"वह क्या कह रही थी?" रायना ने पूछा।

"ए पीस बाई रावेल..." मैंने कहा।

कुछ और लोग, जो देर से आए थे, अब अपनी सीटों पर बैठने लगे...फिर मैंने उसको देखा। वह किनारे की दीवार से सटी बैठी थी ओर उसकी आँखें स्क्रीन पर टिकी थीं।

मैंने धीरे-से अपना हाथ उसके कन्धे पर रख दिया। अँधेरे में संगीत दो व्यक्तियों को कितना पास खींच लाता है, यह उस रात पहली बार

पता चला। उसने मेरी ओर देखा, फिर मेरे हाथ को कन्धे से उठाकर अपनी हथेलियों के बीच भर लिया।

रिकॉर्ड का स्वर बहुत उजला और उल्लासमय-सा हो आया था... वह अब धीमा नहीं था। पियानो के सुर बहुत ऊपर जाकर फुलझड़ियों की तरह खुल जाते थे। तब उस क्षण अँधेरे हॉल में उल्लास का एक छोटा-सा ज्वार मुझे अपने में ढँकने लगा। वह शायद चाहना थी... पहली बार मैंने उसे अपनी धमनियों में सुना था...अपनी समूची देह में फड़फड़ाते हुए।

"रायना...!" मैंने धीरे-से कहा। उसने सुना नहीं। उसकी आँखें स्क्रीन पर जमी थीं। मुझे ख़ुशी हुई, उसने सुना नहीं। मैं सिर्फ़ अपने को विश्वास दिलाना चाहता था कि वह है...मेरे पास दूसरी कुर्सी पर बैठी है और मैं उसकी पहचानी-सी साँस सुन सकता हूँ...

हॉल की बत्तियाँ बुझने लगी थीं। लोग बाहर जा रहे थे। ऑडिटोरियम में सिर्फ़ हम दोनों रह गए थे।

"चलोगी नहीं?" मैंने उसके कन्धे पर हाथ रखा। वह जाग-सी गई। हॉल की गर्मी से उसके गालों पर दो लाल लहकते फूल उग आए थे।

"चलो।" उसने कहा।

उसका स्वर सिहर-सा गया...जैसे शून्य और मौन के बीच चमकती रेत पर उसने भी मेरी चाहना के पगले स्पन्दन को सुना था...

वह कुर्सी से उठी। ख़ाली हॉल में हम दोनों एक साथ होते हुए भी अचानक अकेले-से पड़ गए थे।

चाह का डर और सुख...न सही डर होता है, न सही सुख—दोनों में बँटा हुआ, दोनों में एक भी नहीं...सूखी गर्म रेत पर एक नंगी, साफ़ हड्डी-सा चमकता हुआ।

"चलो।" उसने अपने हाथ कोट की जेब में डाल दिये।

हम बाहर आ गए।

बर्फ़ अब नहीं गिर रही थी। सिर्फ़ हवा थी—गीली सड़कों पर ट्राम की तारों पर हिलती हुई। दुकानें बन्द हो गई थीं—शो-विंडोज़ से लाल-नीले प्रकाश के टुकड़े फ़ुटपाथ पर आ गिरे थे...सफ़ेद बर्फ़ पर रंग-बिरंगे पतंगों-से। हम चुपचाप उन पर से गुज़र जाते थे।

हम चलते रहे। हॉल की गर्मी के बाद सहसा हवा बहुत ठंडी लगी थी। बादल अब भी थे, लेकिन अब वे हल्के-से लग रहे थे। बर्फ़ के बाद वह शहर एक अभेद्य शान्ति में लिपट गया था।

मैंने उसकी ओर देखा—वह पानी के गड़हों से अपने को बचाती हुई चुपचाप चल रही थी।

"तुम्हें भूख लग रही है?" मैंने पूछा।

"अभी नहीं," उसने कहा। "सुनो, वह ज्यूइश सिमिट्री कहाँ है, जिसके बारे में तुमने कहा था?"

"वह ज़्यादा दूर नहीं है...तुम वहाँ चलना चाहोगी?"

"हम कहीं भी जा सकते हैं। आज रात मैं इसी तरह घूमते रहना चाहती हूँ," उसने कहा। उसका स्वर हवा-तले दब जाता था...फिर उठ जाता था और तब लगता था कि वह मुकम्मिल और समतल है...वह इतना सहज और संयत था कि मुझे अस्वाभाविक-सा लगता था। लगता था, हम एक-दूसरे से बच रहे हों। उस चाह से बच रहे हों, जो सहसा ऑडिटोरियम के बीच उठ आई थी। वह हमारी धड़कन के साथ बँधी थी—एक रील की तरह और वह खुलती हुई चली जाती थी और हम उसका कुछ नहीं कर सकते थे।

"क्या सोच रही हो?"

वह चौंक-सी गई। उसने मेरी ओर देखा...मुझे लगा, जैसे उसकी आँखें मेरे चेहरे को छू रही हैं...

"कुछ नहीं...मैं उस आख़िरी रिकॉर्ड के बारे में सोच रही थी..." उसने हँसकर कहा।

"कैसा लगा तुम्हें?"

"मैंने उसे बरसों पहले सुना था..." उसने कहा।

"वियना में?"

"नहीं...लड़ाई के कुछ बरस बाद साल्सबुर्ग में एक म्यूज़िक फेस्टिवल हुआ था। मैं जाक के साथ वहाँ गई थी...तब मैंने पहली बार रावेल को सुना था।"

"साल्सबुर्ग कैसा शहर है?" मैंने पूछा।

"छोटा-सा पहाड़ी शहर है," उसने कहा, "जब मैं छोटी थी, तब स्कींग के लिए वहाँ जाती थी...मुझे वह वियना से भी ज़्यादा अच्छा लगता है।"

वह ज़मीन पर आँखें गड़ाए चल रही थी। अँधेरे में उसकी काली फ्रॉक और स्कर्ट नहीं दीख रही थी—सिर्फ़ उसका सफ़ेद चेहरा कभी-कभी शो-विंडो के प्रकाश में दिखाई दे जाता था। अब उस पर वे दो लाल लहकते फूल नहीं थे, जो हॉल की गरमाई में उसके गालों पर उग आए थे। अब वे सफ़ेद और ठंडे थे और वहाँ कुछ भी नहीं था।

हम स्क्वायर की सड़क छोड़कर पाउडर टॉवर की ओर चलने लगे। वहीं बाईं ओर 'पेलीकान' था, जहाँ पहले दिन मिस्टर जैक्शन से मिलने के बाद मैं वोद्का पीने गया था। उस रात मैंने सोचा था, मैं बहुत सौभाग्यशाली हूँ...और मैं देर तक वहाँ बैठा रहा था। खिड़की के बाहर टूरिस्ट ऑफ़िस पर वह विज्ञापन अब भी चमक रहा था।... नीले, साफ़ अँधेरे में टिमटिमाते अक्षर—'विज़िट प्राग, दि सिटी ऑफ़ योर ड्रीम्स।'

हम फ़ुटपाथ के किनारे खड़े थे। सड़क के बीचोंबीच ट्राम-लाइन की मरम्मत की जा रही थी। दोनों ओर लालटेनें लगी थीं और मज़दूरों की लम्बी बेडौल छायाएँ बर्फ़ के कोनों पर हाशिए-से खींचती हुई सिकुड़ जाती थीं। कभी-कभी रिपेयर करनेवाली मशीन से आग की चिनगारियाँ

ऊपर उठ आती थीं और हवा में जुगनुओं-सी चमककर अचानक ग़ायब हो जाती थीं।

"तुम थक तो नहीं गईं...हम कहीं बैठ सकते हैं," मैंने कहा।

"नहीं...मैं इस रात सिर्फ़ घूमना चाहती हूँ," उसने कहा। "आज मुझे जल्दी नहीं है।"

मुझे उसका स्वर विचित्र-सा लगा...मैंने उसकी ओर देखा...और तब सहसा मुझे लगा, जैसे उस दोपहर के बाद धीरे-धीरे उसमें कुछ हो गया है, जो पिछले दिनों में नहीं था—कुछ ऐसा, जिसे मैं पकड़ नहीं सकता था।

"मुझे क्या देख रहे हो?" उसने हँसते हुए मेरे चेहरे को छुआ। फिर पहले की तरह अपना हाथ मेरी जेब में डाल दिया।

हम टाउन-हॉल की ओर चलने लगे। बीच में एक लम्बी सँकरी गली आती थी...वहाँ अब भी बर्फ़ जमा थी। कुछ दूर निकल जाने पर हम स्क्वायर के चौड़े ऑर्केड्स के नीचे चले आए, जहाँ पुरानी दीवारों की बासी गन्ध जमा हो गई थी। सामने टाउन-हॉल की सदियों पुरानी घड़ी थी। पीछे टॉवर था, जो अँधेरे में नीरव, स्तब्ध-सा खड़ा था।

"यह यूरोप की सबसे पुरानी घड़ी है," मैंने कहा।

"तुम्हें कैसे मालूम?" उसने मेरी ओर देखा।

"सबको मालूम है..." मैंने कहा। "जब घंटे बजते हैं, तब धीरे-धीरे सन्तों की मूर्तियाँ दिखाई देती हैं..."

"क्या हम अभी उन्हें देख सकते हैं?" उसने पूछा।

"अँधेरे में कैसे देखोगी? हम कल आ सकते हैं।" मैंने कहा।

उसने ज़मीन से बर्फ़ उठाकर मेरे कोट के पीछे गर्दन में डाल दी। एक ठंडी-सी झुरझुरी मेरी पीठ पर उतरने लगी। "क्या कर रही हो?" मैंने उसका हाथ पकड़ने की कोशिश की...

"मुझे तुम सुबह यहाँ क्यों नहीं लाए?" उसने हँसते हुए मेरी ओर

देखा। मैंने बर्फ़ निकालने की कोशिश की, लेकिन वह पिघलने लगी थी और अब पीठ से उतरकर कमर के पास अटक गई थी।

"तुम कल आ सकती हो," मैंने कहा।

"तुम्हें कैसे मालूम कि मैं कल प्राग में रहूँगी?" उसने कहा।

मैंने उसकी ओर देखा। लेकिन वह ठहरी नहीं। वह मुझसे आगे चली गई थी।

"रायना..." मैंने कहा।

उसने सुना नहीं। वह स्क्वायर के चौड़े-गीले पत्थरों पर चल रही थी। उसके सैंडिल की आवाज़ स्क्वायर के पत्थरों पर बजती हुई मकानों की दीवारों से टकराकर वापिस लौट आती थी...फिर वह आवाज़ बन्द हो गई और उस क्षण सहसा मुझे लगा, जैसे मैं बीती हुई दोपहर पर दुबारा चल रहा हूँ। जब वह होटल के कमरे में नहीं थी और मैं बन्द दरवाज़े के आगे अँधेरे कॉरीडोर में खड़ा था।

उसने पीछे मुड़कर देखा—मैं बिलकुल पास खड़ा था, उसकी छाया पर। वह बर्फ़ में ढँके स्क्वायर के पत्थरों पर गिर रही थी। उसके पीछे यान हुस की मूर्ति थी, ऊँचे चबूतरे पर और उसके पत्थरों पर उसकी छाया गिर रही थी...हम कुछ देर तक चुपचाप खड़े रहे। फिर वह मेरे पास आ गई और उसने मुझसे कहा, "मैं कल जा रही हूँ।"

हम बीच स्क्वायर में खड़े थे। हमारे आगे तिन-चर्च था—उसके दो गुम्बद, सफ़ेद, नीरव, धुंध में सफ़ेद। म्यूनिसिपैलिटी की एक ट्रक स्क्वायर का चक्कर लगाकर नदी की ओर चली गई।

"तुमने मुझसे पहले नहीं कहा..."

"पहले कहने का कुछ फ़ायदा नहीं था," उसने कहा।

उसने अपना सिर मेरे कन्धे पर रख दिया। "आई विश, आई कुड हैव ए लिटल ड्रिंक..." उसने कहा और तब मुझे लगा कि मैं उसका चेहरा नहीं देख सकता...मैं सिर्फ़ अपने सामने देख सकता था

तिन-चर्च की मीनारों को। तब भ्रम होता था, जैसे वे धुंध के साथ-साथ हवा में तिरती जा रही हों—जहाज़ की तरह जो अँधेरे पानी पर एक ही जगह डगमगाता रहता है और लगता है, जैसे वह चल रहा हो! मैंने अपना मुँह उसके सिर पर रख दिया...वह हिली नहीं। स्कार्फ़ न होने के कारण उसके बालों की लटें मेरे चेहरे पर उड़ आती थीं—आँखों पर, माथे पर...काले अँधेरे पर भूरी लपटों-सी काँपती हुई। स्क्वायर के आर-पार धुंध उड़ रही थी!

"हमें चलना चाहिए," उसने कहा।

मैंने अपने कन्धे से उसका चेहरा उठाया...उसने मुझे देखा। उसकी आँखें सूखी और शान्त थीं।

"यह कैसी आवाज़ है?" उसने पूछा।

मैंने उसे नहीं सुना था। जब सुना, तब वह अलग हो गई थी और हवा में फड़फड़ाती अपनी स्कर्ट को समेट रही थी।

"तुमने सुना?" उसने सिर उठाकर मेरी ओर देखा।

कुछ लोग निकल्स स्ट्रीट से स्क्वायर की तरफ़ आ रहे थे। उनकी छायाएँ टाउन-हॉल की दीवार पर सरक रही थीं। वे गा रहे थे, स्क्वायर की साफ़ और खुली हवा में। फिर बीच में कोई लड़की हँसने लगती थी और आवाज़ों के बीच में गिटार का पगला, मँडराता-सा स्वर ऊपर उठ आता था।

"कौन हैं ये?" उसने पूछा।

"वे किसी बियर-पब से आ रहे हैं," मैंने कहा।

"वे हुलीगान्स जैसे लगते हैं..." उसने कहा।

"नहीं," मैंने हँसते हुए कहा, "ये स्टूडेंट्स हैं...हर साल क्रिसमस की छुट्टियों में रात को इसी तरह घूमते हैं।"

गली से निकलकर वे तिन-चर्च के सामने चले आए थे। उन्होंने एक ब्लोंड बालोंवाली लड़की को अपने कन्धे पर बिठा रखा था। उसके

हाथ में गिटार था और वह दूर से कोई स्पेनिश जिप्सी जान पड़ती थी। लड़के-लड़कियों ने उसे चारों ओर से घेर रखा था। अँधेरे में सिगरेटों की बिन्दियाँ चमक जाती थीं। किसी ने शराब की ख़ाली बोतल स्क्वायर में फेंक दी। वह टूटी नहीं और बर्फ़ पर पड़ी रही। लेकिन वे रुके नहीं। वे उसी सड़क पर मुड़ गए जो वैंसलेस स्क्वायर को जाती थी। फिर उनकी आवाज़ें मर गईं—गिटार की धुन कभी ऊपर उठती थी, एक थकी हुई लहर की तरह आवाज़ों के ऊपर धुंध और हवा को छूती हुई—फिर लौट जाती थी, एक सन्नाटे को छोड़कर जो पहले भी था, लेकिन जिसे अब हम सुन सकते थे।

उसने मेरी ओर देखा, वह मुस्करा रही थी। उसने मेरा हाथ पकड़ लिया और हम स्क्वायर का चक्कर काटकर निकल्स स्ट्रीट पर चले आए। "क्या गा रहे थे?" उसने पूछा।

"यह एक लोकगीत है," मैंने कहा। मैंने उसे कई बार होस्टल में सुना था। वे हमेशा उसमें कुछ अश्लील शब्द जोड़ देते थे, जिनका अनुवाद अंग्रेज़ी में असम्भव था। "तुम्हें भूख लग रही है?" मैंने पूछा।

"भूख नहीं...लेकिन मेरा गला सूख रहा है," उसने कहा।

हम धीरे-धीरे चलते हुए निकल्स स्ट्रीट के छोर पर पहुँच गए। बाईं ओर यहूदियों का सिनानोग था। दोनों तरफ़ पुरानी इमारतें थीं और उनके बीच चलते हुए हमें एक-दूसरे के पैरों की चाप सुनाई दे जाती थी। पहले यहाँ यहूदियों के मकान थे—उनके दरवाज़ों पर कभी-कभी 'जीद' का धुँधला-सा निशान दिखाई दे जाता था। लड़ाई के दिनों में जर्मनों ने यह निशान हर यहूदी के भवन पर लगा दिया था, ताकि वह अन्य मकानों से अलग करके पहचाना जा सके। अब वहाँ यहूदी नहीं रहते थे, लेकिन वे निशान अब भी घर के फाटकों पर पलस्तर झरती दीवारों पर दिखाई दे जाते थे।

सिनानोग के पीछे आकर हम ठहर गए। सिमिट्री का फाटक बन्द

था। लेकिन भीतर बिखरी क़ब्रें दिखाई दे जाती थीं। उन्हें क़ब्रें कहना भी असंगत-सा लगता था, न कहीं क्रॉस लगा था, न कोई टूम्ब स्टोन। लम्बे नुकीले पत्थर सूखे कंकालों-से बर्फ़ और झाड़ियों के बीच खड़े थे—नंगे, हवा में स्तब्ध और सफ़ेद।

"तुम कुछ दिन रुक नहीं सकतीं?" मैंने पूछा।

"मैं क्रिसमस के दिन वियना में रहना चाहूँगी," उसने कहा।

उसने मेरा हाथ छोड़कर कन्धे पर रख दिया। सिमिट्री के पत्थरों पर हवा चल रही थी...कभी-कभी हमारे पीछे कोई ट्रक चली जाती थी। उसकी हैडलाइट से मद्धिम दायरों में सिनानोग की लम्बी काली छाया सफ़ेद बर्फ़ पर फिसल जाती थी।

उसने मेरी ओर देखा, फिर वह धीरे-से हँस पड़ी। "सुनो...अब हमें भूल जाना चाहिए।" उसने कहा।

"क्या भूल जाना चाहिए?" मैंने उसकी ओर देखा।

"कल के बारे में..." उसने कहा।

"मैं उसके बारे में नहीं सोच रहा," मैंने कहा।

"सुनो...अब हम उसके बारे में नहीं सोचेंगे..." उसने कहा।

"तुम कुछ दिन रुक सकती हो," मैंने कहा।

"तुमने कहा था, तुम उसके बारे में नहीं सोचोगे..." उसने हँसकर कहा।

उसने धीरे-से मेरा मुँह अपनी तरफ़ कर लिया। हम दोनों एक-दूसरे को देखते रहे। उस क्षण मुझे लगा, कोई फ़ायदा नहीं है। यह सोचकर मुझे हल्का-सा लगा, जैसे मैं ख़ाली-सा हो गया हूँ।

"हमें कोशिश करनी चाहिए," उसने कहा।

"कैसी कोशिश?"

"यह सोचने की कि हम पहले जैसे ही हैं," उसने कहा।

"तुम ऐसा सोचती हो?" मैंने कहा।

"मैं शुरू से ही ऐसा सोचती थी..." उसका स्वर इतना दबा था कि मैं चुप रहा। निकल्स स्ट्रीट पार करने के बाद हम एम्बेंकमेंट पर चलने लगे थे। वहाँ बहुत-से पेड़ थे और हम उनके नीचे चल रहे थे। बेंचों पर बर्फ़ थी और उनके नीचे झाड़ियाँ थीं जो ढलान पर उतरती हुई वल्तावा की ओर चली गई थीं। दूसरी तरफ़ लेतना की पहाड़ी थी, जिसके ऊपर ऑब्ज़रवेट्री के तीन लाल सितारे टिमटिमा रहे थे। कभी-कभी कुछ टूटने की धीमी-सी आवाज़ होती, जैसे कोई चीज़ अँधेरे में करकरा रही हो। यह नदी पर जमी बर्फ़ थी जो टूट जाती थी और तब लगता था, जैसे कोई चाकू से काँच काट रहा हो!

"सुनो...हम कहीं बैठ नहीं सकते?"

"तुम थक गई हो?" मैंने उसकी ओर देखा।

"नहीं...मैं रात-भर चल सकती हूँ," उसने हँसते हुए कहा, "लेकिन मैं कुछ पीना चाहूँगी..."

"हम मानेश चल रहे हैं," मैंने कहा।

"वह क्या वही रिल्केवाला रेस्तराँ है?" उसने मेरी ओर देखा।

"वह पास ही है...तुम वहाँ पहले नहीं गईं," मैंने कहा।

मुझे लगा, वह ठिठुर रही है। नदी की ओर से हवा उठी थी—दिसम्बर की रात में वह हड्डियों के बीच धँस जाती थी। लगता था, जैसे कान चमड़े के बने हों...पाँव सुन्न-से हो गए थे।

"सुनो, तुम मेरा ओवरकोट ले लो," मैंने कहा।

"तुम क्या पहनोगे?"

"मैंने जैकेट पहन रखी है," मैंने अपना ओवरकोट उतारकर उसके कन्धों पर रख दिया। वह उसके पैरों तक आता था—चौड़ा, चारों तरफ़ से ढीला। मैंने उसका हुड उठाकर उसके सिर पर ढँक दिया। वह हँसने लगी। "मैं चल नहीं सकती," उसने कहा। हुड और कॉलरों के बीच सिर्फ़ उसका चेहरा सहमा-सा दिखाई देता था।

"तुम्हें सर्दी तो नहीं लग रही?" उसने मेरी ओर देखा।

"मैं ठीक हूँ," मैंने कहा।

उसने मेरा हाथ पकड़ लिया...हम एम्बेंकमेंट की रेलिंग के साथ-साथ चलने लगे। उसकी स्कर्ट और फ्रॉक मेरे कोट के भीतर छिप गए थे...सिर्फ़ चेहरा खुला था, सफ़ेद और रात के अँधेरे में अकेला-सा।

मुझे तब हैरानी-सी हुई थी। उस रात अँधेरे एम्बेंकमेंट पर चलते हुए हमने एक-दूसरे का हाथ पकड़ लिया था—उन बच्चों की तरह जो अँधेरे में एक-दूसरे से डरते हुए भी एक-दूसरे को पकड़े रहते हैं...मानो ऐसा करने से ही वे उस डर से बच जाएँगे जो उन दोनों के बीच में है और फिर भी दोनों से बाहर है।

सामने चार्ल्स ब्रिज की बत्तियाँ थीं—हवा और धुंध से टिमटिमाती हुई। जब कभी ट्राम आती, नदी पर जमी बर्फ़ सहसा चमकने लगती। लगता कि समूचा शहर, घर और पुल रात के नीरव, काले जल पर हिल रहे हों...

सिर्फ़ आकाश ठहरा था—सम्पूर्ण, स्निग्ध और चमकते हीरे-सा शीतल! दिसम्बर का आकाश, समूचे प्राग को घेरता हुआ, अपने में मुक्त और ममताहीन...

रायना की आँखें मानेश पर ठिठक गईं। हमने उसे दूर से देखा था...प्राग के एक द्वीप पर।

हम पुल पर ठिठक गए। नीचे पानी था, जो अँधेरे में दीखता नहीं था। एम्बेंकमेंट से एक छोटा-सा पुल उस टापू को जोड़ता था। नीचे बियर गार्डन था, जहाँ गर्मियों में लोग बैठते थे। कुर्सियाँ, रंग-बिरंगे छाते, चौड़ी बियर की मेज़ें अब भी वहाँ रखी थीं, लेकिन अब वे ख़ाली और उजाड़ थीं। अब बाहर कोई नहीं बैठता था।

ऊपर टैरेस था—जहाज़ के डेक की तरह लम्बा और शान्त। नदी की छोटी लहरें उसे भिगोकर मुड़ जाती थीं।

प्राग में बहुत-से टापू थे...दरिया के बीच छोटे-छोटे भूखंड। ऐसे ही एक टापू पर मानेश बसा था। एम्बेंकमेंट से ज़्यादा दूर नहीं, फिर भी रात के समय वह बहुत दूर लगता था। चारों ओर बत्तियों से घिरा हुआ, जैसे दरिया के किनारे पर कोई गज़रा आ ठहरा हो!...

"मैंने इतना सुन्दर रेस्तराँ कभी नहीं देखा," रायना ने कहा।

उसकी आँखें मानेश की बन्द खिड़कियों पर लगी थीं, जो हल्के नीले प्रकाश में चमक रही थीं। पुल के अन्तिम सिरे पर दरवाज़ा था... लगता था, जैसे हम पुल पर चलते-चलते अजाने में ही रेस्तराँ के भीतर चले आए हों!

उसने मेरा कोट उतारकर मुझे वापिस कर दिया। वह अब अपनी काली स्कर्ट में बहुत हल्की-सी लग रही थी। इतनी देर अँधेरे में रहने के बाद मैंने पहली बार रोशनी में उसका चेहरा देखा था। काली पोशाक के ऊपर उसकी लम्बी, संगमरमर-सी सफ़ेद गर्दन उठ आई थी...

उसने मेरी ओर देखा। वह मुस्करा रही थी।

"सुनो...मुझे बड़ा अजीब-सा लग रहा है।"

"यहाँ आने पर?"

"हाँ...अभी," उसने कहा।

उसकी आँखों में न उदासी थी, न कोई अवसाद—वे सिर्फ़ देख रही थीं।

"यहाँ सर्दी है—हमें भीतर चलना चाहिए," मैंने दरवाज़ा खोला, लेकिन उसने मेरा हाथ रोक लिया।

"ज़रा ठहरो..."

उसने अपने बालों को पीछे समेट लिया।

"डोंट लेट मी ड्रिंक टू मच..." उसने धीरे-से कहा।

उसका चेहरा ढीला-सा हो आया था—थका और क्लान्त। पहली बार मुझे लगा, जैसे उसकी आँखों के नीचे दो झुर्रियाँ उभर आई हैं—नीले

गड़हों के आस-पास पेंसिल की अधमिटी रेखाओं-सी।

"रायना, तुम ठीक हो?"

"मुझे क्या हुआ है?" वह धीरे-से हँस दी, "मैं सिर्फ़ थक गई हूँ।"

"सुनो...हम घर लौट सकते हैं..." मैंने कहा।

"घर?" उसने हल्के विस्मय से मेरी ओर देखा।

"मेरे कमरे में...तुम वहाँ कुछ देर आराम कर सकती हो।"

"नहीं...मुझे कोई फ़र्क़ नहीं पड़नेवाला—कुछ देर में मैं बिलकुल ठीक हो जाऊँगी," उसने कहा। "मैं अब भी ठीक हूँ," उसने दुबारा कहा।

मैं अनिश्चित-सा खड़ा रहा।

"क्या देख रहे हो?" उसने हल्के-से मेरा कन्धा झिंझोड़ दिया।

मैं कुछ कहना चाहता था। मैं कहना चाहता था कि मैं कोशिश नहीं कर सकता, वह हँसने लगी। "तुम फिर सोच रहे हो?" उसने कहा। पुल पर कुछ छायाएँ रेस्तराँ से बाहर निकलीं—हँसती हुई बातों में मग्न। आधे खुले दरवाज़े से ऑरकेस्ट्रा का सुर बाहर निकल आया—हवा में, नदी के अँधेरे पर। "तुम चलोगे नहीं? मैं यहाँ खड़ी नहीं रह सकती," उसने कहा।

मैंने उसकी ओर देखा—रेस्तराँ का आधा, कटा आलोक उसके पीले तिकोने चेहरे पर गिर रहा था। मुझे लगा, मैं उसके बारे में कुछ नहीं जानता...उस क्षण वह मुझे उतनी ही परायी और दूर-सी जान पड़ी जितनी पहले दिन...वह रात की शुरू की घड़ी थी। हम पुल पर खड़े थे। आज भी—अरसे बाद—आँखें मूँदकर मैं उन सब घटनाओं पर अँगुली रख सकता हूँ, जो सर्दी के उन दिनों में गुज़री थीं। वह 'याद करना' मुश्किल नहीं है। वह उतना ही आसान है, जैसे हम किसी बचपन की धुन को लम्बी मुद्दत बाद पियानो पर बजाते हैं। ध्यान अगर भटक भी जाए, अँगुलियाँ हर नोट पर पुराना रास्ता टटोल लेती हैं।

वहीं एक कोने में हम बैठ गए थे। भीड़ बहुत थी और गर्मी

भी। हमें कोई ख़ाली मेज़ नहीं मिल सकी, इसलिए हम खिड़कियों की तरफ़ चले आए। वहाँ हवा से बचने के लिए कुछ लोग अपनी कुर्सियाँ छोड़कर चले गए थे। ऊपर बहुत-से गुब्बारे थे जो नाचते हुए जोड़ों पर हिल रहे थे। क्रिसमस के दिनों में उसे विशेष रूप से सजाया जाता था। मैंने उसकी ओर देखा। वह स्तम्भित आँखों से उन वेटरों को देख रही थी जो नाचते हुए जोड़ों के बीच रास्ता बनाते हुए बियर के मग ले जा रहे थे।

"लगता नहीं, हम प्राग में हैं।" उसने चारों ओर देखते हुए कहा। "लगता है, हम किसी जहाज़ में बैठे हैं।"

"तुम कभी जहाज़ में बैठी हो?" मैंने पूछा।

"सिर्फ़ एक बार...वह भी स्टीमर में। कोपनहेगन से स्वीडन जाते हुए हम उसमें बैठे थे," उसने कहा।

"इन दिनों यहाँ ज़्यादा लोग नहीं आते...लेकिन गर्मियों में ऊपरवाला टैरेस भरा रहता है," मैंने कहा।

वह हँसने लगी।

"तुम गर्मियों की इतनी बातें करते हो कि कभी-कभी मुझे लगता है, मैंने इन दिनों यहाँ आकर बड़ी लगती की है," उसने कहा।

"तुम गर्मियों में फिर आ सकती हो," मैंने कहा।

वह कुछ देर चुप बैठी रही—फिर उसने मेरी ओर देखा। "सुनो, गर्मियों में तुम्हें वियना आना चाहिए—तुम्हें यूरोप आए दो साल हो गए, लेकिन तुम घूमे बिलकुल नहीं," उसने कहा।

"अगर तुम मेरी इंटरप्रेटर बन सको, तब मैं आ सकता हूँ," मैंने कहा।

वह हँसने लगी। "मैं कभी-कभी बिलकुल भूल जाती हूँ कि तुम इंटरप्रेटर हो," उसने कहा। "तुम क्या छुट्टियों में यही काम करते हो?"

"हमेशा नहीं," मैंने कहा। "फिर यह ख़ास काम भी नहीं है।"

वेटर हमारी मेज़ के सामने आकर ठहर गया।

"तुम क्या लोगी?"

"कुछ भी पीने के लिए...मेरा गला सूख रहा है।"

"एक बोतल तोकाई," मैंने वेटर से कहा। वह चला गया।

"तुमने कभी पी है?" मैंने उसकी ओर देखा।

"हाँ...एक बार बुदापेस्ट में। जाक को वह बहुत पसन्द थी," उसने धीरे-से कहा।

हम चुप बैठे रहे। मुझे कुछ अजीब-सा लगा कि उस दिन उसने पहली बार जाक का नाम लिया था।

जब कभी ऑरकेस्ट्रा कुछ देर के लिए चुप हो जाता, नाचनेवाले लोग अपनी मेज़ों पर वापिस चले आते। उस अन्तराल का फ़ायदा उठाने के लिए एक अधेड़ उम्र का व्यक्ति गिटार बजाने लगता। वह कोई पुराना सिपाही-सा जान पड़ता था। भीतर की गर्मी के बावजूद उसने गर्म ख़ाकी कोट पहन रखा था। सिर पर एक पुराना बाउलर हैट था, जिसके दोनों ओर सफ़ेद बाल छितर आए थे। गिटार लेकर वह हर मेज़ के सामने जाता और लोगों की फ़रमाइश पर किसी गीत की धुन बजाने लगता।

वेटर ने दो गिलास सामने रख दिये, फिर बोतल खोली। रोशनी में वह अनार के रस की तरह उजली और लाल दिखाई दे रही थी।

गिलास उठाकर वह मेरी ओर देखने लगी। दो गर्म रक्तिम-से फूल फिर उसके गालों पर सिमट आए थे। अब वे काले गड़हे नहीं थे, जिन्हें मैंने बाहर दरवाज़े पर देखा था।

"क्या सोच रही हो?"

"हमें किसके लिए पीना चाहिए?" उसने हँसते हुए पूछा।

मैंने अपना गिलास उठा लिया...वह चुपचाप नाचते हुए जोड़ों को देखती रही। उनकी छायाएँ दरवाज़ों के पर्दों पर डगमगा जाती थीं। ऑरकेस्ट्रा का स्वर बहुत धीमी गति से हमारे पास तिर आता था।

"तुम पियोगी नहीं?" मैंने पूछा।

वह जैसे जाग गई। फिर एक छोटी अधूरी-सी मुस्कराहट में उसके होंठ खुल गए।

"सुनो...हमें आज प्राग के लिए पीना चाहिए," उसने कहा। फिर सहसा उसने हाथ रोक लिया। "प्राग के लिए नहीं...प्राग में इन दिनों के लिए," उसने हँसते हुए कहा। "मुझे ये दिन हमेशा याद रहेंगे।"

'इन दिनों के लिए...' हम पीने लगे। तोकाई शुरू-शुरू में हमेशा ख़ामोश-सा बना देती है। लेकिन लगता नहीं कि हम ख़ामोश बैठे हैं। हम सुनने लगते हैं—आवाज़ों को, जो अब हैं या जो हमने बहुत पहले सुनी थीं और यह 'सुनना' उतना ही उत्तेजित कर देता है जितना बातें करना। मुझे सहसा पिछली रात याद हो आई जब हम लेतना की पहाड़ी से नीचे उतर रहे थे। उसे 'याद' कहना भी ग़लत है। पीने के समय मुझे कुछ बीता हुआ नहीं लगता। लगता है, सब स्मृतियाँ एक जगह ठहर गई हैं—पानी के नीचे सुडौल, चमकीले पत्थरों की तरह।

"आप कुछ सुनना चाहेंगे?"

हमने ऊपर देखा। वही अधेड़ व्यक्ति गिटार लेकर हमारी मेज़ के सामने खड़ा था।

मैंने अपना तोकाई का गिलास उसके आगे बढ़ा दिया।

"थोड़ा-सा लीजिए," मैंने कहा।

ज़्यादा आग्रह की ज़रूरत नहीं पड़ी। एक घूँट में उसने सारा गिलास ख़ाली कर दिया। कोट की फटी-पुरानी आस्तीन से मुँह पोंछकर उसने हम दोनों की ओर देखा।

"आप विदेशी हैं?"

"हाँ," मैंने मुस्कराकर उसकी ओर देखा।

"ताके वाशे ज़ेना?' (आपकी स्त्री भी?)

"वह ऑस्ट्रियन है," मैंने कहा।

"बेल्मी हैस्का!" (वह बहुत सुन्दर है!) उसने रायना की ओर देखकर कहा।

"नेनी मोय ज़ना!" (वह मेरी स्त्री नहीं है।) मैंने कहा।

"ये स्तेने हैस्का!" (उससे कोई अन्तर नहीं पड़ता...वह बहुत सुन्दर है।) उसने कहा।

"वह क्या कह रहा है?" रायना ने मेज़ पर झुककर पूछा।

"उसे हम बहुत पसन्द हैं," मैंने कहा।

उसने गिटार पर उन दिनों की एक लोकप्रिय धुन छेड़ दी। दूसरी मेज़ों पर बैठे लोग गाने लगे। वह रायना के पास चला आया और झुककर बोला, "वि ने तान्चिते?"

"क्या कह रहा है?" रायना ने मेरी ओर देखा।

"पूछ रहा है...'तुम नाचोगी नहीं'?" मैंने कहा।

एक क्षण तक वह उपेक्षा-भरी दृष्टि से गिटार बजाते व्यक्ति को देखती रही, फिर उसने अपना गिलास उठाया और बची हुई तोकाई गट-गट पी गई। मैं देखता रहा।

"तुम्हें एक संग इतना नहीं पीना चाहिए," मैंने धीरे-से कहा।

"लेट अस डांस..." उसने कहा।

हम उठ खड़े हुए। उसने अपने बालों को पीछे समेट लिया। गर्मी बहुत थी। उसके माथे पर पसीने की बूँदें टिमक रही थीं। हम कुछ देर तक कुर्सियों के पास खड़े रहे। डांसिंग-फ़्लोर इतना छोटा था कि बिना पीठ से पीठ टकराए मुड़ पाना भी असम्भव था। मैंने उसका हाथ पकड़ लिया। हम कुर्सियों से आगे निकल आए थे।

"नाचते हुए तुम हमेशा मुझसे बड़े लगते हो," उसने मेरी ओर देखा। उसका सिर मेरी आँखों के नीचे था। उसने अपना एक हाथ मेरे कन्धे पर रख लिया था।

उसका सिर मेरे कन्धों से भी नीचे आता था। जब कभी वह

अपना सिर उठाती, उसकी गर्दन की हड्डी सीधी तन जाती थी—रोशनी में सफ़ेद और कठोर। पाउडर का एक छोटा-सा निशान लापरवाही से वहाँ जमा रह गया था।

हम नाचते हुए कोने में खिड़कियों के पास चले आए थे। वे खुली थीं और बाहर नदी का शान्त जल रेस्तराँ की बत्तियों से झिलमिला रहा था।

"तुम्हें याद है...जब हम पहले दिन स्केटिंग-रिंक गए थे," उसने कहा।

उसका स्वर बहुत कोमल था।

"मैंने सोचा था, हम दोबारा वहाँ जाएँगे। उस दिन तुम स्केटिंग नहीं कर सकीं," मैंने कहा।

वह चुप रही। बाहर दिसम्बर की रात थी, वल्तावा पर फैली हुई। जब हम नाचते हुए खिड़की के सामने से गुज़रते, उसकी एक ठंडी धुँधली-सी झलक मिल जाती।

"सुनो...मुझे लगता नहीं कि कल मैं यहाँ नहीं रहूँगी," उसने कहा।

ऑरकेस्ट्रा के वायलिन का सुर ऊपर उठा था—सुनहरा और भूरा, हवा में काँपता हुआ—जैसे कोई हाथ से मुँह ढँककर बहुत धीरे-धीरे रो रहा हो!

"तुम क्या सोचते हो?" उसने धीरे-से पूछा।

"किसके बारे में रायना?"

"हर चीज़ के बारे में..." उसने अपना सिर उठाया—उसकी आँखें मेरे चेहरे पर उठी थीं। एक रूखा, दुर्दमनीय-सा विषाद उनमें सिमट आया था। बाहर अँधेरी सड़क पर चलते हुए हमने सोचा था कि हम कोशिश कर सकेंगे। अब हर कोशिश निरर्थक-सी लग रही थी।

"रायना...तुम्हें याद है...तुमने कहा था, जो चीज़ें नहीं हैं, हमें उन पर विश्वास करना चाहिए...?" मैंने कहा।

वह धीरे-से हँस पड़ी।

"हाँ...अगर वे नहीं हैं," उसने कहा।

"जब वे होती हैं, तब हम उन्हें स्वीकार नहीं करते," मैंने कहा।

हम एक ही जगह पर ठिठक गए थे। ऑरकेस्ट्रा पर 'ब्लू डेन्यूब' की धुन बज रही थी—इतनी धीमे कि डांसिंग-फ़्लोर पर नाचते हुए पैरों की आहट सुनाई दे जाती थी। उस क्षण यह सोचना असम्भव लगा कि रायना और फ्रांज़ जैसे हज़ारों लोगों ने कभी लड़ाई में ज़िन्दगी गुज़ारी होगी और तब पहली बार मुझे लगा कि उनके अतीत का मेरे अतीत से कोई सम्बन्ध नहीं था। वह एक अत्यन्त शान्तिपूर्ण रात थी।...स्कर्ट की स्वप्निल सरसराहट...और संगीत...ब्लू डेन्यूब की धुन पर लड़के-लड़कियाँ नाच रहे थे। बाहर शहर नीले अँधेरे में लिपटा था। 'इट इज़ पीस टाइम,' मैंने सोचा। शान्ति के दिन!

"क्या सोच रही हो?" मैंने उसका मुँह उठा दिया। उसकी आँखें चमक रही थीं।

"सुनो...तुम्हें यह तो नहीं लग रहा कि मैंने बहुत ज़्यादा पी ली है?"

"तुम बिलकुल ठीक हो," मैंने कहा। "लेकिन अगर तुम चाहो तो हम बैठ सकते हैं।"

"नहीं...नाचने में मुझे कभी थकान नहीं होती," उसने कहा। उसने अपना सिर मेरे कन्धे पर टिका दिया। मैं अब उसका चेहरा नहीं देख सकता था—सिर्फ़ उसकी गर्दन मेरे नीचे थी और बाल...मैं उसकी ओर देखता रहा। भूरे बाल घास की गन्ध में लिपटे हुए...शुरू पतझर में पकी हुई घास की गन्ध...मैंने बहुत नहीं पी थी, लेकिन दिन-भर की थकान के बाद मुझे सब-कुछ झीने पर्दे के पीछे काँपता-सा लग रहा था...

"सुनो..." उसने अपना सिर उठाकर मेरी ओर देखा।

"क्या है रायना?"

"क्या हम रात-भर इसी तरह नहीं नाच सकते?"

"नाउ यू आर ड्रंक!" मैंने हँसकर कहा।

हम बहुत धीरे-धीरे घूम रहे थे...उस रात की बहुत-सी बातें धुँधली पड़ गई हैं, हालाँकि उस घड़ी मुझे आस-पास की हर चीज़ बहुत स्पष्ट और चमकदार दिखाई दे रही थी। गर्मी बहुत थी और हम बार-बार अपनी मेज़ के पास आकर तोकाई पी लेते थे। मैंने उसे कुछ देर बाद पीने से रोकना चाहा था। वह मेरी ओर देखकर हँसने लगी थी।

"मैं वियना में इससे कहीं ज़्यादा पी लेती थी," उसने कहा।

नाचते हुए उसका बोझ मुझ पर झुक आया था। कभी-कभी वह बिलकुल निश्चल-सी हो जाती। मुझे भ्रम-सा हो जाता कि शायद वह सो रही है। कई बार मैंने सोचा कि उसका सिर कन्धे से उठाकर अपने सामने कर लूँ, सिर्फ़ यह देखने के लिए कि वह ठीक है, किन्तु उसकी साँसें इतनी नियमित और नरम थीं कि उनमें किसी प्रकार की बाधा डालना मुझे असम्भव-सा लगा। फिर सहसा मुझे अपने पेट के खोखल में एक भयावह-सी उमठन महसूस होने लगी...वह कल नहीं होगी, यह असम्भव-सा लगा। जब से उसने कहा था, मैंने उसके बारे में नहीं सोचा था; किन्तु उस घड़ी नाचते हुए मुझे यह असह्य-सा लगा था। उसका सिर, चेहरा, बाल...पूरी देह मेरे निकट थी—ठोस, जीती हुई और साँस लेती हुई। वह सच था। वह कल नहीं होगी—ये महज़ शब्द थे—वे अभी 'सच' नहीं बने थे। मुझे विस्मय-सा हुआ कि मैं बिलकुल आतंकित नहीं हूँ। तुम उस बात से आतंकित नहीं हो सकते जो सच है, लेकिन जो अभी तुम्हारे लिए सच नहीं बनी।

"तुम नाच नहीं रहे?"

उसने मेरी ओर देखा। हम बीच फ़्लोर में खड़े थे। नाचते हुए लोग हमारे पास से निकल जाते थे। वे हमें विस्मय और कौतूहल से देख रहे थे। हम शायद बहुत देर से एक ही जगह खड़े रहे थे।

"हमें अब चलना चाहिए," मैंने कहा।

"अभी नहीं," उसने कहा। "हम कुछ देर बैठ सकते हैं।"

हम अपनी मेज़ के पास चले आए।

उसने वेटर को बुलाया।

"दो कोन्याक!" उसने कहा।

"मुझे तुम्हें उठाकर ले जाना होगा," मैंने कुछ खीझकर कहा।

"नाचने के बाद कोन्याक मुझे बहुत अच्छी लगती है," उसने कहा।

उसकी साँस चढ़ आई थी...चेहरा गर्मी से दमक रहा था। उन्होंने ऑरकेस्ट्रा पर कुओडरिल बजाना शुरू कर दिया था। सब लोग अपनी कुर्सियाँ छोड़कर डांसिंग-फ़्लोर पर चले आए थे। मुझे कुओडरिल शुरू से अच्छा लगता था...बहुत पहले बचपन में मैंने कोई कहानी पढ़ी थी, उसे सुनकर मुझे हमेशा उसकी याद हो आती थी। वह खिड़की के बाहर देख रही थी। हवा से उसके माथे पर पसीना सूखने लगा था।

वेटर कोन्याक के दो गिलास मेज़ पर रख गया।

"क्या देख रही हो?"

उसने आँखें खिड़की से हटा लीं।

"बाहर...प्राग को। यहाँ से सारे शहर की रोशनियाँ दिखाई देती हैं।"

उसने कोन्याक का गिलास मुँह से लगा लिया। हम चुपचाप पीने लगे। वह एक शान्त कोना था, जहाँ हम बैठे थे, बाहर नदी का ठंडा सरसराता स्वर सुनाई दे जाता था।

"हम पहली बार कोन्याक एक साथ पी रहे हैं," उसने कहा।

मुझे लगा कि वह मुस्करा रही है।

"क्या बात है?" मैंने उसकी ओर देखा।

"कुछ नहीं...मैं सोच रही थी...इन तीन दिनों में हम पहली बार इतना निश्चिन्त बैठे हैं...वर्ना हमें बराबर कहीं-न-कहीं भागने की जल्दी रहती थी," उसने कहा।

"आज सचमुच हमें जल्दी नहीं है," मैंने कहा और तब मुझे हल्का-सा कौतूहल हुआ...हमारी बातों में 'पहली बार' कितनी बार आता

था। उसने अपने बैग से सिगरेट निकालकर सुलगा ली। ऑरकेस्ट्रा का स्वर झूमता, ठिठकता हुआ हमारे बीच चला आता था।

वह चुपचाप सिगरेट पीती हुई नाचते हुए लोगों को देख रही थी। वे हमारी मेज़ के पास से गुज़र जाते थे...कभी-कभी हमें उनकी दबी-सी फुसफुसाहट सुनाई दे जाती थी। कभी-कभी कोई व्यक्ति उछलकर छत पर लटकते गुब्बारों को तोड़ देता। लड़कियाँ खिलखिलाकर हँसने लगतीं। जब कभी कोई गुब्बारा फूट जाता, नाचनेवाले जोड़े तालियाँ बजाने लगते। मेज़ पर बैठे लोग बियर के मग ऊपर उठाकर हँसने लगते। ऑरकेस्ट्रा के सुर नीचे दब जाते...और नाचते हुए पैरों की ध्वनि, हँसी, बियर के गिलासों की खनखनाहट के अलावा कुछ सुनाई नहीं देता था।

कोन्याक के बाद मुझे बहुत हल्का-सा लग रहा था।

"शैल वी डांस?" मैंने कहा।

उसने मुस्कराते हुए मेरी ओर देखा...उसकी आँखें सहसा, उज्ज्वल-सी हो आई थीं। उसने सिगरेट ऐश-ट्रे पर रख दी और खड़ी हो गई।

हम उनके बीच आ गए। वह आख़िरी डांस रहा होगा—एक तरह का चार्ल्स स्टोन। वह बहुत तेज़ था और हम उसके साथ पाँव नहीं मिला पाते थे। लेकिन इसकी चिन्ता किसी को नहीं थी। रात की उस घड़ी में सब इतना पी चुके थे कि एक अजीब-सी लापरवाही सब पर छा गई थी। भीड़ बहुत थी और हम बार-बार अलग हो जाते थे और दूसरे लोगों के बीच आ जाते थे। जब हम दुबारा एक-दूसरे से मिलते थे, तो हँसने लगते। हम कुछ भी कह नहीं सकते थे, क्योंकि उस कोलाहल में कुछ भी सुनना असम्भव था। रायना बराबर हँस रही थी...हमारे इर्द-गिर्द बहुत-से लोग दायरा बनाकर बैठ गए थे और बियर पीते हुए गाने लगे थे।

"रायना!" मैंने उसके कानों में चीख़ते हुए कहा।

"रायना..." उसने मेरी ओर देखा।

"तुम ठीक हो?" मैंने पूछा।

उसने हँसते हुए कहा, "इट इज़ सो विविड एंड वंडरफुल।"

एक चमकीला निडर-सा आह्लाद उसमें था...हम दोनों के बीच जो डर आ गया था, वह अब नहीं था। और तब मुझे लगा, जैसे पूरे दिन के बाद हमने उस शोर और भगदड़ तथा बियर और पसीने के बीच किसी अदृश्य नियति को स्वीकार कर लिया था—बिना किसी शब्द के, बिना एक-दूसरे को दिलासा दिये। कितने अनजाने में सुख आ जाता है, मैंने सोचा, जब हमें उसकी कोई आशा नहीं रहती। वह सुख नहीं होता, बल्कि आदमी ख़ुद अपने दुख को छोटा करके देखने लगता है...रायना उस भीड़ में बिलकुल बदल-सी गई थी...कभी-कभी कोई युवक उसके संग नाचने लगता और वह मेरी ओर देखकर हँसने लगती...उसके बाल माथे पर चिपक गए थे, चेहरे पर वही दो लाल फूल दहकने लगे थे, जिन्हें मैंने ऑडिटोरियम में देखा था...मैं कोने में खड़ा होकर चुपचाप उसे देखता रहा...

फिर मैं खिड़की के पास चला आया। भीतर के शोर के बाद बाहर का अँधेरा बहुत नीरव और कोमल-सा जान पड़ता था। पुलों की बत्तियाँ नदी पर झिलमिला रही थीं। पीछे लेतना की पहाड़ी थी, धुंध में लिपटी हुई। लिटिल क्वार्टर की छतों के बीच सेंट निकलस चर्च का गुम्बद खड़ा था। हमने कल उसे मॉनेस्टरी के मैदान से देखा था। मुझे सहसा लगा, जैसे आनेवाले दिनों में मैं जब कभी कोई चीज़ देखूँगा, मुझे हमेशा यह याद आता रहेगा कि मैं रायना के साथ वहाँ गया था... मैं कभी पहले की तरह अपने में नहीं रह सकूँगा। मैं मेज़ के पास आया और कोन्याक का गिलास उठा लिया...मुझे लगा, मेरा हाथ काँप रहा है। मैं नाचनेवालों की भीड़ में रायना को देखने लगा। लगता था, वह इस भीड़ और शोर में मुझे भूल-सी गई है...अब वे सब अपनी-अपनी शराब और बियर छोड़कर डांसिंग-फ़्लोर पर चले आए थे। कभी-कभार

रायना की एक उड़ती हुई झलक मिल जाती थी...जब वह मुझे देखती, एक छोटी-सी मुस्कान उसके होंठों पर सिमट आती।

"आई फ़ील नथिंग..." मैं धीरे-से हँसने लगा।

कुछ देर बाद वह भीड़ से निकलकर मेरे पास चली गई। उसकी साँस फूल गई थी। आँखों में एक उत्तप्त सूखी-सी चमक थी...आते ही वह मेज़ पर बैठ गई।

"मुझे थोड़ी-सी कोन्याक दोगे?"

"तुम शाम से पी रही हो," मैंने कहा।

"मैं ठीक हूँ," उसने कहा। बत्तियाँ धीरे-धीरे बुझने लगी थीं। वे वॉल्स बजा रहे थे। डांसिंग-फ़्लोर ख़ाली होने लगा था। सिर्फ़ दो-तीन जोड़े बहुत धीमी गति से नाच रहे थे। फ़र्श पर फूटे हुए गुब्बारे, बियर की बोतलें, रूमाल या लिपस्टिक की डिबियाँ बिखरी थीं।

वेटर मेज़ के पास चला आया।

"माफ़ कीजिए, हम बन्द कर रहे हैं," उसने कहा और बिल रख दिया।

मैंने अपना कोट उठाया, किन्तु उसने अपने पर्स से कुछ नोट निकालकर मेज़ पर रख दिये।

"मेरे पास हैं..." मैंने उसकी ओर देखा।

"मुझे अब ज़रूरत नहीं पड़ेगी...चेक करेन्सी मैं वियना ले जाकर क्या करूँगी?" उसने कहा।

वह उठ खड़ी हुई और अपना कोट पहनने लगी। हम दरवाज़े के पास चले आए। उसके पाँव धीरे-से डगमगा जाते थे।

दरवाज़ा खोलकर हम बाहर आ गए।

हम दुबारा एम्बेंकमेंट पर चलने लगे। सड़क ख़ाली पड़ी थी। कभी-कभी कहीं दूर अँधेरे में ट्राम के पहियों की गड़गड़ाहट रात के सन्नाटे को तोड़ देती थी। पेड़ों की फुनगियों पर धुंध चिपक गई थी...जैसे वे सड़क पर खड़े एंजिल हों...सफ़ेद आलोक-मंडल अपने सिरों के इर्द-गिर्द ओढ़े हुए...निश्चल और ख़ामोश! जब हवा चलती, वे हिलने लगते। और एक दबी, रीती-सी सरसराहट सारे एम्बेंकमेंट पर सिहरने लगती।

नेशनल थिएटर के आगे ट्राम-स्टैंड था। आख़िरी ट्राम की प्रतीक्षा में इक्के-दुक्के लोग वहाँ खड़े थे। हम ठहर गए।

"हम कहाँ जा रहे हैं?" उसने मेरी ओर देखा।

"पहले होस्टल जाएँगे...तुम्हें भूख तो नहीं लग रही?"

"कोई रेस्तराँ नहीं खुला होगा?"

"इस वक़्त?" मैंने उसकी ओर देखा। "तुम्हें मालूम है, कितना बजा है?"

उसने कुछ नहीं कहा। कुछ देर तक हम चुपचाप खड़े रहे।

"वे मुझे होस्टल में आने देंगे?" उसने मेरी ओर देखा।

"इन दिनों छुट्टियाँ हैं। वे किसी को रोकते नहीं," मैंने कहा।

वह अनिश्चित-सी मुझे देखती रही।

"तुमने मेरा कमरा अभी तक नहीं देखा?" मैंने कहा।

"होस्टल देखा है," उसने हँसकर कहा। "मैं आज दोपहर को गई थी...लेकिन तुम वहाँ नहीं थे।"

उसका स्वर सहज-सा हो आया था...चेहरे पर वह ताप और उत्तेजना नहीं थी, जो कुछ देर पहले कोन्याक पीते समय चली आई थी।

"मैंने नहीं सोचा था, तुम इतनी देर तक नाच सकती हो।"

वह धीरे-से हँस पड़ी।

"पीने के बाद मुझे ध्यान नहीं रहता," उसने कहा।

"आज रात मैं सब-कुछ वही करना चाहती थी, जो बरसों पहले

किया करती थी...बिलकुल पुराने दिनों की तरह...मीता होता, तो मुझे पागल समझ लेता।"

उसने मुस्कराते हुए मेरा हाथ अपने हाथ में दबा लिया...हथेलियों के उस गरम दबाव में एक हल्की-सी कृतज्ञता छिपी थी...अनिर्वचनीय, अन्तहीन। पहली बार मुझे लगा, जैसे इस शाम तक हम दोनों के बीच जो रिश्ता था, वह अब नहीं है। वह बदल गया था, स्वत: और अनायास। जिस चाह की एक झलक ऑडिटोरियम में मिली थी, वह अब भी थी। पहले हम उसे देखकर लज्जित और आतंकित-से हो गए थे...अब उसका होना अनिवार्य-सा लग रहा था, हम दोनों के होने से जुड़ा हुआ।

आतंक अब भी था, किन्तु उसमें एक छोटा-सा विश्वास आ सिमटा था—विश्वास, जिसे हम पिछले तीन दिनों से अँधेरे में टटोल रहे थे। मूक और अदृश्य—उस आग की तरह, जिसे हम देख नहीं सकते, न उस पर अँगुली रखकर कह सकते हैं कि वह यहाँ है, किन्तु जिसका सूखा ताप एक अदृश्य सुदूर कोने से हमारी देह को छूने लगता है... एक-दूसरे के अँधेरे को भेदता हुआ। उस रात पहली बार मुझे लगा कि एक व्यक्ति दूसरे के लिए अँधेरा है—जैसे वह मेरे लिए थी, मैं उसके लिए। तीन दिन, तीन वर्ष...समय कुछ भी मानी नहीं रखता—अगर हम एक सुलगते क्षण में अँधेरे के बीच उस 'ताप' को पकड़ सकें...यह जानते हुए भी कि वह जीवित नहीं रहेगा और यह जानते हुए भी कि उसके बुझने के बाद हम फिर दुबारा अपने-अपने अँधेरे में ठिठुरने लगेंगे।

ट्राम घड़घड़ाती हुई हमारे सामने रुक गई। हम पिछली 'कार' में बैठ गए।

नेशनल स्ट्रीट, वैंसलेस स्क्वायर, म्यूज़ियम...बर्फ़ में ढँकी तारें, गीली सड़कों पर चमकती ट्राम की लाइनें, नाइट क्लब्ज़ के आगे खड़े लोग, फ़ुटपाथ पर अकेली चलती हुई कोई स्त्री...शराबियों की चीख़ें... यह आधी रात का प्राग था। ट्राम की खिड़की से हर चीज़ अँधेरे में

फिसलती हुई पीछे छूट जाती थी। जब कभी ट्राम का दरवाज़ा खुलता, ठंडी हवा का झोंका हम सबको कँपा जाता। वह मेरे पास बेंच पर बैठी थी—आँखें मूँदकर।

एक छोटी-सी मुस्कराहट उसके होंठों पर जम गई थी।

ट्राम का मद्धिम आलोक उसके रूखे बालों पर गिर रहा था। उसका निचला होंठ थोड़ा-सा खुला रह गया था...उसने अपने दोनों हाथ भींचकर घुटनों पर रख लिये थे। हर साँस के साथ कोन्याक की अधमीठी-सी गन्ध ऊपर चली आती थी।

सेंट जॉर्ज स्क्वायर पहुँचकर हम ट्राम से उतर गए। रात उजली और शान्त थी। शाम को होटल के सामने जो चाँद देखा था, वह अब फिर निकल आया था—वैसा ही पीला और रक्तहीन। एक झीना मैला-सा आलोक गली के गड़हों पर चमक रहा था...पुराने घरों के आगे, दीवारों के कोने में, जहाँ शाम की बर्फ़ सफ़ेद, सिकुड़ी बिल्लियों की तरह लेटी थी...

हम होस्टल के सामने खड़े हो गए।

कॉरीडोर की बत्ती जल रही थी...गलियारे के दूसरे छोर से ग्रामोफ़ोन की आवाज़ आ रही थी। दोनों ओर दरवाज़े बन्द थे। ऊपर की मंज़िल पर लड़कों के हँसी-ठहाके सुनाई दे जाते थे।

हम गलियारे के बीच आकर ठहर गए। रायना बहुत उत्सुकता से हमारे होस्टल के कमरों को देख रही थी।

"यह हमारा किचन है," मैंने उससे कहा।

वह गैस-स्टोव के इर्द-गिर्द बिखरे अंडों और प्याज़ के छिलकों

को देखने लगी। कोई चाय का पानी रखकर उठाना भूल गया था और अब वह उबल रहा था। मैंने स्टोव बुझा दिया।

"तुम यहीं खाना बनाते हो?" उसने पूछा।

"छुट्टियों में..." मैंने कहा।

"और बाक़ी दिन?"

"यहाँ होस्टल का मेस है...लेकिन वह छुट्टियों में बन्द रहता है।"

कमरे का ताला खोलकर मैं भीतर चला आया। बत्ती जला दी। हीटर पर हाथ लगाया, वह ठंडा पड़ा था।

मैंने उसकी ओर देखा और हँसने लगा।

"अभी कोट न उतारो...यहाँ काफ़ी सर्दी है," मैंने कहा।

वह अनिश्चित-सी देहरी पर खड़ी थी और मेरे कमरे को देख रही थी। मुझे हल्का संकोच हुआ। लगा, जैसे मैं उसकी आँखों से अपने कमरे को पहली कार देख रहा हूँ...दो पलंगों के बीच एक टेबुल लैम्प था—उसका शेड नहीं था, इसलिए मेरे रूममेट ने अपनी गर्म चौड़ी कैप उस पर लगा दी थी...दूर से वह कठपुतला-सा लगता था। बिस्तर के ऊपर बुक-शेल्फ़ था...एक लम्बे पट्टे पर। पलंग पर सिर झुकाकर बैठना होता था। मेरे रूममेट ने अपने बिस्तर के सामनेवाली दीवार पर अख़बारों से 'पिन अप' लड़कियों के चित्र काटकर लगाए थे। रोशनदान के टूटे शीशे पर अख़बार का काग़ज़ ठूँस दिया था...हवा चलने से वह बार-बार फड़फड़ाने लगता था। सिंक के नीचे जूठे बर्तन, बियर की ख़ाली बोतलें और जूते सब एक-साथ रखे थे। ऊपर एक छोटी-सी तार लगी थी, जिस पर मेरा तौलिया, मोज़े और बनियानें लटक रही थीं।

"तुम अकेले रहते हो?"

"एक लड़का और है...वह आजकल घर गया है। तुम कब तक खड़ी रहोगी?" मैंने उसकी ओर देखा।

वह भीतर चली आई और कोट उतारने लगी।

"अभी ठहर जाओ...मैं आग जला लेता हूँ।"

"ज़्यादा सर्दी नहीं है," उसने कहा और कोट उतारकर कुर्सी पर रख दिया।

हीटर के जलने की कोई आशा नहीं थी। मैंने फ़ायर-प्लेस के भीतर लकड़ियों को समेट लिया। वे ज़्यादा नहीं थीं, लेकिन रात-भर के लिए काफ़ी थीं। अलमारी के ऊपर से रद्दी अख़बार निकालकर अँगीठी में ठूँस दिये। फिर उन पर लकड़ियाँ चुनने लगा।

"तुम पागल हो," वह हँसने लगी।

"इस तरह घंटों लग जाएँगे," उसने कहा और मेरे पास बैठ गई। उसने अँगीठी से काग़ज़ बाहर निकाल लिये...सिर्फ़ अख़बार का एक पन्ना ऊपर रहने दिया।

"माचिस है?" उसने मेरी ओर देखा।

फिर एक-दो छोटी चिमटियाँ अख़बार पर रख दीं, और उन्हें जला दिया। कुछ देर बाद उसने कुछ और अख़बार भीतर डाल दिये। आग दहकने लगी।

"नाउ यू सी..." उसने मुस्कराकर मेरी ओर देखा...जलते अख़बार की लपट उसके चेहरे पर काँप रही थी।

"जान पड़ता है...तुम ज़िन्दगी-भर आग जलाती रही हो..." मैंने हँसकर कहा।

उसने सैंडिल उतार दिये और पाँव अँगीठी के पास सरका लिये।

"ज़िन्दगी-भर नहीं...लेकिन काफ़ी अर्से तक," उसने कहा, "उन दिनों हमें लकड़ियाँ भी नहीं मिलती थीं। हम सिर्फ़ सूखे पत्ते जलाकर रात काट देते थे।"

"कब?" मैंने उसकी ओर देखा।

वह लम्बे क्षण तक अँगीठी को निहारती रही।

"बहुत पहले, जब मैं कोलोन में थी," उसने धीरे-से कहा।

"क्या तुम वहाँ काफ़ी लम्बा अर्सा रही थीं?"

"तीन साल..." उसने कहा।

हम चुपचाप देखते रहे। धीरे-धीरे निचली लकड़ियों ने आग पकड़ ली थी। कमरा धीरे-धीरे गरम होने लगा था। कभी-कभी कोई लकड़ी चटक जाती और तब हम चौंक-से जाते।

"कोन्याक पीकर बहुत सुस्ती आती है," उसने कहा।

"तुम कुछ खाओगी?"

"अभी नहीं..." उसने कहा।

"मैं कॉफ़ी का पानी रख आता हूँ..."

"तुम अभी पीना चाहते हो?"

"नहीं...लेकिन तुम्हारे लिए वह ठीक रहेगी।"

"तुम कैसे जानते हो, मेरे लिए कौन-सी चीज़ ठीक रहेगी?" उसने मुस्कराते हुए मेरी ओर देखा।

मैंने उसके सैंडिल पलंग के नीचे रख दिये। वे अब सूख चले थे। फिर अलमारी खोली, उसका कोट कुर्सी से उठाकर हैंगर पर टाँग दिया। बिस्तर पर रात के कपड़े रखे थे...वे उठाकर मैंने अपने रूममेट के पलंग पर रख दिये।

"कुछ देर के लिए लेट जाओ...मैं अभी कॉफ़ी बना लाता हूँ," मैंने कहा।

उसने सिर उठाया...आग की गर्मी से उसका चेहरा सुर्ख़ हो आया था।

"तुम बैठे रहो," उसने कहा।

"क्यों?"

"मैं कमरे में अकेले नहीं रहना चाहती..."

वह खिड़की के पास चली आई और बाहर देखने लगी। शीशों पर कुहरा जम गया था और उसके परे चाँदनी सिर्फ़ एक मैले-पीले धब्बे-सी चमक रही थी। अपने कमरे में उसे देख पाना—यह अवास्तविक-सा

जान पड़ रहा था। हम बाहर अकेले भी रहते थे तब भी पूरा अकेलापन नहीं आता था, किन्तु उस रात कमरे में लगा था जैसे हम एक-दूसरे के सामने सहसा सूने-से पड़ गए हों।

वह खिड़की के सामने खड़ी थी। चिमनी के भीतर धुएँ और हवा की एक अजीब फुत्कारती-सी सरसराहट कमरे की नीरवता तोड़ जाती थी।

मैं उसके पीछे चला आया—अपने हाथ उसके कन्धे पर रख दिये। वह हल्के-से चौंक गई। "क्या सोच रही हो?"

"कुछ नहीं..." उसने कहा।

"वियना के बारे में?"

वह चुपचाप बाहर देखती रही।

"रायना..."

उसकी आँखें मुझ पर टिक आईं।

"मैंने सोचा था, हम कुछ दिनों के लिए साथ रह सकेंगे।" मैं आगे कुछ नहीं कह सका।

"इट वुडंट हैल्प," उसने खिड़की पर आँखें मोड़ लीं।

वह कुछ देर खिड़की के बाहर देखती रही...फिर एक छोटी-सी फुरफुरी उसकी देह में दौड़ गई। "नो—इट वुडंट हैल्प," उसने धीरे-से कहा।

हम चुपचाप खड़े रहे। बाहर धुंध में फीकी-सी चाँदनी बिखर आई थी। वह खिड़की से हटकर बिस्तर पर बैठ गई। पीठ दीवार के सहारे लगा दी। पलंग के ऊपर बुक-शेल्फ़ का लम्बा पट्टा लगा था, जैसे होस्टल के कमरों में होता है। उसका सिर उसके नीचे छिप गया था। मैं अँगीठी के सामने आकर बैठ गया। कुछ देर तक हम चुपचाप लकड़ियों के जलने की 'सिर-सिर' सुनते रहे। "तुम्हें बुरा लग रहा है?" उसने मेरी ओर देखा।

"नहीं..." मैंने कहा।

"मैंने तुमसे पहले कहा था..."

"मुझे मालूम है..." मैंने कहा। कभी-कभी कॉरीडोर में जूतों की चरमराहट सुनाई देती थी...दरवाज़ों के खुलने और बन्द होने की आवाज़ें...फिर सब शान्त हो जाता था।

"तुम्हारे पास सिगरेट है?"

मैं उठकर बिस्तर के पास चला आया। उसने अपना सिर शेल्फ़ के नीचे से बाहर निकाला—मेरे सामने। मैंने पैकेट उसे दे दिया...

मैंने उसकी सिगरेट जला दी...उसने एक क्षण सुलगती तीली को देखा और फिर उसे बुझा दिया। वह मुस्कराने लगी।

"तुम्हें याद है...?"

वह कल था। हम पहाड़ी से नीचे उतर रहे थे।

"तुम्हें याद है...रूदा केम हियर टू सी प्राग...गीली दीवार पर खुदे पुराने अक्षर—चाँदनी में चमकते हुए?"

मैंने उसे सिरहाने पर लिटा दिया।

"तुम कुछ देर लेट जाओ..."

वह मेरी ओर निहार रही थी।

"सुनो..." उसने धीरे-से कहा।

"क्या रायना?"

"कुछ नहीं...मैं सिर्फ़ तुम्हारी आवाज़ सुनना चाहती थी," उसने कहा। उसके बाल दोनों ओर तकिए पर बिखर आए थे। बीच में चेहरा था...हल्का-सा सुर्ख़ और गरम।

"तुम बैठे रहोगे?"

"मैं तुम्हें देख रहा हूँ..."

वह दीवार की तरफ़ सरक गई...मुझे लगा, जैसे उस शाम जो चाह आई थी, वह अब एक मोमबत्ती की तरह मेरे भीतर काँप रही थी। मुझे लगा, यह ठंड की ठिठुरन है। वह ठंड नहीं थी। वह देह थी जो

धीरे-धीरे मुझसे मुक्त हो रही थी—अपने में अलग, बाहर। वह काँप रही थी और मैं उसे रोक नहीं सकता था।

"तुम ज़रा उठो..."

"क्या बात है?" मैंने उसकी ओर देखा।

"तुम जरा उठकर बैठ जाओ, मैं लिहाफ़ को ऊपर कर देती हूँ।"

"मुझे सर्दी नहीं लग रही है..."

"तुम्हारे लिए नहीं..." उसने हँसकर कहा। उसने सिर्फ़ लिहाफ़ को बाहर खींच लिया। नीचे की चादर बिलकुल ठंडी थी। लिहाफ़ के भीतर वह सिकुड़-सी गई। फ़ायदा कुछ भी नहीं था। हम लेटे रहे। उसकी साँसें समतल थीं...जैसे किसी बच्चे की होती हैं, जिनमें उतार-चढ़ाव नहीं होता।

"यह कैसी आवाज़ है?"

"कौन-सी?"

"ज़रा सुनो..." वह कुहनी के बल उठ गई।

"कुछ नहीं...यह लिफ़्ट है..." मैंने कहा।

जब वह ऊपर चढ़ती थी, होस्टल के कमरे हिलने लगते थे। वह फिर लेट गई। उसका सिर टेबुल-लैम्प की दूसरी तरफ़ था—आधे कटे अँधेरे में। अँगीठी में लकड़ियों का प्रकाश दीवार पर जगमगा जाता था।

"सो रही हो?"

"नहीं...मैं सोच रही थी।"

उसने अपना चेहरा मेरी ओर कर लिया।

"मैं कल रात इस समय वियना में हूँगी।"

कुछ देर तक वह छत को देखती रही।

"रायना..."

उसने मेरी ओर देखा।

"क्या तुम्हारे संग अकसर ऐसा होता है...दूसरे शहरों में?"

"हाँ...होता है। मैं ज़्यादा दिन अकेले नहीं रह सकती..." उसका स्वर स्थिर था।

"क्या तुम्हें बुरा लगा?" उसने मेरी ओर देखा।

"नहीं..." मैंने कहा।

"यह शायद अनैतिक है..." उसने हँसकर कहा।

मैंने अपना हाथ उसके चेहरे पर रख दिया। वह उसे सहलाने लगी।

"मैं नहीं चाहती थी, यह तुम्हारे साथ हो," उसने धीरे-से कहा।

"तुम्हें पछतावा है?"

"नहीं...मैं अगर तुमसे फिर मिलूँगी, तो यही होगा..." उसने कहा। "मैं सिर्फ़ यह चाहती हूँ कि दूसरे को बाद में पछतावा न हो... दैन इट इज़ मिज़री।"

एक छोटे-से पल के लिए लगा कि वह साँस नहीं ले रही। उसका वक्ष-स्थल हथेली तले स्थिर और निश्चल था...उसके नीचे नीरवता थी, एक गड़हे की तरह, जिसमें तुम शब्दों को टटोलते हो, जो वहाँ नहीं हैं।

"तुम्हें विश्वास होता है?" उसका स्वर सिहर गया।

"किस पर?" मैंने उसकी ओर देखा।

"जो हमें मिला है—इन दिनों में?"

"मुझे समझ में नहीं आता, तुम यह बार-बार क्यों पूछती हो?"

वह मेरे पास झुक आई...टेबुल-लैम्प का प्रकाश बालों से सटकर उसके चेहरे पर सिमट आया। मुझे उसका चेहरा बहुत बड़ा-सा लगा और धुँधला-सा भी—जैसे हम किसी फ़ोटो को बहुत पास से देखते हैं और वह वैसी नहीं रहती जिसके लिए आँखें आदी हैं।

"क्योंकि तुम मुझसे काफ़ी छोटे हो," उसका स्वर अकेला-सा हो आया..."कभी-कभी मुझे लगता है सब-कुछ तुम पर न छोड़कर मुझे ख़ुद कोशिश करनी चाहिए थी...तब तुम्हें इतना बुरा नहीं लगता।"

"हमें शुरू में कुछ भी मालूम नहीं था," मैंने कहा।

"शुरू में कभी मालूम नहीं होता," उसने कहा।

बाहर हवा चल रही थी...रोशनदान में फँसा अख़बार फड़फड़ाने लगा। खिड़की के पार धुंध उड़ रही थी...कभी-कभी वह बीच में कट जाती और तब पड़ोस की छतों की झलक मिल जाती थी—चाँदनी में निस्तब्ध और नंगी-सी।

"रायना..."

"क्या?" वह धीरे-से हिली।

"कोलोन में क्या हुआ था?"

"कोलोन में?" उसने मेरी ओर देखा।

"तुमने कहा था, तुम वहाँ तीन साल रही थीं?"

"हाँ...लेकिन उसके बारे में तुम जानते हो।"

"नहीं...मैं कुछ भी नहीं जानता। मैं सिर्फ़ इतना जानता हूँ कि तब तुम्हारी उम्र बहुत कम थी...और तुम जाक से मिली थीं।"

वह चुप रही। हम एक-दूसरे की साँसें सुनते रहे।

"इससे ज़्यादा कुछ नहीं हुआ था..." उसने कहा।

"लेकिन तुम अलग रहती हो," मैंने कहा।

"वह यही चाहता है..." उसने कहा।

"और तुम?"

"मैं नये शहरों को देखती हूँ..." उसने हँसकर कहा।

हम लेटे रहे। कभी-कभी सुलगती लकड़ियों की भरभराती-सी आवाज़ सुनाई दे जाती थी।

"ऐसा क्यों हुआ, रायना?"

"ऐसा ही होना था," उसने धीरे-से कहा।

"कोलोन में जब उससे मैं मिली थी, तब लड़ाई चल रही थी। वह उन बहुत थोड़े-से आदमियों में था, जिन्हें कॉन्सेंट्रेशन कैम्प से छोड़कर हमारी फ़ैक्टरी में लगा दिया था। हम साथ रहने लगे। तब हमने कभी

नहीं सोचा था कि लड़ाई ख़त्म होगी।"

"उसके बाद भी तुम दोनों साथ रहे थे?"

"हाँ...लेकिन उसका कोई फ़ायदा नहीं था।"

वह चुप हो गई...फिर एक लम्बे अन्तराल के बाद उसने कहा, "हम दोनों साथ रहते थे...लेकिन हमें लगता था, जैसे हमने कोई चीज़ हमेशा के लिए खो दी है...मुझे कभी-कभी अजीब-सा डर लगता था।" वह हँसने लगी।

कमरे की नीरवता में वह हँसी मुझे झिंझोड़-सी गई।

"कैसा डर, रायना?"

"घर की शान्ति से," उसने धीरे-से कहा। "कोलोन में हमने कभी नहीं सोचा था कि हम जीवित रहेंगे। मरना तब बहुत पास था और आसान भी। हम शायद इसीलिए साथ रहने लगे थे...लड़ाई में बहुत लोग मरते हैं—इसमें कुछ अजीब नहीं है...

लेकिन कुछ चीज़ें हैं जो लड़ाई के बाद मर जाती हैं—शान्ति के दिनों में...हम उनमें से थे।"

मैं समझा नहीं, और अँधेरे में उसकी ओर देखता रहा।

कुछ क्षणों तक वह चुप रही, फिर उसका धीमा स्वर सुनाई दिया।

"वे लोग घरेलू ज़िन्दगी में खप नहीं पाते। जाक ऐसा ही था। जब मैं उसके साथ रहती...मुझे कभी-कभी लगता था, जैसे हम दोनों अब भी किसी कॉन्सेंट्रेशन कैम्प में रह रहे हैं...एक ही घर में। उसके बाहर जाक...वह जीवित नहीं था...मैं भी नहीं। हम सिर्फ़ उसमें रहकर जी सकते थे...लेकिन मैं नहीं रह सकी। एक दिन मैं बाहर आ गई...यह जानते हुए भी कि बाहर मैं किसी क़ाबिल नहीं रह गई हूँ...Not even for love. Peace killed it." फिर वह चुप हो गई। एक लम्बे क्षण बाद उसके होंठ काँपे...स्वरहीन...It killed us.

मैंने उसका हाथ पकड़ लिया। वह काँप रहा था। हम दोनों अँधेरे

में सहसा अकेले हो गए थे...अकेलापन—जो दुख, पीड़ा, आँसुओं से बाहर है—जो महज़ ज़ीने के नंगे बनैले आतंक से जुड़ा है...जिसे कोई दूसरा व्यक्ति निचोड़कर बहा नहीं सकता।

उसने अपने हाथ से मेरे चेहरे को छुआ।

"सुनो..."

"क्या है रायना?"

मैंने अपने होंठ उसके मुँह पर दबा दिये। मुझे लगा, जैसे मेरी साँस रुक-सी गई है...कमरे का अँधेरा एक मैले चिथड़े-सा मेरी आँखों के सामने फड़फड़ाने लगा।

उसका सिर मेरी तरफ़ मुड़ गया। मेरे पास उसका चेहरा था... पिछले दिनों की पहचान के बाहर। उस 'अज्ञात' ने मुझे आतंकित-सा कर दिया, किन्तु कुछ देर के लिए। फिर वह भय मर गया और अँधेरे में उसकी जगह चमकते मोती की तरह उग आई—एक मर्मान्तक चाहना। एक क्षण के लिए हम दोनों ही उसे देखकर चकाचौंध से हो गए। उसने हम दोनों को अपने में घसीट लिया—और तब मैं चूमने लगा, उसकी बाँहों को, माथे को, बालों को, उसके होंठों को, होंठों के बीच कटकटाते दाँतों को—वही गन्ध थी, जो कल पहाड़ी पर, हवा में बह आई थी—एक अन्तहीन खुलापन। वह मेरे शरीर को टटोलने लगी और उसे छूने लगी—जो फड़फड़ाहट थी—नंगी सफ़ेद बाँहों के बीच पत्ते की तरह काँपती हुई...मुझे पकड़े रही...एक बहकी, आतुर-सी आवाज़—और तब मुझे लगा, हम उसकी चाह के परे चले गए हैं... उसके पार जाकर एक-दूसरे के भीतर लौट आए हैं—एक-दूसरे के अलगाव को भेदते हुए...फिर मुझे कुछ सुनाई नहीं दिया—उसकी साँस भी नहीं, सिर्फ़ एक दबी-घुटी सी फुसफुसाहट, अँधेरे में मेरी अवश, आतुर अँगुलियों का पीछा करती हुई...उस बिन्दु तक, जहाँ भीतर पीड़ा मर-मर जाती है—समूचे अतीत को अपने साथ खींचते हुए—लगता है,

वह मर रही है और हम उसके नीचे दब गए हैं—फिर वह भी नहीं रहता, महज़ एक देह का ज्वार बचा रहता है, दूसरे की देह में अपनी सतह टटोलता हुआ...वह हमारी चाहना का अन्तिम छोर था, जहाँ से हम पहली बार एक-दूसरे में शुरू हुए थे...उसी में डूब जाने के लिए।

डूबने से पहले एक पल—स्मृति, सुख, पीड़ा, समय—समय जो हमने संग भोगा था और वह भी—जिसे आनेवाले दिनों में अकेले भोगना था—सबको हमने उतारकर पलंग के पैताने रख दिया था—अपने-अपने कपड़ों के संग...बहुत देर बाद जब हम ऊपर आए, तब भी वे वहाँ पड़े थे, बुझती हुई आग की आधी रोशनी में...सूखे, सलवटों-भरे, स्मृतिहीन...

मैं आज भी याद कर सकता हूँ। रोशनदान में फँसे अख़बार पर बूँदों की धीमी-सी टपाटप। वह पहली आवाज़ थी जो मुझे सुनाई दी थी। फिर लिफ़्ट का घुरघुराता बोझिल स्वर, कॉरीडोर पर जूतों की चरमराहट। दीवार पर अँगीठी का मद्धिम आलोक-सा सिमटा था।

"रायना..." मैं धीरे-से फुसफसाया। वह चुप रही। उसकी साँसें इतनी शान्त और समतल थीं कि मुझे लगा, वह सो रही है। ऊपर की मंज़िल से मिलन्कोविच के गिटार का उदास स्वर कॉरीडोर में बहता हुआ हर दरवाज़े को थपथपा जाता था।

मैं पलंग से उठा और पैताने से अपने कपड़े उठा लिये। एक क्षण के लिए मेरी नंगी देह सिहर गई। आग बुझने लगी थी और कमरे में पुरानी ठंडक तैरने लगी थी। मैंने कपड़े पहने, अलमारी से अपना डफल-कोट निकाला और उसे चौड़ा करके रायना के गिलाफ़ पर बिछा दिया।

उसने आँखें खोल दीं। उजली-सी मुस्कराहट उसके होंठों पर सिमट आई।

"इधर आओ," वह धीरे-से फुसफुसाई। हम कमरे में अकेले थे, लेकिन हमें लग रहा था, जैसे हम किसी से छिपकर बातें कर रहे हैं।

मैं सिरहाने के पास चला आया, जहाँ उसका सिर टिका था।

तकिए पर दोनों तरफ़ उसके बाल गिर आए थे। बीच में उसका चेहरा था—शान्त और उज्ज्वल। मैंने उसे चूमा। उसने मेरा सिर ऊपर उठा दिया।

"तुम उठ क्यों गए?" उसने धीरे-से कहा।

"मैं कॉफ़ी बना लाता हूँ," मैंने कहा।

वह मुझे देखती रही।

"मैं चाहती हूँ, इसी तरह लेटी रहूँ," उसने कहा।

"तुम कुछ देर के लिए सो जाओ..." मैंने कहा।

"तुम्हारे पास खाने के लिए कुछ है?"

"तुम्हें भूख लगी है?"

उसने हँसते हुए सिर हिलाया।

"मैं अभी कुछ बना लाता हूँ।" मैं सिंक के पास चला आया। नीचे छोटी-सी अलमारी में बर्तन रखे थे। मैंने उसमें से मार्जरीन, अंडे, प्याज़ और कॉफ़ी का पैकेट बाहर निकाला और उन सबको फ्राइंग-पैन पर रखकर कमरे के बाहर चला आया। बाहर गलियारे की बत्तियाँ बुझ गई थीं। दोनों तरफ़ कमरों के दरवाज़े बन्द थे। कहीं से कोई आवाज़ नहीं आ रही थी...

किचन की बत्ती खुली थी। स्टोव जलाकर फ्राइंग-पैन उस पर रख दिया और ऑमलेट बनाने के लिए प्याज़ कतरने लगा। फिर मेरे हाथ रुक गए। सब चीज़ों को वहीं छोड़कर मैं किचन के बाहर बरामदे में आ गया। जँगले पर बर्फ़ जम गई थी...सामने होस्टल का पिछवाड़ा था, फीकी मलिन चाँदनी खिड़कियों और मैली दीवारों पर गिर रही थी। कभी-कभी किसी कमरे की बत्ती अचानक जल जाती, खिड़की के शीशे पर एक काली छाया रेंगने लगती...और फिर सब पूर्ववत् अँधेरे में डूब जाता।

मैं साँस लेने लगा...हवा में। मुझे लगा, जैसे मेरे फेफड़े बरसों से भूखे हों। उस रात मुझे अपनी ख़ुशी असम्भव-सी लगी। यह असम्भव-सा

लगा कि वह मेरे कमरे में है। अभी कुछ देर बाद मैं उसे देखूँगा...वह चुपचाप मेरे बिस्तर पर लेटी होगी। मैं देर तक अँधेरे में जँगले के पास खड़ा रहा। मेरे भीतर कुछ धीरे-धीरे उमड़ने लगा...एक अप्रत्याशित-सा खिंचाव, जो कभी-कभी मुझे छुटपन में होता था...छत के जँगले से नीचे झाँकते हुए...मैं बहुत नीचे झुक जाता था, सिर्फ़ यह जानने के लिए कि कुछ और नीचे झुककर मैं गिर सकता हूँ या नहीं...मैं नीचे झुकता जाता—और तब हर क्षण जीकर मरने का मोह, मरकर जीने का उछाह मुझे जकड़ लेता। मैं गिरता नहीं था। आख़िर बिन्दु पर पहुँचकर कोई चीज़ मुझे रोक लेती थी, लेकिन गिरने और न गिरने के बीच मेरा दिल पागल-सा होकर मेरी छाती से टकराने लगता था।

उस रात भी वैसा ही था...वर्षों बाद। कोई भी अन्तर नहीं आया था। बरामदे की अँधेरी, ठंडी दीवार पर मैंने अपना सिर टिका लिया।

कुछ देर बाद मैं दबे क़दमों से कमरे में चला आया। फ्राइंग-पैन और केतली को मेज़ पर रखकर अलमारी से बर्तन निकालने लगा। ऑमलेट को प्लेट में डालकर मैंने रोटी बाहर निकाली। वह दो दिन की बासी थी...लेकिन इतनी सख़्त नहीं हुई थी कि उसे खाया न जा सके।

मैंने उसकी ओर देखा।

बुक-शेल्फ़ के कोने पर उसका सिर टिका था। वह सो रही थी। गिलाफ़ के ऊपर उसने मेरा डफल-कोट चारों ओर लपेट लिया था। लगता था, वह कुछ देर तक बुक-शेल्फ़ से सिर टिकाकर बैठी रही थी और फिर अनजाने में उसकी आँखें नींद में मुँद गई थीं। उसके चेहरे पर अब भी 'जागे रहने' का चौंका-सा भाव था, जो अकसर उन लोगों के चेहरे पर जमा रहता है जो बिना सोने का इरादा किये अनायास सो जाते हैं। टेबुल लैम्प का आलोक उसके सफ़ेद माथे पर गिर रहा था। लगता था, जैसे पिछले दिनों का सब सन्ताप उस एक शान्त 'सोए' क्षण में घुल गया है। मुझे अजीब-सा भ्रम हुआ—सिर्फ़ थोड़ी

देर के लिए—लगा, मानो मैं म्यूज़ियम में किसी पुराने संगमरमर के खंडित 'हैड' को देख रहा हूँ...जिसकी बाक़ी देह डफल-कोट में छिपी रह गई है...

"रायना..." मैंने डफल-कोट को धीरे-से हिलाया।

वह सहसा चौंक गई। मैं सकपका-सा गया।

"तुम सो रही थीं?"

पहले क्षण का भय अब भी उसकी आँखों से झाँक रहा था। "तुम कहाँ चले गए थे?"

मैंने ऑमलेट और कॉफ़ी तिपाई पर रख दी और रोटी काटने लगा। वह चुपचाप डफल-कोट में दुबकी हुई मेरी ओर देखने लगी।

"तुम काफ़ी अच्छे कुक जान पड़ते हो।"

"खाओगी, तब पता चलेगा," मैंने हँसकर कहा।

खाने में ज़्यादा देर नहीं लगी। वह सचमुच भूखी थी। कुछ देर में ऑमलेट ख़त्म हो गया...कुछ ऊपर की सूखी स्लाइसें बची थीं। उन पर मार्जरीन लगाकर वह उन्हें खाने लगी। जब वे ख़त्म हो गईं, तब हम एक-दूसरे की ओर देखते हुए विवशता में हँसने लगे। अलमारी में अब प्याज़ के अलावा कुछ भी नहीं बचा था।

"तुम्हारे पास सिगरेट है?"

मैंने सिगरेट की डिब्बी और माचिस उसे दे दी और कॉफ़ी डालने लगा।

"मेरे पास थोड़ी-सी स्लीबोवित्से पड़ी है...तुम लोगी?"

"यू आर क्रेजी..." उसने मुस्कराकर मेरी ओर देखा—"आज रात मैंने बहुत पी ली थी।"

"आज नहीं...कल रात," मैंने कहा।

"कल?" उसने विस्मय से मेरी ओर देखा।

"आज तो बहुत पहले शुरू हो चुका है।"

उसने कॉफ़ी का प्याला मेज़ पर रख दिया।

"क्या बजा है?"

मैंने घड़ी देखी। सवा चार बजे थे।

"सुनो...मुझे चलना चाहिए," उसने कहा।

"अभी क्यों?" मैंने उसकी ओर देखा।

"मीता कमरे में अकेला होगा...वह कई बार रात को उठता है," उसने कहा।

कुछ देर तक हम चुपचाप बैठे रहे। उसने सिगरेट सुलगा ली... मैं खिड़की के पास चला आया। बाहर के अँधेरे को देखकर क्षण-भर के लिए विश्वास नहीं हो सका कि रात बीत चली है।

"रायना...तुम सुबह तक रुक नहीं सकतीं?" मैंने बिना पीछे मुड़े कहा।

वह चुप रही...मैं खिड़की के बाहर देखता रहा। मुझे अपना प्रश्न निरर्थक लगा।

"कितने बजे ट्रेन जाएगी?"

"साढ़े ग्यारह।" उसका स्वर पीछे सुनाई दिया। मैं खिड़की से हटकर उसके पास बैठ गया। वह चुपचाप मुझे देखती रही। उस क्षण यह भयावह-सा लगा कि हमारे पास एक-दूसरे से कहने के लिए कुछ भी शेष नहीं रह गया है। मैंने अपना मुँह उसके गले के नीचे रख दिया... उसकी बाँहें मेरे सिर पर टिक गईं। उसकी देह की गन्ध और गरमाई के परे वही कमरा था—वही मेज़, जूठे बर्तन, बुक-शेल्फ़, बुक-शेल्फ़ के नीचे झुका उसका सिर...कुछ भी नहीं बदला था।

"तुम ज़रा उस तरफ़ जाओगे?" मैंने उसकी ओर देखा। वह मेरा डफल-कोट उतार रही थी।

मैं बिस्तर से उठ खड़ा हुआ और खिड़की के सामने चला आया। बाहर बर्फ़ गिरने लगी थी। अँधेरे में सफ़ेद ख़ामोशी के टुकड़े...छतों

पर, गिरजों पर। टी.टी. ने ठीक कहा था, इस साल प्राग में सचमुच सफ़ेद क्रिसमस होगी।

"सुनो..."

मैं पीछे मुड़ा।

"अभी से न मुड़ो," उसने हँसकर कहा, "पहले मेरे कपड़े दे दो।" मैं पैताने के पास गया...उसकी काली स्कर्ट और फ्रॉक, बालों का स्कार्फ़, सफ़ेद बेल्ट...मैं एक क्षण उन्हें देखता रहा। फिर उन्हें उसके सामने रखकर मैं दुबारा खिड़की के पास चला आया। वह पलंग से नीचे उतर आई थी। फ़र्श पर उसके नंगे पैरों की आहट सुनाई दी—फिर उसके स्कर्ट की कोमल-सी सरसराहट...कितनी बार मैंने उसे बाहर सुना था। किन्तु अपने कमरे में मुझे वह बिलकुल अलग-सी जान पड़ी थी। जब मैं वापिस मुड़ा, उसने कपड़े पहन लिये थे। वह पलंग पर मेरा लिहाफ़ बिछा रही थी।

"इसे रहने दो," मैंने कहा।

वह चुप रही। उसने मेज़ से जूठे बर्तन उठाकर सिंक में रख दिये और नलका खोल दिया।

मैंने उसका हाथ पकड़ लिया।

"यह क्या कर रही हो? मैं बाद में सब धो लूँगा।"

"इन्हें पाँच मिनट भी नहीं लगेंगे...मैं धो लेती हूँ, तुम पोंछते जाओ।" उसने तार पर लगा मैला तौलिया उतारकर मुझे दे दिया और सिंक में स्टॉपर लगाकर पानी भरने लगी।

मैं खड़ा रहा। उसने अपनी फ्रॉक की बाँहें ऊपर मोड़ लीं। वह फ्राइंग-पैन पर साबुन मलने लगी...कुछ देर बाद मुझे धीमी-सी आवाज़ सुनाई दी। वह बर्तनों को धोते हुए बहुत धीमे स्वर में कुछ गुनगुना रही थी...कमरे की नीरवता में उसका स्वर मुझे अजीब-सा आत्मीय लगा... जैसे मैं अपने घर में हूँ...बहुत वर्ष पहले और रसोई में कुछ काम करते

हुए मेरी बड़ी बहिन धीरे-धीरे गुनगुना रही है...उस छोटे-से शान्त स्वर में एक घरेलू लापरवाही-सी थी, जिसे किसी भी 'दुख' से जोड़ पाना असम्भव था।

आनेवाले दिनों में कितनी बार यह भ्रम हुआ है...सिंक में बर्तन धोते हुए...लगता था, मैं पीछे मुड़ूँगा और वह खड़ी

होगी...वैसे ही, बहते पानी में अपने ठिठुरते हाथों को मलती हुई।

मैंने बर्तन पोंछकर नीचे रख दिये और स्टॉपर खोल दिया।

उसने अपने हाथ मेरे गालों पर रख दिये।

"कितने ठंडे हैं!" उसने हँसकर मेरी ओर देखा। मैंने उन्हें उठाकर देखा...वे नीले पड़ गए थे। मैंने उन्हें अपनी गर्म हथेलियों में भींच लिया। सिंक के सूराख़ में बेसिनी का मैला पानी धीमे-से सीटी बजाता हुआ बहिने लगा।

उसने हाथ छोड़ दिये। अलमारी से अपना कोट उतारकर पहनने लगी। फिर पर्स से कंघा निकालकर बालों को ठीक किया। उसके बाल इतने घने हो सकते हैं—मैंने नहीं सोचा था। बाहर वे हमेशा छोटे लगते थे। अब उसके कन्धों पर गिर आए थे और उनके बीच उसका चेहरा खुला-खुला-सा लग रहा था।

मैंने उसे अपना ऊनी मफ़लर दे दिया।

"मुझे इसकी ज़रूरत नहीं है," उसने कहा।

"बाहर बर्फ़ गिर रही है," मैंने कहा।

"इसे वापिस कैसे करूँगी?" उसने मेरी ओर देखा।

"मैं तुम्हारे साथ होटल तक आ रहा हूँ," मैंने कहा।

"मैं चली जाऊँगी...होटल दूर नहीं है," उसने कहा।

"तुम्हें बुरा लगेगा—अगर मैं तुम्हारे साथ चला आऊँ?"

मैं अपने कोट के बटन बन्द करने लगा। सहसा मेरे हाथ ठिठक गए।

वह निस्तब्ध खड़ी थी। दोनों आँखें आँसुओं में चमक रही थीं।

"क्या बात है, रायना?" पास आकर मैंने उसका कन्धा पकड़ लिया।

कमरे के बीच हम दोनों एक-दूसरे को पकड़े हुए निश्चल खड़े रहे। उस क्षण हम कुछ नहीं कह सके। देह का शायद अपना एक मौन होता है...हम जीवित रहते हैं, लेकिन उसका हर स्नायु मरने लगता है... शिराओं में ख़ून बहता रहता है—तपता, गर्म सनसनाती लू की तरह... हर चीज़ पूर्ववत् रहती है—धमनियों का स्पन्दन, साँस का आना-जाना, रक्त की गति...सिर्फ़ उन सबको जोड़नेवाला धागा टूट जाता है...वह काँपती रहती है हवा में एक फूले, निर्जीव झोल की तरह...

"सुनो...यह कैसी आवाज़ है?" उसने चौंककर अपना सिर उठा लिया।

मैंने विस्मय से उसकी ओर देखा...कुछ देर सन्नाटा रहा, फिर वह सुनाई दिया...प्राग के गिरजों का सम्मिलित स्वर...सुबह की प्रार्थना में सफ़ेद धुएँ-सा ऊपर उठता हुआ...घंटियों की शान्त, गम्भीर प्रतिध्वनि... इतनी हल्की और धीमी मानो घास के टुकड़े पर हवा सरसराकर बह गई हो...

"आज क्रिसमस ईव है," उसने धीरे-से कहा।

खिड़की के शीशे पर सुबह का पीला आलोक सिमट आया था। बर्फ़ और कुहरे में उगता हुआ...एक साधारण-सा दिन। दरवाज़ा खोलकर हम गलियारे में चले आए।

8

मैंने टूरिस्ट ऑफ़िस का दरवाज़ा खटखटाया।

टाइपराइटर के सामने वह लड़की बैठी थी, जिसे पहले दिन देखा था। वह उठकर मेरे पास चली आई।

"क्या आपको मिस्टर जैक्सन ने बुलाया था?" उसने पूछा।

"वह जानते हैं..." मैंने कहा।

वह मेरे उत्तर से निष्प्रभ-सी हो गई। मैं यही चाहता था। पहले दिन भी उसका उत्साह बुरा लगा था।

"आप यहीं बैठिए...वह अभी व्यस्त हैं," उसने कहा...जैसे बदला ले रही हो।

"उन्होंने मुझे फ़ोन किया था...वह जानते हैं," मैंने कहा।

"आपको सब्र रखना चाहिए," उसने गम्भीर स्वर में कहा।

मेरे पास काफ़ी सब्र था। मैं सोफ़ा पर बैठ गया। मुझे जल्दी नहीं थी। मैं काफ़ी देर तक प्रतीक्षा कर सकता था। मेज़ पर टूरिस्ट ब्यूरो के

पैम्फ़लेट बिखरे थे...मैं शीशे के दरवाज़े के बाहर देखने लगा। आकाश मेघाच्छन्न था। सुबह का पीला धुँधलका सड़क पर फैला था। दुकानों के आगे से रात की बर्फ़ हटाई जा रही थी।

भीतर के कमरे से घंटी सुनाई दी। लड़की कुर्सी से उठी, बाल ठीक किये और भीतर चली गई। कुछ देर बाद बाहर आई।

"आप भीतर जा सकते हैं।" उसने उड़ती निगाहों से मुझे देखा।

भीतर मद्धिम रोशनी थी। पहले क्षण सिगार के धुएँ में सब-कुछ धुँधला-सा...दीवार पर टँगा चेकोस्लोवाकिया का मानचित्र, मेज़ पर रखी फ़ाइलें, चाय की केतली और कप...लेकिन जब मि. जैक्सन कुर्सी से उठे, तब हर चीज़ पुनः साबुत और ठोस-सी जान पड़ी। उन्होंने हँसते हुए हाथ मिलाया।

"सो वी आर हियर अगेन!" उन्होंने अंग्रेज़ी में कहा, "आप प्राग में ही थे?"

"जी हाँ," मैंने कहा।

"ज़्यादा दौड़-धूप तो नहीं करनी पड़ी? इन टूरिस्टों का कोई भरोसा नहीं..." उन्होंने हँसते हुए कहा।

मैं चुपचाप उन्हें देखता रहा।

"मुझे पता चला है...वे आज चले गए।"

"जी," मैंने कहा।

"आप घबराइए नहीं...आप ख़ाली नहीं होंगे। कम-से-कम नये वर्ष तक हमें आपकी ज़रूरत पड़ेगी...चाय पीएँगे?"

"नहीं...धन्यवाद।"

"आप बहुत थके-से लग रहे हैं?"

"मैं ठीक हूँ," मैंने कहा।

सिगार बुझ गया था—उन्होंने उसकी राख झाड़कर ऐश-ट्रे पर रख दिया।

"मैंने आपको बताया था, कुछ जर्मन टूरिस्ट कर्कोनोशे चले गए थे...स्कींग के लिए।"

"जी..." मैंने उनकी ओर देखा।

"उन्हें एक गाइड की ज़रूरत है...क्या आप वहाँ जा सकते हैं?"

"कब जाना होगा?"

"कल सुबह..." उन्होंने मेरी ओर देखा, "किराया हम देंगे... आपको तकलीफ़ नहीं होगी।"

मैं चुप बैठा रहा। मैं कुछ दिनों के लिए प्राग से बाहर जा सकूँगा, इससे ज़्यादा मैं कुछ नहीं चाहता था।

"देखिए, हम कितने बदक़िस्मत हैं...!" मि. जैक्सन ने मुस्कराते हुए कहा, "इन छुट्टियों में भी मुझे और आपको चैन नहीं है।"

"आप शाम को क्या कर रहे हैं?"

"मुझे अपने कुछ मित्रों से मिलना है?" मैंने कहा।

"देखिए—अगर आप आ सकें तो मैं अपनी पत्नी से आपको मिला सकूँगा...वह हर इंडियन को जादूगर या महाराजा समझती है..." वह ज़ोर-से हँस पड़े, "मेरे पास चियान्ती की एक बोतल भी है...मैंने उसे क्रिसमस ईव के लिए रख छोड़ा था..."

"मैं फिर किसी दिन आऊँगा," मैंने कहा।

"नये वर्ष से पहले आप प्राग आ जाएँगे, तब अवश्य मिलिएगा। मेरी पत्नी बहुत ख़ुश होगी। उसने आज तक कभी किसी इंडियन को नहीं देखा।"

वह हँसते हुए उठ खड़े हुए। हमने हाथ मिलाया।

"फिर कल सुबह..." उन्होंने कहा, "बस टूरिस्ट ऑफ़िस से ही जाएगी। अपने साथ गर्म कपड़े रख लीजिएगा...और स्कॉच!" उन्होंने आँख मारी, "नथिंग लाइक स्कॉच ऑन न माउंटेंस!"

"मिस्टर जैक्सन...मैं आपको ये देना भूल गया था," मैंने जेब से

लकी-स्ट्राइक और कैमल के दो पैकेट निकालकर मेज़ पर रख दिये।

उनकी आँखें चमकने लगीं। उन्होंने लकी-स्ट्राइक का पैकेट उठाया और उसे सहलाने लगे।

"तुम विदेशी बहुत सौभाग्यवान हो।" उन्होंने मुस्कराकर कहा, "मैं इन्हें आज रात चियान्ती के साथ पिऊँगा।"

मैं बाहर चला आया।

बाहर आकर लगा, यह दिसम्बर का दिन है। दुकानों पर भीड़ थी, जैसी क्रिसमस के एक दिन पहले होती है। गैस के गुब्बारों, रंग-बिरंगी झंडियों और सफ़ेद हवा का दिन। तोपोल की नंगी टहनियों के नीचे बर्फ़ थी और पुराने पत्ते—जो पतझर में झड़े थे—मिट्टी और कीचड़ में लिपटे हुए। वे अब उड़ते भी नहीं थे...अब वे सफ़ेद बर्फ़ के काग़ज़ पर काले धब्बों-से जम गए थे।

मैं स्क्वायर पार कर म्यूज़ियम के नीचे चला आया। वहाँ छोटी-सी ढलान थी। ढलान पर बर्फ़ थी और स्कूल के बच्चे उस पर फिसल रहे थे। सर्दी बहुत थी, लेकिन वह छुट्टी का दिन था और सब लोग अपने घरों के बाहर निकल आए थे। बादल अब भी घिरे थे, लेकिन उनके रहते भी फीका, कमज़ोर सा प्रकाश फैलने लगा था—हवा पर एक धुँधली परत-सा—गला हुआ पारदर्शी आलोक।

आधा घंटा कुछ भी नहीं होता। वह बीत रहा था।

म्यूज़ियम की सीढ़ियाँ टैरेस तक गई थीं...वहाँ पर कोने में एक बूढ़ी स्त्री बैठी थी। सामने क्रिसमस और नये साल के कार्ड रखे थे... वह नीरव आँखों से स्क्वायर की भीड़ को देख रही थी...मैं उसके पास बैठ गया।

"तुम एक बात मानोगे?"

"कैसी बात?"

"तुम स्टेशन नहीं आओगे..."

"क्यों?" मैंने उसकी ओर देखा।

"कोई फ़ायदा नहीं है..."

"ठीक है—मैं नहीं आऊँगा," मैंने कहा। वह कुछ देर तक चुपचाप बाहर देखती रही...फिर उसने धीरे-से कहा, "तुम होटल आ सकते हो... आधा घंटा पहले।"

"उससे पहले नहीं?" मैंने हँसकर उसकी ओर देखा।

"तुम आओगे तो मैं कुछ भी नहीं कर सकूँगी.."

हम होटल के आगे खड़े थे। सुबह हो रही थी...हल्की-सी धुंध में होटल के गेट का प्रकाश छिटक आया था। पोर्च के बाहर बर्फ़ गिर रही थी। हम उसे नहीं देख रहे थे। हम सिर्फ़ बाहर खड़े थे। उसका चेहरा तटस्थ और तल्लीन था—पिछली शाम की तरह, जब हम ऑडिटोरियम में साथ-साथ बैठे थे, मोत्सार्ट को सुनते हुए।

यह बहुत पहले था। मैं चला आया था। रायना रैमान—मैंने अपने से कहा। एक पूरा नाम। मैं उसे दुबारा सुनना चाहता था। नाम को नहीं, उस आवाज़ को जो उससे जुड़ी थी।

"आपने मुझसे कुछ कहा?" बूढ़ी स्त्री ने चौंककर मेरी ओर देखा। म्यूज़ियम की सीढ़ियों पर सिर्फ़ हम दोनों बैठे थे। पिक्चर पोस्टकार्ड पर मैली धूप गिर रही थी और वे मैले लग रहे थे।

"नहीं...आपसे कुछ नहीं," मैंने क्षमाप्रार्थी-भाव से उसे देखा... वह मुस्करा रही थी। मैं वहाँ से उठकर म्यूज़ियम के टैरेस पर चला आया। वह बहुत ऊपर था और वहाँ से सारा स्क्वायर दिखाई देता था। हवा में काँपती ट्राम की तारें थीं। उनके ऊपर प्राग की छतें थीं—बर्फ़ में सफ़ेद। चेस्टनट और लीपा की फुनगियों पर बादलों की ख़ाली छाँह उतर आई थी। दोनों तरफ़ दुकानों के बीच क्रिसमस सेल के रंग-बिरंगे फेस्टून लगे थे। इतनी ऊपर से वे रंग-बिरंगे रिबन-से लगते थे—स्क्वायर को एक छोर से दूसरे तक बाँधे हुए।

"तुम आ गए?" उसने दरवाज़ा खोलकर बाहर सिर निकाला।

मैं देहरी पर खड़ा था।

"तुम बाहर नहीं आओगी?"

"अभी बहुत-सा काम पड़ा है..." उसने हँसकर कहा।

वह दरवाज़े से हटकर खड़ी हो गई।

"मीता कहाँ है?" मैं देहरी पर ठिठक गया।

"वह डाइनिंग रूम में गया है...अभी आता होगा।"

मैं भीतर चला आया। होटल का कमरा वही था, जहाँ मैं एक बार आया था। पलंग पर, कुर्सियों पर, फ़र्श पर उसकी चीज़ें बिखरी थीं। उसने अपना सूटकेस सोफ़ा पर रख दिया था—आधी चीज़ें भीतर थीं, आधी बाहर। उनमें कई चीज़ों को मैं पहचान सकता था, जो उसने पहले दिन ख़रीदी थीं...सैंडिल, कट-ग्लास का फूलदान, नायलन की जुराबें और दीगास की एक अनुकृति...कुछ ऐसी स्कर्ट पड़ी थीं, जिन्हें उसने प्राग में नहीं पहना था।

"तुम ज़रा बैठ जाओ, मैं अभी सारी चीज़ें समेट लेती हूँ," उसने कहा।

"मैं ठीक हूँ," मैंने कहा।

"अपना कोट उतार दो...तुम्हें यहाँ गर्मी नहीं लग रही है?" मैंने कोट उतारकर पलंग पर रख दिया।

वह चीज़ों को समेटने लगी। वह वैसी ही थी, जैसी कुछ घंटे पहले—निश्चल और तल्लीन। बीच में जो बीत गया था, उससे कोई अन्तर नहीं पड़ा था। सिर्फ़ चेहरा बदला-सा लगता था। उसने लिपस्टिक लगा ली थी...पेंसिल से भौंहों को लम्बा और गहरा कर लिया था। पलकों

के बाल चमक रहे थे, जैसे अभी-अभी उन्हें धोया गया हो। रात का पीलापन अपना कोई चिह्न पीछे नहीं छोड़ गया था।

"तुम वापिस जाकर सोए थे?"

"ज़्यादा नहीं...तुम?"

"नहीं..." उसने कहा।

उसने अपनी पीठ मेरी ओर मोड़ रखी थी। मैं उसका चेहरा नहीं देख सकता था।

"तुमने खाना खा लिया?" मैंने पूछा।

"नहीं...मैंने कुछ सैंडविचेज़ और कॉफ़ी रख ली हैं...मैं ट्रेन में कुछ खा लूँगी।"

वह बिखरी चीज़ों को उठाकर सूटकेस में रख रही थी। पास ही चमड़े का एक बैग और थर्मस रखा था। बैग में कुछ जर्मन किताबें और पत्रिकाएँ रखी थीं, उनके ऊपर उसका वॉलेट पड़ा था। वे सब चीज़ें एक बसे-बसाए घर की हो सकती हैं—इस पर विश्वास नहीं हो सका। मैं हमेशा उससे बाहर मिला था—किसी कैफ़े में, सड़क पर या कल रात अपने कमरे में...जहाँ वह किसी 'घरेलूपन' से मुक्त जान पड़ती थी। किन्तु उस दिन होटल के कमरे में उसे अपनी चीज़ों से घिरा देखकर मुझे वह बहुत दूर और परायी-सी जान पड़ी...जैसे उन चीज़ों ने अनजाने में ही उसे मुझसे छीन लिया हो...

मीता भीतर आया। मुझे देखकर वह ठिठक गया।

"यहाँ आओ!" मैंने उसे बुलाया।

वह मेरे पास चला आया।

मैंने उसके रेशमी भूरे बालों को हल्के-से झिंझोड़ दिया। मुझे पहला दिन याद हो आया जब मैंने उसे खिड़की के शीशे के पास देखा था... तब मुझे भ्रम हुआ था, जैसे वे दोनों भाई-बहिन हों।

वह मुझे देखता रहा—फिर उसने सिर मोड़कर रायना से जर्मन

में कुछ कहा जो मैं नहीं समझ सका। रायना के हाथ ठिठक गए। उसने मेरी ओर देखा और हँसने लगी।

"क्या कह रहा है?" मैंने पूछा।

"वह तुम्हारे बालों को छूना चाहता है," उसने कहा।

"क्यों?" मैंने मीता की ओर देखा।

"उसे विश्वास नहीं हो रहा कि वे सचमुच इतने काले हैं।"

मैंने मीता को पास घसीट लिया और उसके हाथ अपने सिर पर रख दिये। पहले क्षण वह घबरा-सा गया और उसके हाथ शिथिल-से मेरे बालों पर पड़े रहे...फिर वे धीरे-से हिले और वह उन्हें झिझकते हुए छूने लगा।

रायना हँस नहीं रही थी। वह अपने सूटकेस के पास बैठी थी और हम दोनों को देख रही थी।

वह नीचे उतर आया और मुझे देखने लगा। फिर उसने विस्मय से मेरी आँखों की ओर इशारा किया...मैं समझ गया।

"तुम इन्हें छू नहीं सकते," मैंने मुस्कराते हुए कहा। वह शरमाकर बाहर चला गया।

उसके जाने के बाद रायना ने मेरी ओर देखा।

"वह जान गया है," उसने धीरे-से कहा।

"क्या?"

"कल रात मैं तुम्हारे कमरे में रही थी।"

"तुमने कहा था?"

"नहीं...उसने मुझसे पूछा था।"

"तुमने क्या कहा था?"

"कुछ नहीं। वह पहले से जानता था।"

उसने सूटकेस बन्द करके कोने में रख दिया। कमरा अब बहुत ख़ाली और सूना-सा लग रहा था, जैसे अकसर होटल के कमरे दिखते हैं, छोड़ने से पहले।

"स्टेशन यहाँ से कितनी दूर है?"

"ज़्यादा नहीं—टैक्सी में दस मिनट लगेंगे।"

"समय काफ़ी है," उसने कहा।

"हम कुछ देर बाहर घूम सकते हैं," मैंने कहा। उसने मेरी ओर देखा।

"सुनो—मेरे पास कुछ शेरी बची है। मैं उसे वियना से लाई थी। अब उसे वापिस ले जाने का कोई फ़ायदा नहीं..."

वह उठ खड़ी हुई और दूसरे कमरे से दो गिलास ले आई। फिर उसने मुझे देखा और हँसने लगी।

"तुम्हें याद है, पहले दिन हमने यह पी थी...स्केटिंग-रिंक जाने से पहले।"

मैंने उसकी ओर देखा...उसकी हँसी में कोई अन्तर नहीं आया था। उसमें वही लापरवाही का भाव भरा था, जिसके सहारे हम देर तक सतह पर रह सकते हैं। उससे मिलने से पहले मैं गर्व से सोचा करता था कि जो मेरे भीतर है, वही बाहर है। किन्तु इन दिनों मुझे अपना यह गर्व बचकाना-सा लगा था। वह उन बहुत कम लोगों में से थी जो अपने भीतर से अलग होकर सतह पर रह सकते हैं...बर्फ़ की पतली परत पर—बिना यह ख़याल किये कि वह कभी भी टूट सकती है।

उसने दोनों गिलासों में शेरी डाल दी। फिर वह खिड़की के पास कुर्सी पर बैठ गई।

"तुमने सब सामान पैक कर लिया?" मैंने पूछा।

"हाँ...वह ज़्यादा नहीं था। फिर भी जाने से पहले मैं घबरा जाती हूँ," उसने हँसकर कहा।

हमने अपने-अपने गिलास उठा लिये। अकेले कमरे में चुपचाप पीते हुए बोझिल-सी शून्यता घिरने लगी। होटल में सन्नाटा था। कभी-

कभी खिड़की के बाहर से ट्राम की घंटियों का उनींदा-सा स्वर सुनाई दे जाता था।

"इन गर्मियों में क्या करोगे?"

"अभी कुछ सोचा नहीं है," मैंने कहा।

"कुछ दिनों के लिए वियना नहीं आ सकते?" उसने मेरी ओर देखा।

"अगर तुम अगली सर्दियों में फिर प्राग आ सको," मैंने कहा।

वह धीरे-से हँस पड़ी।

"मैं प्राग में हूँ," उसने कहा।

"मैं भी शुरू में कुछ दिनों के लिए वियना गया था...तब तुम्हें नहीं जानता था।"

"सम्भव है, मैंने तुम्हें कहीं सड़क पर देखा हो," उसने हँसते हुए कहा।

हम दोनों को ही यह बात अजीब-सी लगी। मैं उसे प्राग के बाहर कहीं अकस्मात् मिल सकता हूँ, यह असम्भव-सा लगा।

"वापिस लौटकर तुम क्या करोगे?" उसने पूछा।

मैं समझा नहीं।

"वापिस कहाँ?" मैंने कहा।

"अपने देश लौटकर?" उसने कहा।

"मैं उसके बारे में कभी नहीं सोचता," मैंने कहा।

मुझे हल्का-सा लग रहा था। शेरी ने मुझे बहुत हल्का करके छोड़ दिया था। शुरू के क्षणों में जो शून्यता आई थी, वह अब भी थी—लेकिन उसका दबाव झरने लगा था।

"तुम काफ़ी छोटे हो," उसने कहा, "तुम चाहो तो कुछ भी कर सकते हो।"

"आदमी किसी उम्र में जो चाहे सो कर सकता है," मैंने कहा।

"तुम ऐसा सोचते हो?" उसने विस्मय से मेरी ओर देखा।

"यह होता नहीं...एक उम्र के बाद हम वही चाहने लगते हैं, जो मिल सकता है..."

"तुम चाहती नहीं?"

"नहीं...मैं जो चाहती हूँ, वह कर लेती हूँ...यह भयंकर है।"

उसने शेरी का एक घूँट लिया और फिर दूसरा...जब गिलास ख़ाली हो गया, उसने उसे मेज़ पर रख दिया। फिर उसने मुस्कराकर मेरी ओर देखा।

"हमने कभी इस तरह की गम्भीर बातचीत नहीं की..." उसने कहा।

"तुम इसके बारे में भी गम्भीर नहीं हो..." मैंने कहा।

"मैं प्राग गम्भीर होने नहीं आई थी," उसने कहा। फिर उसने कुर्सी खिसका ली और मेरे दोनों हाथ पकड़ लिये।

"जानते हो...मैंने सोचा था, जब तुम यहाँ आओगे, हम किसी चीज़ के बारे में बात नहीं करेंगे..." उसने कहा।

"हमने कभी किसी के बारे में कोई बात नहीं की," मैंने कहा।

"अगर हम करते तो कोई फ़र्क़ पड़ सकता था?"

"मैं तुम्हें जाने से रोक सकता था," मैंने कहा।

वह धीरे-से हँसने लगी। मैं पीने लगा।

"तुम ऐसा सोचते हो?" उसने पूछा।

"मैं सोचता कुछ भी नहीं," मैंने कहा।

"तुम जानते हो, इट वुडंट हैल्प..." उसने कहा।

मैंने कुछ नहीं कहा। बाहर खिड़की के परे मेघाच्छन्न आकाश था...कभी-कभी बारिश की छोटी बूँदें शीशे पर पड़ जाती थीं।

"सुनो...जो हमें मिला है, वह काफ़ी नहीं है?" उसने कहा।

"मालूम नहीं..." मैंने कहा।

"मुझे मालूम है...लेकिन तुम विश्वास नहीं करते।"

"तुम विश्वास करती हो?" मैंने उसकी ओर देखा।

"सिर्फ़ इन दिनों में...उसके बाहर नहीं," उसने कहा।

मैं चुपचाप उसकी ओर देखता रहा। कमरे में हल्का-सा धुँधलका भर आया था।

उसने अपना मुँह उठाया...वह अब भी मेरे हाथ पकड़े थी। उसका स्वर बहुत धीमा था।

"तुमने कल रात कोलोन के बारे में पूछा था।"

मैंने उसकी ओर देखा। "हाँ...क्यों?"

"तुम्हें मालूम है...लड़ाई के आख़िरी दिनों में मैं वहाँ थी। तब मैं काफ़ी छोटी थी...लगभग उतनी ही उम्र की, जितने तुम आज हो। आख़िरी दिन बहुत तकलीफ़ के थे। हफ़्ते गुज़र जाते और हमें भरपेट खाना भी नहीं मिलता था। तमाखू और सिगरेटों के बारे में सोचना भी असम्भव था...वे देखने को भी नहीं मिलती थीं। उन्हीं दिनों वहाँ मेरी मुलाक़ात एक विचित्र आदमी से हुई थी। वह पोल था। हम एक ही बैरक में रहते थे। मैंने उसे कभी उदास नहीं देखा। जब कभी महीनों बाद हमें चोरी-चुपके सिगरेट मिल जाती, तब हमारे सुख की सीमा नहीं रहती थी। ऐसे ही एक अवसर पर उसने हमें यह बात कही थी, जो मैं आज भी नहीं भूलती..."

वह सहसा चुप हो गई, जैसे कोई बहुत पुरानी स्मृति अपने भीतर कुरेद रही हो...

"कौन-सी बात रायना?"

"हम बैरक में बैठे ठिठुर रहे थे, आग नहीं थी। उस पोल ने हमें सिगरेटें दीं, फिर हँसते हुए कहा कि दो तरह के सुख होते हैं। —एक बड़ा सुख, एक छोटा सुख। बड़ा सुख हमेशा पास रहता है, छोटा सुख कभी-कभी मिल पाता है...सिगरेट पीना, ठंड में आग सेंकना, ये उसके लिए छोटे सुख थे...और बड़ा सुख—साँस ले पाना, महज़ हवा में साँस ले सकना—इससे बड़ा सुख कोई और नहीं है..."

वह चुप हो गई। कमरे के धुँधलके में हम कुछ देर बाहर बारिश की नीरव टपाटप सुनते रहे।

"क्या तुम उससे बाद में कभी मिलीं?"

"नहीं..." वह खड़ी हो गई और खिड़की के बाहर देखने लगी, "बाद में हमें पता चला, वह पोलिश यहूदी था। दे शॉट हिम..."

उसने वाक्य पूरा नहीं किया। वह खिड़की के बाहर देख रही थी। उस क्षण कुछ वैसी ही अवसन्न प्रतीक्षा में हम बैठे रहे—जो सहसा फ़िल्म के कट जाने पर हम अँधेरे हॉल में महसूस करते हैं—आधा टँगा हुआ वाक्य, स्क्रीन पर उठा अधूरा संकेत—अपने अधूरेपन में आनेवाले शब्द, संकेत को खोजता हुआ, कटे हुए हिस्से से दुबारा जुड़ने की प्रतीक्षा में।

खिड़की से मुड़कर उसने मेरी ओर देखा।

"मुझे अब चलना चाहिए..." उसने कहा।

मैंने घड़ी देखी...समय बहुत पास सरक आया था। हमें कुछ भी पता नहीं चला था।

"तुम कुछ देर यहाँ बैठे रहोगे...? मैं अभी कपड़े बदलकर आती हूँ," उसने कहा।

वह मेरे पास आई—बोतल से बची हुई शेरी मेरे गिलास में डाल दी।

"इसे पी डालो...यू विल फ़ील वेरी विविड?" उसने हँसते हुए कहा।

वह बग़ल में छोटे कमरे में चली गई। मैं बैठा रहा...बारिश का भीगा मद्धिम आलोक होटल के नीरव, उजाड़ कमरे में धीरे-धीरे सरक आया था। एक मटमैला-सा चमकीलापन—सपने-सा। वह मायावी-सा क्षण—जब तुम्हें लगता है, ऐसा पहले भी कभी हुआ है—बहुत पहले—कभी बचपन में। ऐसा ही आलोक...थर्मस की बोतल, बोतल के पास रखा हुआ सूटकेस, फ़र्श पर बिखरे हुए ख़ाकी रेपिंग पेपर...लगता था जैसे यह पहले भी तुमने देखा है..किसी दूसरे कमरे में, किसी अन्य घड़ी में...

मैं उस छोटे कमरे के दरवाज़े के पास चला आया। फिर सहसा मैं ठिठक गया। दूसरे कमरे से उसका धीमा-सा स्वर आ रहा था—लापरवाही में भरा हुआ...वह धीमे स्वर में गुनगुना रही थी। कभी-कभार कोई जर्मन शब्द मेरे कानों में पड़ जाता था, फिर वह चुप हो जाती और कुछ देर बाद फिर वैसे ही अलसाया स्वर कमरे में आने लगता...वह आईने के सामने खड़ी होगी—मैंने सोचा। एक बार मन हुआ कि दूसरे कमरे में जाकर उसे देख लूँ...जैसे वह उस क्षण रही होगी। लेकिन फिर मैं खड़ा रहा। मुझे देखकर वह अपनी लापरवाही खो देगी—मैंने सोचा। मुझे तब पिछली रात याद हो आई जब वह कमरे में सिंक के पास खड़ी थी। वह बर्तन धोती हुई गुनगुना रही थी—इसी तरह जैसे इस क्षण—मेरी ओर से निपट बेख़बर।

शेरी का गिलास उठाकर मैं खिड़की के पास चला आया। बारिश बहुत कम हो चली थी...बादलों के बीच कहीं-कहीं नीलेपन के टुकड़े निकल आए थे।

उसने दरवाज़ा खोला।

मैंने मुड़कर उसकी ओर देखा।

"मीता नहीं आया?" उसने पूछा।

"अभी नहीं..." मैंने कहा।

"वह बाहर पोर्च में होगा..." उसने थर्मस की बोतल और कुछ किताबें बैग में रख लीं।

मैं उसे देखता रहा। उसने पहले दिन वाला सलेटी रंग का ब्लाउज़ पहना था। स्कर्ट भी वही थी। बालों पर गुलाबी स्कार्फ़ था, लेकिन वह काफ़ी ढीला था और बाल छितरकर कानों के पास झुक आए थे। कानों पर छोटे टॉप्स थे, जो पहली बार मैंने रिल्के के रेस्तराँ में देखे थे।

"क्या देख रहे हो?" वह मेरे पास चली आई।

"तुमने सब चीज़ें रख लीं?"

"मेरा कोट अलमारी में है।"

मैंने अलमारी का दरवाज़ा खोला और खड़ा रहा। हैंगर पर उसका कोट लटक रहा था—वही कोट, जिसे मैंने कई बार देखा था, छुआ था।

तब...उस क्षण अलमारी के सामने मुझे यह पहली बार सच लगा कि एक घंटे बाद वह प्राग में नहीं होगी।

"क्या कर रहे हो?" पीछे से उसका स्वर सुनाई दिया...

मैंने हैंगर से कोट उतारा और उसके पीछे चला आया। उसने अपनी बाँहें फैला दीं। वह कमरे के बीच में खड़ी थी। कोट पहनाकर मैंने उसके कन्धों पर हाथ रख दिये।

वह पीछे मुड़ी...एक छोटी-सी मुस्कराहट उसके होंठों पर चमक आई।

"तुम अब सीख गए हो," उसने कहा।

लेकिन इस बार हम दोनों में से कोई भी नहीं हँस सका। वह कोट के बटन बन्द कर रही थी।

"मैं स्टेशन आ रहा हूँ..." मैंने कहा।

वह एक क्षण तक अपलक मुझे देखती रही।

"मैंने आज सुबह मना किया था..." उसने कहा।

मुझे सहसा अपना आग्रह बेमानी-सा लगा। जब वह क्षण आता है, जिसे हम 'अन्तिम' कहते हैं, तब वह अन्तिम बिलकुल नहीं लगता। लगता है, जैसे कोई पुरानी पहचानी-सी घड़ी वापिस लौट आई है—एक जिये हुए क्षण की बासी छाया-सी, जिसे हम न छोड़ सकते हैं, न दुबारा पकड़ सकते हैं। रायना...उसका मुँह उठाकर मैंने अपनी तरफ़ कर लिया। वह अजीब निरीह आँखों से मुझे देखती रही। उस क्षण मैं उससे कुछ नहीं कह सका—उस सुख के बारे में भी नहीं, जो मैं उससे अपने लिए छीनता रहा था, बिना यह चिन्ता किये हुए कि वह इस दौरान कितनी ख़ाली होती गई है।

"तुम आना चाहोगे?" उसके होंठ काँपकर थिर हो गए।

"नहीं...मैंने ऐसे ही कहा था," मैंने कहा। मैंने अपना कोट उठाया। दरवाज़े पर हल्की-सी थपथपाहट हुई...मैंने उसका हाथ दबाकर छोड़ दिया।

बाहर मीता खड़ा था।

आधा घंटा...वह कुछ नहीं होता। वह बीत रहा है। नेशनल स्ट्रीट पार करके मैं एम्बेंकमेंट पर चला आया। वल्तावा नीचे थी। दूसरी तरफ़ वीपिंग विलोज़ के छायादार झुरमुट थे। नंगे पेड़ों के बीच उनकी पत्तियाँ बहुत घनी लगती थीं। रेलिंग पर खड़ी हुई कुछ बूढ़ी स्त्रियाँ कबूतरों को रोटी के टुकड़े फेंक रही थीं। वे पुल से उड़कर हवा में रोटी को पकड़कर रेलिंग पर बैठ जाते थे। वह पहला दिन था। स्केटिंग-रिंक जाते हुए वह इसी जगह खड़ी हुई थी। कहीं कुछ भी नहीं बदला था सिर्फ़ शहर अजीब-सा ख़ाली लग रहा था। अगर स्टेशन पर उसकी ट्रेन चली जाती, तब ठीक होता। तब एक चीज़ मुकम्मिल-सी हो जाती। किन्तु यह विचार बेतुका-सा लग रहा था कि वह अब भी स्टेशन पर होगी... प्राग के ही स्टेशन पर। एक ही शहर में। अगले आधे घंटे तक उसकी ट्रेन नहीं छूटेगी। यों देखा जाए, तो वह ज़्यादा समय नहीं था। जो बचा रह गया था, वह बीत रहा था।

जब वह बीत गया, तब भी सब शान्त था। हुआ कुछ भी नहीं। मैं स्लाविया में आकर बैठ गया। वही रिल्के का कैफ़े था—जहाँ हम पहले दिन आए थे। उन्होंने खिड़कियों के पर्दे उठा दिये थे। सामने पुल का टॉवर था। पिछली गर्मियों में, मारिया और फ्रांज़ यहीं बैठकर उसे

देखा करते थे। उन दिनों वह अँधेरे में लाइटहाउस-सा दिखाई देता था... रायना उसे देखती तो अवश्य चकित रह जाती। मुझे सहसा ध्यान आया कि उसने प्राग में कई चीज़ें नहीं देखी थीं...मैं एक-एक करके उन्हें गिनने लगा—निकलस चर्च, नेशनल गैलरी, काफ़्का का घर...जब वह प्राग में थी, तब मुझे इनका ख़याल भी नहीं आया था।

मैं यहाँ हूँ। यहीं किसी कोने में रिल्के ने अपनी कुछ लाइनें लिखी होंगी। ऐसी ही किसी सूनी दोपहर को...खिड़की के बाहर प्राग के पुलों को देखते हुए शब्दों को जोड़ा होगा। एक लय में...जो अब भी हैं, पचास वर्ष बाद, जब मैं वहाँ बैठा हूँ...वह अब भी यहीं कहीं भटक रही होगी, इस प्रतीक्षा में कि मुद्दत बाद किसी ऐसी ही दोपहर को कोई अन्य व्यक्ति उसे पकड़ सकेगा। मृत्यु के बाहर।

"सुनो...तुम विश्वास करते हो?"

"वह जो नहीं है..."

जो है लेकिन हमारे लिए नहीं है।

क्रिसमस ईव का दिन। मैं शाम तक यहाँ बैठा रहूँगा। शाम को मैं फ्रांज़ के अपार्टमेंट में जाऊँगा। मारिया और टी.टी. वहाँ होंगे। हम देर रात तक पीते रहेंगे—पिछले साल की तरह। यह शायद आख़िरी बार है, जब हम सब एक साथ होंगे। हम यह भूल जाएँगे कि कुछ दिनों बाद फ्रांज़ बर्लिन चला जाएगा। इस रात हम उसकी कोई चर्चा नहीं करेंगे। मारिया शायद यह प्रतीक्षा करती रहेगी कि वह किसी दिन प्राग लौटेगा। हम सब बहुत आशावान हैं—सिवाय टी.टी. के। वह अभी बहुत छोटा है। एक दिन शायद वह अपने लिए कोई 'बड़ा' सुख ढूँढ़ सकेगा। मुझे ख़ुशी हुई कि उनमें से कोई भी मेरे इन दिनों के बारे में नहीं जान पाएगा। कुछ है भी नहीं, जो मैं कह सकूँ। मुझे इस बात की भी ख़ुशी हुई कि कल मैं पहाड़ों पर चला जाऊँगा। प्राग में रहता तो हर सड़क और स्क्वायर पर कुछ-न-कुछ याद आता रहता। तुम वहाँ भूल सकते

हो। तुम पहाड़ों पर बहुत-सी चीज़ें भूल सकते हो।

मैंने एक बियर मँगवाई। जब वह आ गई, मैं बाहर देखने लगा। एम्बेंकमेंट के पेड़, हवा का चमकीलापन, पहाड़ी पर उठा कासल... सब-कुछ दिखाई देता था...और दिसम्बर का नीला आलोक, जो उस दिन हमने मॉनेस्टरी की ऊँचाई से देखा था...नदी के बहते स्वर में घुलता हुआ।

डार्क एंड डीप।